北齊 魏收 撰

魏書

第一册

卷一至卷一二（紀）

中華書局

圖書在版編目(CIP)數據

魏書/〔北齊〕魏收撰. —北京：中華書局，1974. 6
(2024. 5 重印)
ISBN 978-7-101-00313-0

Ⅰ. 魏…　Ⅱ. 魏…　Ⅲ. 中國-古代史-北魏(386～534)-紀傳體　Ⅳ. K239. 210. 42

中國版本圖書館 CIP 數據核字(2002)第 087496 號

責任印製：管　斌

魏　書
(全八册)
〔北齊〕魏　收　撰
*
中華書局出版發行
(北京市豐臺區太平橋西里 38 號　100073)
http://www.zhbc.com.cn
E-mail:zhbc@zhbc.com.cn
北京新華印刷有限公司印刷
*
850×1168 毫米 1/32 · 98⅞印張 · 1140 千字
1974 年 6 月第 1 版　2024 年 5 月第 16 次印刷
印數:114801-115800 册　定價:298.00 元

ISBN 978-7-101-00313-0

出版説明

一

魏書一百三十卷（如不分子卷，則是一百十四卷），内本紀十二卷，列傳九十八卷，志二十卷。内容記載了公元四世紀末至六世紀中葉的北魏王朝興亡史。

早在拓跋珪建立北魏政權時，就曾由鄧淵編寫代記十餘卷，以後崔浩、高允等繼續編寫魏史，都採用編年體。太和十一年（公元四八七年），李彪參加修史，始改爲紀傳體，大概編寫到拓跋弘統治時代。以後，邢巒、崔鴻等先後編寫了高祖（元宏）、世宗（元恪）、肅宗（元詡）三朝的起居注。北齊天保二年（五五一），高洋命中書令兼著作郎魏收編寫魏史，設置修史局，由太保、録尚書事高隆之監修，房延祐等六人先後參加修史。

魏收（五〇五——五七二）字伯起，鉅鹿（今河北平鄉一帶）人。他是北齊著名文人，和温子昇、邢子才齊名。早在北魏末年他就參加「國史」和起居注的編寫。他在東魏、北齊雖然官職步步高升，直做到尚書右僕射，但除起草詔令之外，修史長期是他的專職。這次設局纂修，高隆之只是掛名，魏收推薦的史官都是一向趨奉自己的人，凡事由收專主。

天保五年（五五四）秋，完成紀傳，十一月又成十志。

書成後，議論紛紜，被稱爲「穢史」。魏收借修史來酬恩報怨，他公然宣稱：「何物小子，敢共魏收作色，舉之則使上天，按之當使入地！」凡是史官的祖先姻戚，「多列史傳」，「飾以美言」，還有受賄行爲。由於魏收在列傳人物的去取褒貶上觸犯了某些門閥地主，諸家子孫控訴「不平」的一百多人。皇帝高洋和宰相楊愔、高德正庇護魏收，逮捕了一些控訴的人下獄治罪，暫時壓下這場風波，同時也命魏書「且不施行」。以後，高演、高湛兩次命魏收修改，始成定本，即傳下來的這部魏書。

二

魏收以前和同時代人曾經編寫過魏史和其他資料，隋、唐時期也有人另寫過幾種魏書，這些書都没有傳下來。唐代李延壽的北史，其中北魏部分基本上是魏書的節録。因此，魏書是現存敍述北魏歷史的最原始和比較完備的資料。

書中記載鮮卑拓跋部的早期活動，多少反映了拓跋部的社會面貌，提供了由氏族、部落到國家發展過程的材料。

北魏承「十六國」之後，是一個階級矛盾和民族矛盾交錯複雜的時代，書中列舉了不少有關這方面的資料。魏書自卷一百至一百三是國內少數族和外國的列傳，大致都根據當時使節和商販的記録和口傳寫成。其中有一些侮辱性的記載和傳聞失實的地方，但基本上反映了當時我國東北、西北地區各族與中原地區的密切聯系，和中外經濟、文化交流的加强。

魏書十志内容疏略，楊守敬批評地形志「貌似高古，然有詳所不當詳，略所不當略者」。評略失當，不僅地形一志，其他各志也是一樣。例如食貨志不記徭役；官氏志不記官府部門，官吏職司；天象志四卷，靈徵志二卷，全是宣揚災變祥瑞。

雖然如此，十志還是提供了一些有價值的材料。食貨志記録了太和九年（四八五）的均田令和與此相關的三長制和租調制，是研究北魏和以後三百年封建土地所有制的基本材料。關於貨幣的記載，有助於對當時北魏境内各地社會經濟的瞭解。靈徵志的上卷留下北魏建國以來一百五十年間的各地地震記録。官氏志和釋老志是魏收創立的志目。官氏志的姓氏部分列舉拓跋部和所屬部落，氏族的姓氏和元宏所改漢姓，爲後來姓氏書基本材料之一，在一定程度上也反映了拓跋部族的形成和當時各族的部落、氏族的分併離合。釋老志敍述了佛教在北方的傳播和寇謙之修改道教的經過。志中反映了世俗地主和寺院地主的矛盾，特别是反映了寺院所屬奴隸和依附人口所遭到的地租剥削和高利貸剥削，這不僅是有關寺院經濟的重要資料，而且也有助於對當時全部封建剥削制度的瞭解。

不管紀傳和志，魏書都載入大量無關重要的詔令、奏議，以致篇幅臃腫。但却也保存了一些有價值的資料，例如李安世傳載請均田疏，張普惠傳載論長尺大斗和賦稅疏等，有助於對北魏均田制和殘酷剥削的瞭解。書中所載文章詩歌是後人搜輯北魏詩文的主要來源。

三

魏書在宋初業已殘缺，嘉祐六年（一〇六一）曾命館閣官校勘魏書和宋、齊、梁、陳、北齊、周書。今魏書前有目録序，署名爲劉攽、劉恕、安燾和范祖禹，不記年月，大致當在治平四年至熙寧三年（一〇六七——一〇七〇）間。二劉和祖禹都是宋代有名史學家，尤其劉恕精熟南北朝史事。他們作了較細緻的校勘，查出本書殘缺爲後人所補各卷，並比對了修文殿御覽、北史和唐人各種史鈔、史目，將補缺各卷的來源「各疏於逐卷之末」，目録中也注明那一些卷「闕」或「不全」。今將補闕各卷的宋人校語移入校記，目録傳本錯誤，有原闕無注，或不闕而注闕，今皆改正。通計全闕二十六卷，不全者三卷。

北宋初刻的確切年月無考，據晁公武郡齋讀書志，至遲不晚於政和中（一一一一——一一一八）。這個初刻本當時就流傳不廣，南宋紹興十四年（一一四四）曾在四川翻刻魏書和其他六史，這兩種本子都没有傳下來。傳下來的魏書最早刻本也是南宋翻刻，但傳世的這個本子都有元、明二朝補版，卽所謂「三朝本」。一九三五年商務印書館影印的所謂「宋蜀大字本」，其實也就是這種三朝本。北京圖書館藏魏書善本三部，也都是三朝本，該館善本書目七三五四號一種和商務印書館影印所據底本相近。

我們這次校勘所用各本有：一、商務印書館影印百衲本二十四史本（簡稱百衲本）。此本雖稱影印，但曾據殿本校改許多刻誤，間有誤改。二、明萬曆二十五年（一五九七）南京國子監本（簡稱南本）。三、明萬曆間北京國子監本（簡稱北本，所用之本有清初補版）。四、明末汲古閣本（簡稱汲本）。五、清乾隆四年（一七三九）武英殿二十四史本（簡稱殿本）。六、清同治十一年（一八七二）金陵書局本（簡稱局本）。以上六個本子實是一個系統，直接間接同祖三朝本，也都作了些校改，這些校改有得有失。六本中我們通校了百衲本、南本、殿本、局本，參校北、汲二本，擇善而從，除必要外一般不出校記，以免煩瑣。

我們還比對了太平御覽所引後魏書和册府元龜、北史、資治通鑑中有關部分，也參考了通典、通志。凡據他書改字或提出疑問，均在校記中説明。

傳世諸本禮志、樂志、刑罰志各脱一頁。樂志脱頁清代盧文弨已據通典補了幾十字，三十年前陳垣同志又據册府元龜補全，一九四四年商務印書館重印百衲本二十四史，已據陳垣同志的補頁補上。禮志和刑罰志的脱頁，因文字似乎銜接，從來無人注意，今亦據册府元龜、通典補入。

本書由唐長孺同志點校，魏連科同志擔任了編輯整理工作。點校方面的錯誤，我們殷切希望讀者批評指正，以便重版時改正。

中華書局編輯部

魏書目錄

卷一　帝紀第一

卷十四 補 列傳第二

卷十六 列傳第四

卷十七補 列傳第五

卷三十一 列傳第十九

卷三十二 列傳第二十

卷三十三補 列傳第二十一

卷三十四 補 列傳第二十二

卷三十五 列傳第二十三

卷三十六 列傳第二十四

卷三十七 列傳第二十五

卷四十二　列傳第三十

卷四十三　列傳第三十一

卷四十四　列傳第三十二

卷四十五 列傳第三十三

卷四十六 列傳第三十四

卷四十七 列傳第三十五

卷六十九　列傳第五十七

卷七十　列傳第五十八

卷七十一　列傳第五十九

卷七十二　列傳第六十

卷七十三　列傳第六十一

卷七十四　列傳第六十二

卷七十五　列傳第六十三

卷八十六補　列傳第七十四

孝感

卷八十七補　列傳第七十五

節義

卷八十八 列傳第七十六

良吏

卷八十九補 列傳第七十七

酷吏

卷九十 列傳第七十八

逸士

卷九十一 不全 列傳第七十九

術藝

卷九十二不全 列傳第八十

列女

卷九十三 列傳第八十一

恩倖

卷九十四 列傳第八十二

閹官

卷九十五 列傳第八十三

卷九十六 列傳第八十四

卷九十七 列傳第八十五

卷九十八 列傳第八十六

卷九十九　列傳第八十七

卷一百　列傳第八十八

卷一百一補　列傳第八十九

卷一百二補　列傳第九十

卷一百六下　志第七

舊本魏書目錄敍……………………………………一〇六三

〔一〕忠從子暉　原目及本傳都作「忠子暉」。按暉乃忠弟德之子，本傳及目皆誤。今改作「從子」。

〔二〕嘉子淵　原目及本傳「淵」都作「深」。按其人本名「淵」，此傳以北史補，北史例避唐諱改「深」，本書紀傳屢見都作「淵」，今改作「淵」。

魏書卷一

序紀第一

昔黃帝有子二十五人，或內列諸華，或外分荒服，昌意少子，受封北土，國有大鮮卑山，因以爲號。其後，世爲君長，統幽都之北，廣漠之野，畜牧遷徙，射獵爲業，淳樸爲俗，簡易爲化，不爲文字，刻木紀契而已，世事遠近，人相傳授，如史官之紀錄焉。黃帝以土德王，北俗謂土爲托，謂后爲跋，故以爲氏。其裔始均，入仕堯世，逐女魃於弱水之北，民賴其勤，帝舜嘉之，命爲田祖。爰歷三代，以及秦漢，獯鬻、獫狁、山戎、匈奴之屬，累代殘暴，作害中州，而始均之裔，不交南夏，是以載籍無聞焉。

積六十七世，至成皇帝諱毛立。〔一〕聰明武略，遠近所推，統國三十六，大姓九十九，威振北方，莫不率服。崩。

節皇帝諱貸立，崩。

莊皇帝諱觀立，崩。

明皇帝諱樓立，崩。

安皇帝諱越立，崩。

宣皇帝諱推寅立。南遷大澤，方千餘里，厥土昏冥沮洳。謀更南徙，未行而崩。

景皇帝諱利立，崩。

元皇帝諱俟立，崩。

和皇帝諱肆立，崩。

定皇帝諱機立，崩。

僖皇帝諱蓋立，崩。

威皇帝諱儈立，崩。

獻皇帝諱鄰立。時有神人言於國曰：「此土荒遐，未足以建都邑，宜復徙居。」帝時年衰老，乃以位授子。

聖武皇帝諱詰汾。獻帝命南移，山谷高深，九難八阻，於是欲止。有神獸，其形似馬，其聲類牛，先行導引，歷年乃出。始居匈奴之故地。其遷徙策略，多出宣、獻二帝，故人並號曰「推寅」，蓋俗云「鑽研」之義。初，聖武帝嘗率數萬騎田於山澤，欻見輜軿自天而下。既至，見美婦人，侍衞甚盛。帝異而問之，對曰：「我，天女也，受命相偶。」遂同寢宿。旦，請還，曰：「明年周時，復會此處。」言終而別，去如風雨。及期，帝至先所田處，果復相見。天女以所生男授帝曰：「此君之子也，善養視之。子孫相承，當世爲帝王。」語訖而去。子即始祖也。故時人諺曰：「詰汾皇帝無婦家，力微皇帝無舅家。」帝崩。

始祖神元皇帝諱力微立。生而英叡。

元年，歲在庚子。先是，西部內侵，國民離散，依於沒鹿回部大人竇賓。始祖有雄傑之度，時人莫測。後與賓攻西部，軍敗，失馬步走，始祖使人以所乘駿馬給之。賓歸，令其部內求與馬之人，當加重賞，始祖隱而不言。久之，賓乃知，大驚，將分國之半，以奉始祖，始祖不受，乃進其愛女。賓猶思報恩，固問所欲。始祖請率所部北居長川，賓乃敬從。積十數歲，德化大洽，諸舊部民，咸來歸附。

二十九年，賓臨終，戒其二子使謹奉始祖。其子不從，乃陰謀爲逆。始祖召殺之，盡幷其衆，諸部大人，悉皆欵服，控弦上馬二十餘萬。

三十九年，遷於定襄之盛樂。夏四月，祭天，諸部君長皆來助祭，唯白部大人觀望不至，於是徵而戮之，遠近肅然，莫不震懾。始祖乃告諸大人曰：「我歷觀前世匈奴、蹋頓之徒，苟貪財利，抄掠邊民，雖有所得，而其死傷不足相補，更招寇讎，百姓塗炭，非長計也。」

於是與魏和親。

四十二年，遣子文帝如魏，且觀風土。魏景元二年也。文皇帝諱沙漠汗，以國太子留洛陽，爲魏賓之冠。聘問交市，往來不絕，魏人奉遺金帛繒絮，歲以萬計。始祖與鄰國交接，篤信推誠，不爲倚伏以要一時之利，寬恕任眞，而遐邇歸仰。魏晉禪代，和好仍密。始祖春秋已邁，帝以父老求歸，晉武帝具禮護送。

四十八年，帝至自晉。

五十六年，帝復如晉，其年冬，還國。晉遺帝錦、罽、繒、綵、綿、絹、諸物，咸出豐厚，車牛百乘。行達幷州，晉征北將軍衞瓘，以帝爲人雄異，恐爲後患，乃密啓晉帝，請留不遣。晉帝難於失信，不許。瓘復請以金錦賂國之大人，令致間隙，使相危害。晉帝從之，遂留帝。於是國之執事及外部大人，皆受瓘貨。

五十八年，方遣帝。始祖聞帝歸，大悅，使諸部大人詣陰館迎之。酒酣，帝仰視飛鳥，謂諸大人曰：「我爲汝曹取之。」援彈飛丸，應弦而落。時國俗無彈，衆咸大驚，乃相謂曰：「太子風彩被服，同於南夏，兼奇術絕世，若繼國統，變易舊俗，吾等必不得志，不若在國諸子，習本淳樸。」咸以爲然。且離間素行，乃謀危害，並先馳還。始祖問曰：「我子旣歷他國，進德何如？」皆對曰：「太子才藝非常，引空弓而落飛鳥，是似得晉人異法怪術，亂國害民之兆，惟願察之。」自帝在晉之後，諸子愛寵日進，始祖年踰期頤，頗有所惑，聞諸大人之語，意乃有疑。因曰：「不可容者，便當除之。」於是諸大人乃馳詣塞南，矯害帝。既而，始祖甚悔之。帝身長八尺，英姿瓌偉，在晉之日，朝士英俊多與親善，雅爲人物歸仰。後乃追謚焉。其年，始祖不豫。烏丸王庫賢，親近任勢，先受衞瓘之貨，故欲沮動諸部，因在庭中礪鉞斧，諸大人問欲何爲，答曰：「上恨汝曹讒殺太子，今欲盡收諸大人長子殺之。」大人皆信，各各散走。始祖尋崩。凡饗國五十八年，年一百四歲。太祖卽位，尊爲始祖。

章皇帝諱悉鹿立，始祖之子也。諸部離叛，國內紛擾。饗國九年而崩。

平皇帝諱綽立，章帝之少弟也。雄武有智略，威德復舉。七年，匈奴宇文部大人莫槐爲其下所殺，更立莫槐弟普撥爲大人。帝以女妻撥子丘不懃。帝饗國七年而崩。

思皇帝諱弗立，文帝之少子也。聰哲有大度，爲諸父兄所重。政崇寬簡，百姓懷服。饗國一年而崩。

昭皇帝諱祿官立，始祖之子也。分國爲三部：帝自以一部居東，在上谷北，濡源之西，東接宇文部；以文帝之長子桓皇帝諱猗㐌統一部，居代郡之參合陂北；以桓帝之弟穆皇帝諱猗盧統一部，居定襄之盛樂故城。自始祖以來，與晉和好，百姓乂安，財畜富實，控弦騎士四十餘萬。是歲，穆帝始出并州，遷雜胡北徙雲中、五原、朔方。又西渡河擊匈奴、烏桓諸部。自杏城以北八十里，迄長城原，夾道立碣，與晉分界。

二年，葬文帝及皇后封氏。初，思帝欲改葬，未果而崩。至是，述成前意焉。晉成都王司馬穎遣從事中郎田思，河間王司馬顒遣司馬靳利，并州刺史司馬騰遣主簿梁天，並來會葬。遠近赴者二十萬人。

三年，〔三〕桓帝度漠北巡，因西略諸國。

四年，東部未耐婁大人倍斤入居遼東。

五年，宇文莫廆之子遜昵延朝貢。帝嘉其誠欵，以長女妻焉。

七年，桓帝至自西略，諸降附者二十餘國，凡積五歲，今始東還。

十年，晉惠帝爲成都王穎逼留在鄴。匈奴別種劉淵反於離石，自號漢王。并州刺史司馬騰來乞師，桓帝率十餘萬騎，帝亦同時大舉以助之，大破淵衆於西河、上黨。會惠帝還洛，騰乃辭師。桓帝與騰盟於汾東而還。乃使輔相衞雄、段繁，於參合陂西累石爲亭，樹碑以記行焉。

十一年，劉淵攻司馬騰，騰復乞師。桓帝以輕騎數千救之，斬淵將綦毋豚，淵南走蒲子。晉假桓帝大單于，金印紫綬。

是歲，桓帝崩。帝英傑魁岸，馬不能勝。常乘安車，駕大牛，牛角容一石。帝曾中蠱，嘔吐之地仍生楡木。參合陂土無楡樹，故世人異之，至今傳記。帝統部凡十一年。後定襄侯衞操，樹碑於大邗城，以頌功德。子普根代立。

十二年，賨人李雄，僭帝號於蜀，自稱大成。

十三年，昭帝崩。徒何大單于慕容廆遣使朝貢。是歲，羯胡石勒與晉馬牧帥汲桑反。

穆皇帝天姿英特，勇略過人，昭帝崩後，遂總攝三部，以爲一統。

元年，劉淵僭帝號，自稱大漢。

三年，晉并州刺史劉琨遣使，以子遵爲質。帝嘉其意，厚報饋之。白部大人叛入西河，鐵弗劉虎舉衆於雁門以應之，攻琨新興、雁門二郡。琨來乞師，帝使弟子平文皇帝將騎二萬，助琨擊之，大破白部；次攻劉虎，屠其營落。虎收其餘燼，西走度河，竄居朔方。晉懷帝進帝大單于，封代公。帝以封邑去國懸遠，民不相接，乃從琨求句注、陘北之地。琨自以託附，聞之大喜，乃徙馬邑、陰館、樓煩、繁時、崞五縣之民於陘南，更立城邑，盡獻其地，東接代郡，西連西河、朔方，〔三〕方數百里。帝乃徙十萬家以充之。劉琨又遣使乞師救洛陽，帝遣步騎二萬助之，晉太傅東海王司馬越辭以洛中饑饉，師乃還。是年，劉淵死，子聰僭立。

四年，劉琨牙門將邢延據新興叛，〔四〕招引劉聰。帝遣軍討之，聰退走。

五年，劉琨遣使乞師以討劉聰、石勒。帝以琨忠義，矜而許之。會聰遣其子粲襲晉陽，害琨父母而據其城，琨來告難，帝大怒，遣長子六脩、桓帝子普根，及衞雄、范班、姬澹等爲前鋒，帝躬統大衆二十萬爲後繼。粲懼，焚輜重，突圍遁走。縱騎追之，斬其將劉儒、劉豐、簡令、張平、邢延，伏尸數百里。琨來拜謝，帝以禮待之。琨固請進軍，帝曰：「吾不早來，致卿父母見害，誠以相愧。今卿已復州境，然吾遠來，士馬疲弊，且待終舉。賊奚可盡乎？」饋琨馬牛羊各千餘，車令百乘，〔五〕又留勁銳戍之而還。〔六〕

是年，晉雍州刺史賈疋、京兆太守閻鼎，以晉懷帝爲劉聰所執，共立懷帝兄子秦王業爲太子，於長安稱行臺。帝復戒嚴，與琨更刻大舉。命琨自列晉行臺，部分諸軍，帝將遣十萬騎從西河鑿谷南出，晉軍從蒲坂東度，會於平陽，就食聰粟，迎復晉帝。事不果行。

六年，城盛樂以爲北都，修故平城以爲南都。帝登平城西山，觀望地勢，乃更南百里，於灅水之陽黃瓜堆築新平城，晉人謂之小平城，使長子六脩鎭之，統領南部。

七年，帝復與劉琨約期，會於平陽。會石勒擒王浚，國有匈奴雜胡萬餘家，多勒種類，聞勒破幽州，乃謀爲亂，欲以應勒，發覺，伏誅，討聰之計，於是中止。

八年，晉愍帝進帝爲代王，置官屬，食代、常山二郡。帝忿聽、勒之亂，志欲平之。先是，國俗寬簡，民未知禁。至是，明刑峻法，諸部民多以違命得罪。凡後期者皆舉部戮之，或有室家相攜而赴死所，人問「何之」，答曰「當往就誅」。其威嚴伏物，皆此類也。

九年，帝召六脩，六脩不至。帝怒，討之，失利，乃微服民間，遂崩。普根先守外境，聞難來赴，攻六脩，滅之。衞雄、姬澹率晉人及烏丸三百餘家，隨劉遵南奔幷州。普根立月餘而薨。普根子始生，桓帝后立之。其冬，普根子又薨。是年，李雄遣使朝貢。

平文皇帝諱鬱律立，思帝之子也。姿質雄壯，甚有威略。

元年，歲在丁丑。

二年，劉虎據朔方，來侵西部，帝逆擊，大破之，虎單騎迸走。其從弟路孤率部落內附，帝以女妻之。西兼烏孫故地，東吞勿吉以西，控弦上馬將有百萬。劉聰死，子粲僭立，爲其將靳準所殺，淵族子曜僭立。帝聞晉愍帝爲曜所害，顧謂大臣曰：「今中原無主，天其資我乎？」劉曜遣使請和，帝不納。是年，司馬叡僭稱大位於江南。

三年，石勒自稱趙王，遣使乞和，請爲兄弟。帝斬其使以絕之。

四年，私署涼州刺史張茂遣使朝貢。

五年，僭晉司馬叡遣使韓暢加崇爵服，帝絕之。治兵講武，有平南夏之意。桓帝后以帝得衆心，恐不利於己子，害帝，遂崩，大人死者數十人。天興初，尊曰太祖。

惠皇帝諱賀傉立，桓帝之中子也。以五年爲元年。未親政事，太后臨朝，遣使與石勒通和，時人謂之女國使。

二年，司馬叡死，子紹僭立。

四年，帝始臨朝。以諸部人情未悉欵順，乃築城於東木根山，徙都之。是年，張茂死，兄寔子駿立，遣使朝貢。

五年，帝崩。是年，司馬紹死，子衍僭立。

煬皇帝諱紇那立，惠帝之弟也。以五年爲元年。

三年，石勒遣石虎率騎五千來寇邊部，帝禦之於句注陘北，不利，遷於大寧。時烈帝居於舅賀蘭部，帝遣使求之，賀蘭部帥藹頭，擁護不遣。帝怒，召宇文部并勢擊藹頭。宇文衆敗，帝還大寧。

四年，石勒擒劉曜。

五年，帝出居於宇文部。賀蘭及諸部大人，共立烈帝。

烈皇帝諱翳槐立，平文之長子也。以五年爲元年。石勒遣使求和，帝遣弟昭成皇帝如襄國，從者五千餘家。

二年，石勒僭立，自稱大趙王。

五年，勒死，子大雅僭立。慕容廆死，子元眞代立。

六年，石虎廢大雅，僭立。李雄死，兄子班立。雄子期，殺班自立。

七年，藹頭不修臣職，召而戮之，國人復貳。煬帝自宇文部還入，諸部大人復奉之。

煬皇帝復立，以七年爲後元年。烈帝出居於鄴，石虎奉第宅、伎妾、奴婢、什物。

三年，石虎遣將李穆率騎五千納烈帝於大寧，國人六千餘落叛煬帝，煬帝出居於慕容部。

烈皇帝復立，以三年爲後元年。城新盛樂城，在故城東南十里。一年而崩。

昭成皇帝諱什翼犍立，平文之次子也。生而奇偉，寬仁大度，喜怒不形于色。身長八尺，隆準龍顏，立髮委地，臥則乳垂至席。烈帝臨崩顧命曰：「必迎立什翼犍，社稷可安。」烈帝崩，帝弟孤乃自詣鄴奉迎，與帝俱還。事在孤傳。十一月，帝即位於繁畤之北，時年十九，稱建國元年。是歲，李雄從弟壽殺期僭立，自號曰漢。

二年春，始置百官，分掌衆職。東自濊貊，西及破洛那，莫不款附。夏五月，朝諸大人於參合陂，議欲定都灅源川，連日不決，乃從太后計而止。語在皇后傳。娉慕容元眞妹爲皇后。

三年春，移都於雲中之盛樂宮。

四年秋九月，築盛樂城於故城南八里。皇后慕容氏崩。冬十月，劉虎寇西境。帝遣軍逆討，大破之，虎僅以身免。虎死，子務桓立，始來歸順，帝以女妻之。十二月，慕容元眞遣使朝貢，幷薦其宗女。

五年夏五月，幸參合陂。秋七月七日，諸部畢集，設壇埒，講武馳射，因以爲常。八月，還雲中。是年秋，司馬衍死，弟岳僭立。

六年秋八月，慕容元眞遣使請薦女。是年，李壽死，子勢僭立，遣使朝貢。

七年春二月，遣大人長孫秩迎后慕容氏元眞之女於境。夏六月，皇后至自和龍。秋七月，慕容元眞遣使奉聘，求交婚，帝許之，九月，以烈帝女妻之。其年，司馬岳死，子聃僭立。

八年，慕容元眞遣使朝貢。是年，張駿私署假涼王。

九年，石虎遣使朝貢。是年，張駿死，子重華代立。

十年，遣使詣鄴觀釁。是年，司馬聃擒李勢。張重華遣使朝貢。

十一年，慕容元眞死，子儁代立。

十二年，西巡，至河而還。是年，石虎死，子世立。世兄遵，殺世自立。遵兄鑒，殺遵自立。

十三年，魏郡人冉閔，殺石鑒僭立。

十四年，帝曰：「石胡衰滅，冉閔肆禍，中州紛梗，莫有匡救，吾將親率六軍，廓定四海。」乃敕諸部，各率所統，以俟大期。諸大人諫曰：「今中州大亂，誠宜進取，如聞豪强並起，不可一舉而定，若或留連，經歷歲稔，恐無永逸之利，或有虧損之憂。」帝乃止。是歲，氐苻健僭稱大位，自號大秦。

十五年，慕容儁滅冉閔，僭尊號。

十六年，慕容儁遣使朝貢。是年，張重華死，子曜靈立。重華庶兄祚殺曜靈而自立，稱涼公。

十七年，遣使於慕容儁。張祚復稱涼王，置百官，遣使朝貢。

十八年，太后王氏崩。是年，苻健死，子生僭立。羌姚襄自稱大將軍、大單于。張瓘、宋混殺張祚，立重華少子玄靖，稱涼王。

十九年春正月，劉務桓死，其弟閼頭立，潛謀反叛。二月，帝西巡，因而臨河，使人招喻，閼頭從命。冬，慕容儁來請婚，許之。

二十年夏五月，慕容儁奉納禮幣。是年，苻堅殺苻生而僭立。姚襄爲苻眉所殺。

二十一年，閼頭部民多叛，懼而東走。渡河，半濟而冰陷，後衆盡歸閼頭兄子悉勿祈。初，閼頭之叛，悉勿祈兄弟十二人在帝左右，盡遣歸，欲其自相猜離，至是，悉勿祈奪其衆。閼頭窮而歸命，帝待之如初。

二十二年春，帝東巡，至於桑乾川。三月，慕容儁遣使朝貢。夏四月，帝還雲中。悉勿祈死，弟衞辰立。秋八月，衞辰遣子朝貢。

二十三年夏六月，皇后慕容氏崩。秋七月，衞辰來會葬，因而求婚，許之。是歲，慕容儁死，子暐立，遣使致賻。

二十四年春，衞辰遣使朝聘。是年，司馬聃死，衍子千齡僭立。

二十五年，帝南巡，至君子津。冬十月，行幸代。十一月，慕容暐薦女備後宮。

二十六年冬十月，帝討高車，大破之，獲萬口，馬牛羊百餘萬頭。是年，張重華弟天錫殺玄靖而自立。

二十七年春，車駕還雲中。冬十一月，討沒歌部，破之，獲牛馬羊數百萬頭。

二十八年春正月，衞辰謀反，東渡河。帝討之，衞辰懼而遁走。冬十二月，苻堅遣使朝貢。是歲，司馬千齡死，弟弈僭立。

二十九年夏五月，遣燕鳳使苻堅。

三十年冬十月，帝征衞辰。時河冰未成，帝乃以葦絙約凘，俄然冰合，猶未能堅，乃散葦於上，冰草相結，如浮橋焉。衆軍利涉，出其不意，衞辰與宗族西走，收其部落而還，俘獲生口及馬牛羊數十萬頭。

三十一年春，帝至自西伐，班賞各有差。

三十二年正月，帝南幸君子津。冬十月，幸代。

三十三年冬十一月，征高車，大破之。是年，苻堅擒慕容暐。

三十四年春，長孫斤謀反，伏誅。斤之反也，拔刃向御座，太子獻明皇帝諱寔格之，傷脅。夏五月，薨，後追諡焉。秋七月，皇孫珪生，大赦。是年，司馬弈臣桓溫，廢弈爲海西公，立叡子昱。

三十五年，司馬昱死，子昌明僭立。

三十六年夏五月，遣燕鳳使苻堅。

三十七年，帝征衞辰，衞辰南走。

三十八年，衞辰求援於苻堅。

三十九年，苻堅遣其大司馬苻洛率衆二十萬及朱彤、張蚝、鄧羌等諸道來寇，侵逼南境。冬十一月，白部、獨孤部禦之，敗績。南部大人劉庫仁走雲中。帝復遣庫仁率騎十萬逆戰於石子嶺，王師不利。帝時不豫，羣臣莫可任者，乃率國人避於陰山之北。高車雜種盡叛，四面寇鈔，不得芻牧。復度漠南。堅軍稍退，乃還。十二月，至雲中，旬有二日，帝崩，時年五十七。太祖卽位，尊曰高祖。

帝雅性寬厚，智勇仁恕。時國中少繒帛，代人許謙盜絹二匹，守者以告，帝匿之，謂燕鳳曰：「吾不忍視謙之面，卿勿泄言，謙或慚而自殺，爲財辱士，非也。」帝嘗擊西部叛賊，流矢中目。賊破之後，諸大臣執射者，各持錐刀欲屠割之。帝曰：「彼各爲其主，何罪也。」乃釋之。

是歲，苻堅滅張天錫。

史臣曰：帝王之興也，必有積德累功博利，道協幽顯，方契神祇之心。有魏奄迹幽方，世居君長，淳化育民，與時無競。神元生自天女，桓、穆勤於晉室。靈心人事，夫豈徒然。

昭成以雄傑之姿，包君子之量，征伐四克，威被荒遐，乃立號改都，恢隆大業。終於百六十載，光宅區中。其原固有由矣。

校勘記

〔一〕至成皇帝諱毛立　太平御覽下簡稱御覽卷一〇一四八一頁、册府元龜下簡稱册府卷一九頁、御覽、册府頁碼據中華書局影印本「毛」均作「屯」。

〔二〕三年　諸本「三年」作「二年」，唯殿本作「三年」。按北史卷一魏本紀亦作「三年」，殿本當依北史改。據上文已見「二年」，不應重出。下文稱「七年，桓帝至自西略，中略凡積五歲」，自三年至七年共五歲，知作「三年」是，今從殿本。

〔三〕西連西河朔方　百衲、南、汲、局四本「西」作「南」，北、殿二本作「西」。按北史卷一魏本紀、册府卷一一頁也作「西」。上云「東接」，此稱「西連」是對文，且西河、朔方正在陘北五縣之西，作「西」是，今從北、殿本。

〔四〕劉琨牙門將邢延據新興叛　諸本「邢」作「邪」，唯局本作「邢」。按下文稱斬劉聰諸將中有「邢延」，資治通鑑下簡稱通鑑卷八七二七七三頁、頁碼據中華書局標點本敍此事較詳，也作「邢延」。「邪」字訛，今據改。

〔五〕車令百乘　御覽卷一〇一四八二頁「令」作「牛」，通鑑卷八八二七八五頁無「令」字。按「車令」無義，「令」字非訛卽衍。

〔六〕又留勁鋭戍之而還　諸本「留勁」訛「面動」，今據御覽卷一〇一四八二頁改。

魏書卷二

太祖紀第二

太祖道武皇帝，諱珪，昭成皇帝之嫡孫，獻明皇帝之子也。母曰獻明賀皇后。初因遷徙，遊于雲澤，既而寢息，夢日出室內，寤而見光自牖屬天，歘然有感。以建國三十四年七月七日，生太祖於參合陂北，其夜復有光明。昭成大悅，羣臣稱慶，大赦，告於祖宗。保者以帝體重倍於常兒，竊獨奇怪。明年有榆生於埋胞之坎，後遂成林。弱而能言，目有光曜，廣顙大耳，衆咸異之。年六歲，昭成崩。苻堅遣將內侮，將遷帝於長安，既而獲免。語在燕鳳傳。堅軍既還，國衆離散。堅使劉庫仁、劉衞辰分攝國事。南部大人長孫嵩及元他等，盡將故民南依庫仁，帝於是轉幸獨孤部。

元年，葬昭成皇帝於金陵，營梓宮，木柹盡生成林。帝雖沖幼，而嶷然不羣。庫仁常謂其子曰：「帝有高天下之志，興復洪業，光揚祖宗者，必此主也。」

七年，冬十月，〔一〕苻堅敗于淮南。是月，慕容文等殺庫仁，庫仁弟眷攝國部。

八年，慕容暐弟沖僭立。姚萇自稱大單于、萬年秦王。慕容垂僭稱燕王。

九年，庫仁子顯殺眷而代之，乃將謀逆。商人王霸知之，履帝足於衆中，帝乃馳還。是時故大人梁蓋盆子六眷，爲顯謀主，盡知其計，密使部人穆崇馳告。帝乃陰結舊臣長孫犍、元他等。秋八月，乃幸賀蘭部。其日，顯果使人求帝，不及。語在獻明太后傳。是歲，鮮卑乞伏國仁私署大單于。苻堅爲姚萇所殺，子丕僭立。

登國元年春正月戊申，帝卽代王位，郊天，建元，大會於牛川。復以長孫嵩爲南部大人，以叔孫普洛爲北部大人。班爵叙勳，各有差。二月，幸定襄之盛樂。息衆課農。三月，劉顯自善無南走馬邑，其族奴眞率所部來降。夏四月，改稱魏王。五月，車駕東幸陵石。護佛侯部帥侯辰、乙弗部帥代題叛走。諸將追之，帝曰：「侯辰等世修職役，雖有小愆，宜且忍之。當今草創，人情未一，愚近者固應赵趄，不足追也。」

秋七月己酉，車駕還盛樂。代題復以部落來降，旬有數日，亡奔劉顯。帝使其孫倍斤代領部落。是月，劉顯弟肺泥率騎掠奴眞部落，〔二〕旣而率以來降。初，帝叔父窟咄爲苻堅徙于長安，因隨慕容永，永以爲新興太守。八月，劉顯遣弟亢泥迎窟咄，以兵隨之，來逼南境。於是諸部騷動，人心顧望。帝左右于桓等，〔三〕與諸部人謀爲逆以應之。事泄，誅造謀者五人，餘悉不問。帝慮內難，乃北踰陰山，幸賀蘭部，阻山爲固。遣行人安同、長孫賀使于慕容垂以徵師，垂遣使朝貢，幷令其子賀驎帥步騎以隨同等。

冬十月，賀驎軍未至而寇已前逼，於是北部大人叔孫普洛等十三人及諸烏丸亡奔衞辰。帝自弩山遷幸牛川，屯于延水南，出代谷，會賀驎於高柳，大破窟咄。窟咄奔衞辰，衞辰殺之，帝悉收其衆。十二月，慕容垂遣使朝貢，奉帝西單于印綬，封上谷王。帝不納。

是歲，慕容垂僭稱皇帝於中山，自號大燕。苻丕死，苻登自立於隴東。姚萇稱皇帝於長安，自號大秦。慕容沖爲部下所殺。慕容永僭立。

二年春正月，班賜功臣長孫嵩等七十三人各有差。二月，帝幸寧川。

夏五月，遣行人安同徵兵於慕容垂，垂使子賀驎率衆來會。六月，帝親征劉顯於馬邑南，追至彌澤，大破之，顯南奔慕容永，盡收其部落。

秋八月，帝至自伐顯。

冬十月癸卯，幸濡源，遣外朝大人王建使於慕容垂。十一月，遂幸赤城。十有二月，巡松漠，還幸牛川。

三年春二月，帝東巡。

夏四月，幸東赤城。五月癸亥，北征庫莫奚。六月，大破之，獲其四部雜畜十餘萬，渡弱落水。班賞將士各有差。

秋七月庚申，庫莫部帥鳩集遺散，〔四〕夜犯行宮。縱騎撲討，盡殺之。其月，帝還赤城。

八月使九原公元儀使於慕容垂。

冬十月，慕容垂遣使朝貢。十有二月辛卯，車駕西征，至女水，討解如部，大破之，獲男女雜畜十數萬。

是歲，乞伏國仁死，弟乾歸立，私署河南王。

四年春正月甲寅，襲高車諸部落，大破之。二月癸巳，至女水，討叱突隣部，大破之。

戊戌，賀染干兄弟率諸部來救，與大軍相遇，逆擊走之。

夏四月，行還赤城。五月，陳留公元虔使於慕容垂。

冬十月，垂遣使朝貢。

是歲，氐呂光自稱三河王，遣使朝貢。

五年春三月甲申，帝西征，次鹿渾海，襲高車袁紇部，大破之，虜獲生口、馬牛羊二十餘萬。慕容垂遣子賀驎率衆來會。

夏四月丙寅，行幸意辛山，與賀驎討賀蘭、紇突隣、紇奚諸部落，大破之。六月，還幸牛川。衞辰遣子直力鞮寇賀蘭部，圍之。賀訥等請降，告困。秋七月丙子，帝引兵救之，至羊山，直力鞮退走。

八月，還幸牛川。遣秦王觚使於慕容垂。九月壬申，討叱奴部於囊曲河，大破之。

冬十月，遷雲中，討高車豆陳部於狼山，破之。十有一月，紇奚部大人庫寒舉部內屬。十有二月，紇突隣大人屈地鞬舉部內屬。帝還次白漠。

六年春二月，幸紐垤川。三月，遣九原公元儀、陳留公元虔等西討黜弗部，大破之。

夏四月，祠天。六月，慕容賀驎破賀訥於赤城。帝引兵救之，驎退走。

秋七月壬申，講武於牛川，行還紐垤川。慕容垂止元觚而求名馬，帝絕之。乃遣使於慕容永，永使其大鴻臚慕容鈞奉表勸進尊號。其月，衞辰遣子直力鞮出棝楊塞，侵及黑城。九月，帝襲五原，屠之。收其積穀，還紐垤川。於棝楊塞北，樹碑記功。

冬十月戊戌，北征蠕蠕，追之，及於大磧南牀山下，大破之，班賜從臣各有差。其東西二部主匹候跋及縕紇提，〔五〕斬別帥屋擊于。事具蠕蠕傳。

十有一月戊辰，還幸紐垤川。戊寅，衞辰遣子直力鞮寇南部。己卯，車駕出討。壬午，大破直力鞮軍於鐵歧山南，獲其器械輜重，牛羊二十餘萬。戊子，自五原金津南渡河。辛卯，次其所居悅跋城，衞辰父子奔遁。壬辰，詔諸將追之，擒直力鞮。十有二月，獲衞辰尸，斬以徇，遂滅之。語在衞辰傳。衞辰少子屈丏，亡奔薛干部。〔六〕車駕次于鹽池。自河已南，諸部悉平。簿其珍寶畜產，名馬三十餘萬匹，牛羊四百餘萬頭。班賜大臣各有差。收衞辰子弟宗黨無少長五千餘人，盡殺之。山胡酋大幡頹、業易于等率三千餘家降附，出居于馬邑。

是歲，起河南宮。

七年春正月，幸木根山，遂次黑鹽池。饗宴羣臣，覲諸國貢使。北之美水。三月甲子，宴羣臣於水濱，還幸河南宮。西部泣黎大人茂鮮叛走，遣南部大人長孫嵩追討，大破之。夏五月，班賜諸官馬牛羊各有差。

秋八月，行幸漠南，仍築巡臺。

冬十有二月，慕容永遣使朝貢。

是歲，皇子嗣生。

八年春正月，帝南巡。二月，幸羖羊原，赴白樓。三月，車駕西征侯呂隣部。〔七〕夏四月，至苦水，大破之。五月，還幸白樓。慕容垂討慕容永於長子。六月，車駕北巡。永來告急，遣陳留公元虔、將軍庾岳率騎五萬東度河救之。破類拔部帥劉曜等，徙其部落。元虔等因屯秀容。慕容垂遂圍長子。

秋七月，車駕臨幸新壇。庚寅，宴羣臣，仍講武。先是，衞辰子屈丏奔薛干部，徵之不送。八月，帝南征薛干部帥太悉佛於三城，會其先出擊曹覆，帝乘虛屠其城，獲太悉佛子珍寶，徙其民而還。太悉佛聞之，來赴不及，遂奔姚興。九月，還幸河南宮。

是歲，姚萇死。

九年春三月，帝北巡。使東平公元儀屯田於河北五原，至於棝楊塞外。

夏五月，田於河東。

秋七月，還幸河南宮。

冬十月，蠕蠕社崘等率部落西走。事具蠕蠕傳。

是歲，姚萇子興僭立，殺苻登。慕容垂滅永。

十年春正月，太悉佛自長安還嶺北，上郡以西皆應之。

夏五月，幸鹽池。六月，還幸河南宮。

秋七月，慕容垂遣其子寶來寇五原，造舟收穀。帝遣右司馬許謙徵兵於姚興。東平公元儀徙據朔方。八月，帝親治兵於河南。九月，進師，臨河築臺告津，連旌沿河東西千里有餘。是時，陳留公元虔五萬騎在東，以絕其左，元儀五萬騎在河北，以承其後，略陽公元遵七萬騎塞其中山之路。

冬十月辛未，寶燒船夜遁。十一月己卯，帝進軍濟河。乙酉夕，至參合陂。丙戌，大破之。語在寶傳。生擒其陳留王紹、魯陽王倭奴、桂林王道成、濟陰公尹國、北地王世子鍾葵、安定王世子羊兒以下文武將吏數千人，器甲輜重、軍資雜財十餘萬計。於俘虜之中擢其才識者賈彝、賈閏、晁崇等與參謀議，憲章故實。班賞大臣將校各有差。十有二月，還幸雲中之盛樂。

皇始元年春正月，大蒐于定襄之虎山，因東幸善無北陂。三月，慕容垂來寇桑乾川。陳留公元虔先鎮平城，時徵兵未集，虔率麾下邀擊，失利死之。垂遂至平城西北，踰山結營，聞帝將至，乃築城自守。疾甚，遂遁走，死於上谷。子寶匿喪而還，至中山乃僭立。

夏六月癸酉，遣將軍王建等三軍討寶廣寧太守劉亢泥，斬之，徙其部落。寶上谷太守慕容普隣，捐郡奔走。丁亥，皇太后賀氏崩。是月，葬獻明太后。

秋七月，右司馬許謙上書勸進尊號，帝始建天子旌旗，出入警蹕，於是改元。八月庚寅，治兵于東郊。己亥，大舉討慕容寶，帝親勒六軍四十餘萬，南出馬邑，踰于句注，旌旗駱驛二千餘里，鼓行而前，民屋皆震。別詔將軍封眞等三軍，從東道出襲幽州，圍薊。九月戊午，次陽曲，乘西山，臨觀晉陽，命諸將引騎圍脅，已而罷還。寶幷州牧遼西王農大懼，將妻子棄城夜出，東遁，幷州平。初建臺省，置百官，封拜公侯、將軍、刺史、太守，尚書郎已下悉用文人。〔八〕帝初拓中原，留心慰納，諸士大夫詣軍門者，無少長，皆引入賜見，存問周悉，人得自盡，苟有微能，咸蒙敍用。己未，詔輔國將軍奚牧略地晉川，獲慕容寶丹陽王買得等於平陶城。

冬十月乙酉，車駕出井陘，使冠軍將軍王建、左軍將軍李栗五萬騎先驅啓行。十有一月庚子朔，帝至眞定。自常山以東，守宰或捐城奔竄，或稽顙軍門，唯中山、鄴、信都三城不下。別詔征東大將軍東平公儀五萬騎南攻鄴，冠軍將軍王建、左軍將軍李栗等攻信都，軍之所行，不得傷民桑棗。戊午，進軍中山；己未，引騎圍之。帝謂諸將曰：「朕量寶不能出戰，必當憑城自守，偸延日月，急攻則傷士，久守則費糧，不如先平鄴、信都，然後還取中山，於計爲便。若移軍遠去，寶必散衆求食民間，如此，則人心離阻，攻之易克。」諸將稱善。丁卯，車駕幸魯口城。

是歲，司馬昌明死，子德宗僭立，遣使朝貢。呂光僭稱天王，號大涼，遣使朝貢。

二年春正月己亥朔，大饗羣臣於魯口。慕容寶遣其左衞將軍慕容騰寇博陵，殺中山太守及高陽諸縣令長，抄掠租運。是時信都未下，庚申，乃進軍。壬戌，引騎圍之。其夜，寶冀州刺史宜都王慕容鳳踰城奔走，歸于中山。癸亥，寶輔國將軍張驤、護軍將軍徐超率將吏已下舉城降。寶聞帝幸信都，乃趣博陵之深澤，屯呼沱水，遣弟賀麟寇楊城，殺常山守兵三百餘人。寶悉出珍寶及宮人招募郡縣，羣盜無賴者多應之。

二月己巳，帝進幸楊城。丁丑，軍于鉅鹿之栢肆塢，臨呼沱水。其夜，寶悉衆犯營，燎及行宮，兵人駭散。帝驚起，不及衣冠，跣出擊鼓。俄而左右及中軍將士，稍稍來集。帝設奇陳，列烽營外，縱騎衝之，寶衆大敗，斬首萬餘級，擒其將軍高長等四千餘人。戊寅，寶走中山，獲其器仗輜重數十萬計。寶尚書閔亮、祕書監崔逞、太常孫沂、殿中侍御史孟輔等並降。降者相屬，賜拜職爵各有差。平原徐超聚衆反於畔城，詔將軍奚辱捕斬之。幷州守將封眞率其種族與徒何爲逆，將攻刺史元延，延討平之。

是時，栢肆之役，遠近流言，賀蘭部帥附力眷、紇突隣部帥匿物尼、紇奚部帥叱奴根聚黨反於陰館，南安公元順率軍討之，不克，死者數千。詔安遠將軍庾岳總萬騎，還討叱奴根等，滅之。

三月己酉，車駕次于盧奴。寶遣使求和，請送元觚，割常山以西奉國，乞守中山以東，帝許之。已而寶背約。辛亥，車駕次中山，命諸將圍之。是夜，寶弟賀麟將妻子出走西山。寶見賀麟走，恐先據和龍，壬子夜，遂將其妻子及兄弟宗族數千騎北遁。寶將李沈、王次多、張超、賈歸等來降。遣將軍長孫肥追之，至范陽，不及而還。城內共立慕容普隣爲主。

夏四月，帝以軍糧未繼，乃詔征東大將軍東平公元儀罷鄴圍，徙屯鉅鹿，積租楊城。普麟出步卒六千餘人，伺間犯諸屯兵，詔將軍長孫肥等輕騎挑之，帝以虎隊五千横截其後，斬首五千，生虜七百人，宥而遣之。

夏五月庚子，大賞功臣。帝以中山城內爲普麟所脅，而大軍迫之，欲降無路，乃密招喻之。甲辰，曜兵揚威以示城內，命諸軍罷圍南徙以待其變。甲寅，以東平公元儀爲驃騎大將軍、都督中外諸軍事、兗豫雍荆徐揚六州牧、左丞相，封衞王。襄城公元題，進封爲王。

秋七月，普麟遣烏丸張驤率五千餘人出城求食，寇常山之靈壽，殺害吏民。賀麟自丁零中入于驤軍，因其衆，復入中山，殺普麟而自立。帝還幸魯口，遣將軍長孫肥二千騎襲中山，入其郛而還。

八月丙寅朔，帝自魯口進軍常山之九門。時大疫，人馬牛多死。帝問疫於諸將，對曰：「在者纔十四五。」是時中山猶拒守，而饑疫並臻，羣下咸思還北。帝知其意，因謂之曰：「斯固天命，將若之何！四海之人，皆可與爲國，在吾所以撫之耳，何恤乎無民！」羣臣乃不敢復言。遣撫軍大將軍略陽公元遵襲中山，芟其禾菜，入郛而還。

九月，賀麟飢窮，率三萬餘人出寇新市。甲子晦，帝進軍討之，太史令晁崇奏曰：「不吉。」帝曰：「其義云何？」對曰：「昔紂以甲子亡，兵家忌之。」帝曰：「紂以甲子亡，周武不以甲子勝乎？」崇無以對。

冬十月丙寅，帝進軍新市，賀麟退阻泒水，依漸洳澤以自固。甲戌，帝臨其營，戰於義臺塢，大破之，斬首九千餘級。賀麟單馬走西山，遂奔鄴，慕容德殺之。甲申，其所署公卿、尚書、將吏、士卒降者二萬餘人。其將張驤、李沈、慕容文等先來降，尋皆亡還，是日復獲之，皆赦而不問。獲其所傳皇帝璽綬、圖書、府庫、珍寶，簿列數萬。班賜功臣及將士各有差。中山平。乙酉，襄城王題薨。丁亥，遣三萬騎赴衞王儀，將以攻鄴。

是歲，鮮卑禿髮烏孤私署大單于、西平王。

天興元年春正月，慕容德走保滑臺，儀克鄴，收其倉庫。詔賞將士各有差。儀追德至於河，不及而還。庚子，車駕自中山行幸常山之眞定，次趙郡之高邑，遂幸于鄴。民有老不能自存者，詔郡縣賑恤之。帝至鄴，巡登臺榭，遍覽宮城，將有定都之意。乃置行臺，以龍驤將軍日南公和跋爲尚書，與左丞賈彝率郎吏及兵五千人鎭鄴。車駕自鄴還中山，所過存問百姓。詔大軍所經州郡，復貲租一年，除山東民租賦之半。車駕將北還，發卒萬人治直道，自望都鐵關鑿恒嶺至代五百餘里。帝慮還後山東有變，乃置行臺於中山，詔左丞相、守尚書令、衞王儀鎭中山，撫軍大將軍、略陽公元遵鎭勃海之合口。右軍將軍尹國先督租于冀州，聞帝將還，謀反，欲襲信都，安南將軍長孫嵩執送，斬之。辛酉，車駕發自中山，至于望都堯山。徙山東六州民吏及徒何、高麗雜夷三十六萬，百工伎巧十萬餘口，以充京師。〔九〕車駕次于恒山之陽。博陵、勃海、章武羣盜並起，略陽公元遵等討平之。廣川太守賀盧殺冀州刺史王輔，驅勒守兵，抄掠陽平、頓丘諸郡，遂南渡河，奔慕容德。二月，車駕自中山幸繁畤宮，更選屯衛。詔給內徙新民耕牛，計口受田。三月，離石胡帥呼延鐵、西河胡帥張崇等聚黨數千人叛，詔安遠將軍庾岳討平之。漁陽羣盜庫傉官韜聚衆反。詔中堅將軍伊謂討之。徵左丞相、衞王儀還京師，詔略陽公遵代鎮中山。

夏四月壬戌，進遵封常山王，南安公元順進封毗陵王，征虜將軍、歷陽公穆崇爲太尉，安南將軍、鉅鹿公長孫嵩爲司徒。帝祠天於西郊，麾幟有加焉。廣平太守、遼西公元意烈謀反，於郡賜死，原其妻子。鄜城屠各董羌、杏城盧水郝奴、河東蜀薛榆、氐帥苻興，各率其種內附。

六月丙子，詔有司議定國號。羣臣曰：「昔周秦以前，世居所生之土，有國有家，及王天下，卽承爲號。自漢以來，罷侯置守，時無世繼，其應運而起者，皆不由尺土之資。今國家萬世相承，啓基雲代。臣等以爲若取長遠，應以代爲號。」詔曰：「昔朕遠祖，總御幽都，控制遐國，雖踐王位，未定九州。逮于朕躬，處百代之季，天下分裂，諸華乏主。〔一〇〕民俗雖殊，撫之在德，故躬率六軍，掃平中土，凶逆蕩除，遐邇率服。宜仍先號，以爲魏焉。布告天下，咸知朕意。」

秋七月，遷都平城，始營宮室，建宗廟，立社稷。漁陽烏丸庫傉官韜復聚黨爲寇。詔冠軍將軍王建討平之。

八月，詔有司正封畿，制郊甸，端徑術，標道里，平五權，較五量，定五度。遣使循行郡國，舉奏守宰不法者，親覽察黜陟之。

九月，烏丸張驤子超，收合亡命，聚黨三千餘家，據勃海之南皮，自號征東大將軍、烏丸王，抄掠諸郡。詔將軍庾岳討之。

冬十月，起天文殿。

十有一月辛亥，詔尚書吏部郎中鄧淵典官制，立爵品，定律呂，協音樂；儀曹郎中董謐撰郊廟、社稷、朝覲、饗宴之儀；三公郎中王德定律令，申科禁；太史令晁崇造渾儀，考天象；吏部尚書崔玄伯總而裁之。

閏月，左丞相、驃騎大將軍、衞王儀及諸王公卿士，詣闕上書曰：「臣等聞宸極居中，則列宿齊其晷；帝王順天，則羣后仰其度。伏惟陛下德協二儀，道隆三五，仁風被於四海，盛化塞于大區，澤及昆蟲，恩霑行葦，謳歌所屬，八表歸心，軍威所及，如風靡草，萬姓顒顒，咸思係命。而躬履謙虛，退身後己，宸儀未彰，袞服未御，非所以上允皇天之意，下副樂推之心。宜光崇聖烈，示軌憲於萬世。臣等謹昧死以聞。」帝三讓乃許之。

十有二月己丑，帝臨天文殿，太尉、司徒進璽綬，百官咸稱萬歲。大赦，改年。追尊成帝已下及后號謚。樂用皇始之舞。詔百司議定行次，尚書崔玄伯等奏從土德，服色尚黃，數用五，未祖辰臘，犧牲用白，五郊立氣，宣贊時令，敬授民時，行夏之正。徙六州二十二郡守宰、豪傑、吏民二千家于代都。

是歲，蘭汗殺慕容寶而自立，寶子盛殺汗僭立。慕容德自稱燕王。

二年春正月甲子，初祠上帝于南郊，以始祖神元皇帝配，降壇視燎，成禮而反。乙丑，曲赦京師。始制三駕之法。庚午，車駕北巡，分命諸將大襲高車，大將軍、常山王遵等三軍從東道出長川，鎮北將軍、高涼王樂真等七軍從西道出牛川，車駕親勒六軍從中道自駮髯水西北。

二月丁亥朔，諸軍同會，破高車雜種三十餘部，獲七萬餘口，馬三十餘萬匹，牛羊百四十餘萬。驃騎大將軍、衞王儀督三萬騎別從西北絕漠千餘里，破其遺迸七部，獲二萬餘口，馬五萬餘匹，牛羊二十餘萬頭，高車二十餘萬乘，并服玩諸物。還次牛川及薄山，並刻石記功，班賜從臣各有差。庚戌，征虜將軍庾岳破張超於勃海。超走平原，爲其黨所殺。以所獲高車衆起鹿苑，南因臺陰，北距長城，東包白登，屬之西山，廣輪數十里，鑿渠引武川水注之苑中，疏爲三溝，分流宮城內外。又穿鴻雁池。

三月己未，車駕至自北伐。甲子，初令五經羣書各置博士，增國子太學生員三千人。是月，氐人李辯叛慕容德，求援於鄴行臺尚書和跋，跋輕騎往應之，克滑臺，收德宮人府藏；又破德桂林王鎮及郎吏將士千餘人。丙子，遣建義將軍庾眞、越騎校尉奚斤討庫狄部帥葉亦干、宥連部帥竇羽泥於太渾川，破之，庫狄勤支子沓亦干率其部落內附。眞等進破侯莫陳部，獲馬牛羊十餘萬頭，追殄遺迸，入大峨谷。中山太守仇儒亡匿趙郡，推羣盜趙准爲主，號使持節、征西大將軍、冀青二州牧、鉅鹿公，仇儒爲淮長史，聚黨扇惑。詔中領軍長孫肥討平之。

夏四月，前淸河太守傅世聚黨千餘家，自號撫軍將軍。五月癸亥，征虜將軍庾岳討破之。

秋七月，起天華殿。辛酉，大閱于鹿苑，饗賜各有差。陳郡、河南流民萬餘口內徙，遣使者存勞之。姚興遣衆圍洛陽，司馬德宗將辛恭靖請救。八月，遣太尉穆崇率騎六千往赴之。增啓京師十二門。作西武庫。除州郡民租賦之半。辛亥，詔禮官備撰衆儀，著于新令。范陽人盧溥，聚衆海濱，稱使持節、征北大將軍、幽州刺史，攻掠郡縣，殺幽州刺史封沓干。慕容盛遼西太守李朗，舉郡內屬。西河胡帥護諸于、丁零帥翟同、蜀帥韓礱，並相率內附。

冬十月，太廟成，遷神元、平文、昭成、獻明皇帝神主于太廟。十有二月甲午，慕容盛征虜將軍、燕郡太守高湖，率戶三千內屬。辛亥，詔材官將軍和突討盧溥。天華殿成。

是歲，呂光立其子紹爲天王，自稱太上皇。光死，庶子纂殺紹僭立。〔一〕禿髮烏孤死，弟鹿孤代立，遣使朝貢。

三年春正月戊午，和突破盧溥於遼西，生獲溥及其子煥，傳送京師，轘之。癸亥，有事於北郊。分命諸官循行州郡，觀民風俗，察舉不法。賜羣臣布帛各有差。二月丁亥，詔有司祀日于東郊。始耕籍田。壬寅，皇子聰薨。三月戊午，立皇后慕容氏。是月，穿城南渠通於城內，作東西魚池。

夏四月，姚興遣使朝貢。五月戊辰，詔謁者僕射張濟使於姚興。己巳，車駕東巡，遂幸涿鹿，遣使者以太牢祠帝堯、帝舜廟。西幸馬邑，觀㶟源。

秋七月壬子，車駕還宮。起中天殿及雲母堂、金華室。

十有一月，高車別帥敕力犍，率九百餘落內屬。

十有二月乙未，詔曰：「世俗謂漢高起於布衣而有天下，此未達其故也。夫劉承堯統，曠世繼德，有蛇龍之徵，致雲彩之應，五緯上聚，天人俱協，明革命之主，大運所鍾，不可以非望求也。然狂狡之徒，所以顛蹶而不已者，誠惑於逐鹿之說，而迷於天命也。故有踵覆車之軌，蹈釁逆之蹤，毒甚者傾州郡，害微者敗邑里，至乃身死名頹，殃及九族，從亂隨流，死而不悔，豈不痛哉！春秋之義，大一統之美，吳楚僭號，久加誅絕，君子賤其僞名，比之塵垢。自非繼聖載德，天人合會，帝王之業，夫豈虛應。歷觀古今，不義而求非望者，徒喪其保家之道，而伏刀鋸之誅。有國有家者，誠能推廢興之有期，審天命之不易，察徵應之潛授，杜競逐之邪言，絕姦雄之僭肆，思多福於止足，則幾於神智矣。如此，則可以保榮祿於天年，流餘慶於後世。夫然，故禍悖無緣而生，兵甲何因而起？凡厥來世，勗哉戒之，可不慎歟！」

時太史屢奏天文錯亂，帝親覽經占，多云改王易政，故數革官號，一欲防塞凶狡，二欲消災應變。已而慮羣下疑惑，心謗腹非，丙申復詔曰：「上古之治，尚德下名，有任而無爵，易治而事序，故邪謀息而不起，姦慝絕而不作。周姬之末，下凌上替，以號自定，以位制祿，卿世其官，大夫遂事，陽德不暢，議發家陪，故釁由此起，兵由此作。秦漢之弊，捨德崇侈，能否混雜，賢愚相亂，庶官失序，任非其人。於是忠義之道寢，廉耻之節廢，退讓之風絕，毀譽之議興，莫不由乎貴尙名位，而禍敗及之矣。古置三公，職大憂重，故曰『待罪宰相』，將委任責成，非虛寵祿也。而今世俗，僉以台輔爲榮貴，企慕而求之。夫此職司，在人主之所任耳，用之則重，捨之則輕。然則官無常名，而任有定分，是則所貴者至矣，何取於鼎司之虛稱也。夫桀紂之南面，雖高而可薄；姬旦之爲下，雖卑而可尊。一官可以効智，華門可以垂範。苟以道德爲實，賢於覆餗蔀家矣。故量己者，令終而義全；昧利者，身陷而名滅。利之與名，毀譽之疵競；道之與德，神識之家寶。是故道義，治之本；名爵，治之末。名不本於道，不可以爲宜；爵無補於時，不可以爲用。用而不禁，爲病深矣。能通其變，不失其正者，其惟聖人乎？來者誠思成敗之理，察治亂之由，鑒殷周之失，革秦漢之弊，則幾於治矣。」

是歲，乞伏乾歸爲姚興所破，李暠私署涼州牧、涼公。

四年春正月，高車別帥率其部三千餘落內附。二月丁亥，命樂師入學習舞，釋菜于先聖、先師。丁酉，分命使者循行州郡，聽察辭訟，糾劾不法。三月，帝親漁，薦于寢廟。

夏四月辛卯，罷鄴行臺。詔有司明揚隱逸。五月，起紫極殿、玄武樓、涼風觀、石池、鹿苑臺。

秋七月，詔鎮遠將軍、兗州刺史長孫肥步騎二萬南徇許昌、彭城。詔賜天下鎮戍將士布帛各有差。

冬十二月辛亥，詔征西大將軍、常山王遵等率衆五萬討破多蘭部帥木易于，材官將軍和突率騎六千襲黜弗、素古延等諸部。集博士儒生，比衆經文字，義類相從，凡四萬餘字，號曰衆文經。

是歲，慕容盛死，寶弟熙僭立。呂光弟子隆殺纂自立。盧水胡沮渠蒙遜私署涼州牧、張掖公。蒙遜及李暠並遣使朝貢。

五年春正月丁丑，慕容熙遣將寇遼西，虎威將軍宿沓干等拒戰不利，棄令支而還。帝聞姚興將寇邊，庚寅，大簡輿徒，詔并州諸軍積穀于平陽之乾壁。戊子，材官將軍和突破黜弗、素古延等諸部，獲馬三千餘匹，牛羊七萬餘頭。辛卯，蠕蠕社崙遣騎救素古延等，和突逆擊破之于山南河曲，獲鎧馬二千餘匹。班師。賞賜將士各有差。

二月癸丑，征西大將軍、常山王遵等至安定之高平，木易于率數千騎與衞辰、屈丏棄國遁走，追至隴西瓦亭，不及而還。獲其輜重庫藏，馬四萬餘匹，駱駝、犛牛三千餘頭，牛、羊九萬餘口。班賜將士各有差。徙其民於京師。沙門張翹自號無上王，與丁零鮮于次保聚黨常山之行唐。夏四月，太守樓伏連討斬之。五月，姚興遣其弟安北將軍、義陽公平率衆四萬來侵，平陽乾壁爲平所陷。六月，治兵于東郊，部分衆軍，詔鎭西大將軍毗陵王順、長孫肥等三將六萬騎爲前鋒。秋七月戊辰朔，車駕西討。八月乙巳，至於柴壁，平固守，進軍圍之，姚興悉舉其衆來救。甲子，帝渡蒙坑，逆擊興軍，大破之。冬十月，平赴水而死，俘其餘衆三萬餘人。語在興傳。獲興征虜將軍、尚書右僕射狄伯支，越騎校尉唐小方，積弩將軍姚梁國，建忠將軍雷星、康官，〔三〕北中郎將康猳，平從弟伯禽已下、四品將軍已上四十餘人。獲先亡臣王次多、靳勤，並斬以徇。興頻使請和，帝不許。羣臣勸進平蒲坂，帝慮蠕蠕爲難，戊申，班師。十有一月，車駕次晉陽。徵相州刺史庾岳爲司空。遣左將軍莫題討上黨羣盜秦頗、丁零翟都於壺關。丁丑，上黨太守捕頗，斬之，都走林慮。十有二月辛亥，至自西征。蠕蠕社崙犯塞，詔常山王遵追之，不及而還。越勤莫弗率其部萬餘家內屬，居五原之北。

是歲，禿髮鹿孤病死，弟傉檀統任，遣使朝貢。

六年春正月辛未，朔方尉遲部別帥率萬餘家內屬，入居雲中。

夏五月，大簡輿徒，將略江淮，平荆揚之亂。

秋七月，鎮西大將軍、司隸校尉、毗陵王順有罪，以王還第。戊子，車駕北巡，築離宮于犲山，縱士校獵，東北踰罽嶺，出參合、代谷。九月，行幸南平城，規度灅南，面夏屋山，背黃瓜堆，將建新邑。辛未，車駕還宮。

冬十月，起西昭陽殿。乙卯，立皇子嗣爲齊王，加車騎大將軍，位相國；紹爲淸河王，加征南大將軍；熙爲陽平王；曜爲河南王。封故秦愍王子夔爲豫章王，陳留王子右將軍悅爲朱提王。丁巳，詔將軍伊謂率騎二萬北襲高車。司馬德宗遣使朝貢。十有一月庚午，伊謂大破高車。

是年，島夷桓玄廢其主司馬德宗而自立，僭稱大楚。

天賜元年春正月，遣離石護軍劉託率騎三千襲蒲子。三月丙寅，擒姚興寧北將軍、泰平太守衡譚，獲三千餘口。初限縣戶不滿百罷之。

夏四月，詔尚書郎中公孫表使於江南，以覘桓玄之釁也。値玄敗而還。蠕蠕社崘從弟悅伐大那等謀殺社崘而立大那。發覺，來奔。五月，置山東諸冶，發州郡徒謫造兵甲。

秋九月，帝臨昭陽殿，分置衆職，引朝臣文武，親自簡擇，量能敍用；制爵四等，曰王、公、侯、子，除伯、男之號；追錄舊臣，加以封爵，各有差。是秋，江南大亂，流民繦負而奔淮北，行道相尋。

冬十月辛巳，大赦，改元。築西宮。十有一月，上幸西宮，大選朝臣，令各辨宗黨，保舉才行，諸部子孫失業賜爵者二千餘人。十有二月戊辰，車駕幸豺山宮。是歲，島夷劉裕起兵誅桓玄。

二年春二月癸亥，車駕還宮。

夏四月，車駕有事于西郊，車旗盡黑。

是歲，司馬德宗復僭立。慕容德死，兄子超僭立。

三年春正月甲申，車駕北巡，幸豺山宮。校獵，至屋孤山。二月乙亥，幸代園山，建五石亭。三月庚子，車駕還宮。

夏四月庚申，復幸豺山宮。占授著作郎王宜弟造兵法孤虛立成圖三百六十時。遂登定襄角史山，又幸馬城。甲午，車駕還宮。是月，蠕蠕寇邊，夜召兵，將旦，賊走，乃罷。六月，發八部五百里內男丁築灅南宮，門闕高十餘丈；引溝穿池，廣苑囿；規立外城，方二十里，分置市里，經塗洞達。三十日罷。

秋七月，太尉穆崇薨。八月甲辰，行幸犲山宮，遂至青牛山。丙辰，西登武要北原，觀九十九泉，造石亭，遂之石漠。九月甲戌朔，幸漠南鹽池。壬午，至漠中，觀天鹽池；度漠，北之吐鹽池。癸巳，南還長川。丙申，臨觀長陂。

冬十月庚申，車駕還宮。

四年春二月，封皇子脩爲河間王，處文爲長樂王，連爲廣平王，黎爲京兆王。

夏五月，北巡。自參合陂東過蟠羊山，大雨，暴水流輜重數百乘，殺百餘人。遂東北踰石漠，至長川，幸濡源。常山王遵有罪賜死。

秋七月，車駕自濡源西幸參合陂。築北宮垣，三旬而罷，乃還宮。八月，幸犲山宮。是月，誅司空庾岳。

冬十有一月，車駕還宮。

是歲，慕容寶養子高雲殺熙自立，赫連屈丐自稱大單于、大夏天王。

五年春正月，行幸犲山宮，遂如參合陂，觀漁於延水，〔一三〕至寧川。三月，姚興遣使朝貢。

是歲，皇孫燾生。

六年夏，帝不豫。初，帝服寒食散，自太醫令陰羌死後，藥數動發，至此逾甚。而災變屢見，憂懣不安，或數日不食，或不寢達旦。歸咎羣下，喜怒乖常，謂百僚左右人不可信，慮如天文之占，或有肘腋之虞。追思既往成敗得失，終日竟夜獨語不止，若旁有鬼物對揚者。朝臣至前，追其舊惡皆見殺害，其餘或以顏色變動，或以喘息不調，或以行步乖節，或以言辭失措，帝皆以爲懷惡在心，變見於外，乃手自毆擊，死者皆陳天安殿前。於是朝野人情各懷危懼，有司懈怠，莫相督攝，百工偷劫，盜賊公行，巷里之間人爲希少。帝亦聞之，曰：「朕縱之使然，待過災年，當更淸治之爾。」

秋七月，慕容支屬百餘家，謀欲外奔，發覺，伏誅，死者三百餘人。八月，衞王儀謀叛，賜死。

冬十月戊辰，帝崩於天安殿，時年三十九。永興二年九月甲寅，上謚宣武皇帝，葬於盛樂金陵，廟號太祖。〔四〕泰常五年，改謚曰道武。

史臣曰：晉氏崩離，戎羯乘釁，僭僞紛糾，豺狼競馳。太祖顯晦安危之中，屈伸潛躍之際，驅率遺黎，奮其靈武，克剪方難，遂啓中原，朝拱人神，顯登皇極。雖冠履不暇，栖遑外土，而制作經謨，咸存長世。所謂大人利見，百姓與能，抑不世之神武也。而屯厄有期，禍生非慮，將人事不足，豈天實爲之。嗚呼！

校勘記

〔一〕七年冬十月　諸本「七年」都作「二年」。北史卷一魏本紀一、册府卷六六四頁作「七年」。按苻堅淝水之敗在晉太元八年三八三，拓跋珪沒有建號前的所謂二年是三七八年，顯誤，今據改。

〔二〕劉顯弟肺泥率騎掠奴眞部落　北、汲、殿、局四本「肺泥」都作「亢泥」，百衲本、南本作「肺泥」。按下文和卷二三劉顯傳都稱顯弟「亢泥」或「亢埿」，不聞別有弟名「肺泥」。似作「亢泥」是。但册府卷六六四頁、通鑑卷一〇六三三六七頁此處都作「肺泥」。且這裏才說肺泥來降，次月又稱劉顯遣其弟亢泥迎窟咄，則又並未降拓跋珪，或別有其人，今從百衲本。

〔三〕帝左右于桓等　北、汲、殿、局四本「桓」作「植」。百衲本、南本作「桓」。按北史卷一、通鑑卷一〇六三三六八頁也作「桓」。今從百衲本。參卷二七校記。

〔四〕庫莫部帥鳩集遺散　北史卷一「庫莫」下有「奚」字。按庫莫奚或單稱「奚」，不當單稱「庫莫」，這裏當脫「奚」字。

〔五〕其東西二部主匹候跋及緼紇提　按本書卷一〇三蠕蠕傳補，匹候跋和緼紇提先後降魏。這裏「其」上當脫「降」字。

〔六〕衞辰少子屈丐亡奔薛干部　諸本及北史「薛干」都作「薛于」。通鑑卷一〇七三四〇二頁、通志卷一五上作「薛干」。按晉書卷一三〇赫連勃勃載記稱勃勃卽屈丐「乃奔於叱干部」，知叱干卽薛干。本書卷一一三官氏志云「叱干氏後改爲薛氏」。太和改複姓爲單姓，大都截取複姓中音同的一字，也可證叱干之卽「薛干」。史傳所載姓叱干的人除個別例子外都作「叱干」，金石萃編卷九六、八瓊室金石補正卷六三載唐資州刺史叱干公三教道場文，更爲顯證。「薛干」雖多作「薛于」，均爲版刻之訛，如下文八年八月稱「帝南征薛于部」，北史卷九八高車傳末同，而本書卷一〇三高車傳卽以北史補却作「薛干」。又如晉書赫連勃勃載記稱「討鮮卑薛于三部」，通鑑卷一一四三六〇二頁作「薛干」，胡注「晉書載記作『薛千』，蜀本作『薛干』」。今改正。以後逕改，不出校記。

〔七〕車駕西征侯呂隣部　按「侯」當是「侯」之訛，詳卷一〇三校記〔二〕。

〔八〕封拜公侯將軍刺史太守尚書郎已下悉用文人　諸本「封」下無「拜」字，北史卷一有。按將軍以下官不得云「封」，若「將軍、刺史、太守」連下「尚書郎已下」讀，則是將軍也悉用文人，更誤。知這裏脫「拜」字，今據補。

〔九〕徙山東六州民吏及徒何高麗雜夷三十六萬百工伎巧十萬餘口以充京師　北史卷一、册府卷四八六五八一八頁「三十六萬」作「三十六署」。按通鑑卷一一〇三四六三頁此條作「徙山東六州吏民、雜夷十餘萬口以實代」，以十餘萬口爲這次遷徙的總口數。若「署」字作「萬」，則合計當云「四十餘萬口」，似司馬光所見魏書也作「三十六署」。「署」是百工伎巧所屬的機構。南、北朝少府及太府管轄的官府手工業作坊多設置「署」，隋書百官志記梁少府所屬有十五署，北齊太府所屬有十三署，若再加上太常、光祿、將作所屬，這種「署」是很多的。「三十六署」或是後燕所置署數，或一般泛稱。這裏「萬」當是「署」字之訛。

〔一〇〕諸華乏主　諸本「乏」訛「之」，今據御覽卷一〇一四八四頁、册府卷六六五頁改正。

〔一一〕庶子纂殺紹僭立　百衲本、南本「庶子」作「太子」，北、汲、殿、局四本作「庶子」。按晉書卷一二二呂光載記，呂光的太子卽紹，纂乃光庶長子。今從北本以下諸本。

〔一二〕康官　按晉書卷一一八姚興載記下兩見都作「康宦」，疑「官」字形近而訛，但本書卷一〇五姚興傳亦作「康官」，今不改。

〔一三〕觀漁於延水　北史卷一「於」作「于」。按「于延」是水名，見漢書卷二八地理志下代郡且如縣，字當作「于」，但水經注卷一三㶟水篇亦「于延」「於延」雜見，今不改。

〔一四〕永興二年九月至廟號太祖　按永興二年四一〇上拓跋珪的廟號是「烈祖」，至太和十五年四九一才改「太祖」，見本書卷八四孫惠蔚傳及卷一〇八禮志。這裏「太祖」乃「烈祖」之誤。

魏書卷三〔一〕

太宗紀第三

太宗明元皇帝，諱嗣，太祖長子也，母曰劉貴人，登國七年生於雲中宮。太祖晚有子，聞而大悅，乃大赦天下。帝明叡寬毅，非禮不動，太祖甚奇之。天興六年，封齊王，拜相國，加車騎大將軍。

初，帝母劉貴人賜死，太祖告帝曰：「昔漢武帝將立其子而殺其母，不令婦人後與國政，使外家爲亂。汝當繼統，故吾遠同漢武，爲長久之計。」帝素純孝，哀泣不能自勝，太祖怒之。帝還宮，哀不自止，日夜號泣。太祖知而又召之。帝欲入，左右曰：「孝子事父，小杖則受，大杖避之。今陛下怒盛，入或不測，陷帝於不義。不如且出，待怒解而進，不晚也。」帝懼，從之，乃遊行逃於外。

天賜六年冬十月，清河王紹作逆，太祖崩。帝入誅紹。壬申，卽皇帝位，〔二〕大赦，改年爲永興元年。追尊皇妣爲宣穆皇后。公卿大臣先罷歸第不與朝政者，悉復登用之。詔南平公長孫嵩、北新侯安同對理民訟，簡賢任能，彝倫攸敍。閏十月丁亥，朱提王悅謀反，賜死。詔鄭兵將軍、山陽侯奚斤巡行諸州，〔三〕問民疾苦，撫恤窮乏。十有二月戊戌，封衞王儀子良爲南陽王，陰平公元烈進爵爲王，高涼王樂眞改封平陽王。己亥，帝始居西宮，御天文殿。蠕蠕犯塞。

是歲，乞伏乾歸據金城自稱秦王。高雲爲海夷馮跋所滅，跋僭號，自稱大燕天王。

二年春正月甲寅朔，詔南平公長孫嵩等北伐蠕蠕。平陽民黄苗等，依汾自固，受姚興官號。并州刺史元六頭討平之。二月癸未朔，詔將軍于栗磾領步騎一萬鎭平陽。

夏五月，長孫嵩等自大漠還，蠕蠕追圍之於牛川。壬申，帝北伐。蠕蠕聞而遁走，車駕還幸參合陂。

秋七月丁巳，立馬射臺於陂西，仍講武教戰。乙丑，車駕至自北伐。八月，章武民劉牙聚衆反。山陽侯奚斤討平之。九月甲寅，葬太祖宣武皇帝於盛樂金陵。

冬十有二月辛巳，詔將軍周觀率衆詣西河離石，鎭撫山胡。

是歲，司馬德宗將劉裕，滅慕容超於廣固。

三年春二月戊戌，詔曰：「衣食足，知榮辱。夫人飢寒切己，唯恐朝夕不濟，所急者溫飽而已，何暇及於仁義之事乎？王教之多違，蓋由於此也。非夫耕婦織，內外相成，何以家給人足矣。其簡宮人非所當御及執作伎巧，自餘悉出以配鰥民。」己亥，詔北新侯安同等持節循行并、定二州及諸山居雜胡、丁零，問其疾苦，察舉守宰不法；其宼窮失職、强弱相陵、孤寒不能自存者，各以事聞。昌黎、遼東民二千餘家內屬。三月己未，詔侍臣常帶劍。夏四月戊寅，河東蜀民黃思、郭綜等率營部七百餘家內屬。五月丁卯，車駕謁金陵於盛樂。己巳，昌黎王慕容伯兒謀反，伏誅。六月，姚興遣使來聘。西河胡張賢等率營部內附。

秋七月戊申，賜衞士酺三日、布帛各有差。辛酉，賜附國大人錦罽衣服各有差。八月戊寅，詔將軍、東州侯尉古眞統兵五千，鎭西境太洛城。

冬十二月甲戌，〔四〕蠕蠕斛律宗黨吐觗于等百餘人內屬。甲午，詔南平公長孫嵩、任城公嵇拔、白馬侯崔玄伯等坐朝堂，錄決囚徒，務在平當。

四年春二月癸未，登虎圈射虎；賜南平公長孫嵩等布帛各有差。

夏四月乙未，宴羣臣於西宮，使各獻直言。

秋七月己巳朔，東巡。置四廂大將，又放十二時，置十二小將。以山陽侯奚斤、元城侯元屈行左右丞相。己卯，大獮于石會山。戊子，臨去畿陂觀漁。庚寅，至于濡源。西巡，幸北部諸落，賜以繒帛。八月庚戌，車駕還宮。壬子，幸西宮，臨板殿，大饗羣臣將吏，以田獵所獲賜之，命民大酺三日。乙卯，賜王公以下至宿衞將士布帛各有差。

冬十有一月乙丑，賜宗室近屬南陽王良已下至於緦麻之親布帛各有差。十有二月丁巳，車駕北巡，至長城而還。

是年，乞伏乾歸爲兄子公府所殺，子熾磐立。沮渠蒙遜自稱河西王。

五年春正月己巳，大閱，畿內男子十二以上悉集。己卯，幸西宮。頞拔大、渠帥四十餘人詣闕奉貢，賜以繒帛錦罽各有差。乙酉，詔諸州六十戶出戎馬一匹。庚寅，大閱於東郊，部署將帥。以山陽侯奚斤爲前軍，衆三萬，陽平王熙等十二將，各一萬騎；帝臨白登，躬自校覽焉。二月戊申，賜陽平王熙及諸王、公、侯、將士布帛各有差。庚戌，幸高柳川。甲寅，車駕還宮。癸丑，穿魚池於北苑。庚午，姚興遣使來聘。詔分遣使者巡求儁逸，其豪門强族爲州閭所推者，及有文武才幹、臨疑能決，或有先賢世冑、德行清美、學優義博、可爲人師者，各令詣京師，當隨才敍用，以贊庶政。

夏四月，河東民薛相率部內屬。乙巳，上黨民勞聰、士臻羣聚爲盜，殺太守令長，相率外奔。乙卯，車駕西巡，詔前軍奚斤等先行，討越勤部於跋那山。

夏五月乙亥，行幸雲中舊宮之大室。丙子，大赦天下。西河張外、建興王紹，自以所犯罪重，不敢解散。庚戌，遣元城侯元屈等率衆三千鎭幷州。乙卯，詔會稽公劉潔、永安侯魏勤等率衆三千鎭西河。六月，西幸五原，校獵于骨羅山，獲獸十萬。濩澤劉逸自號征東將軍、三巴王，王紹爲署置官屬，攻逼建興郡。元屈等討平之。

秋七月己巳，還幸薄山。帝登觀太祖遊幸刻石頌德之處，乃於其旁起石壇而薦饗焉。賜從者大酺於山下。奚斤等破越勤倍泥部落於跋那山西，獲馬五萬匹，牛二十萬頭，徙二萬餘家於大寧，計口受田。河西胡曹龍、張大頭等，各領部，擁衆二萬人，來入蒲子，逼脅張外於研子壘。外懼，給以牛酒，殺馬盟誓，推龍爲大單于，奉美女良馬於龍。丙戌，車駕自大室西南巡諸部落，賜其渠帥繒帛各有差。遂南次定襄大落城，東踰十嶺山，田於善無川。

八月癸卯，車駕還宮。癸丑，奚斤等班師。甲寅，帝臨白登，觀降民，數軍實。曹龍降，執送張外，斬之。辛未，賜征還將士牛、馬、奴婢各有差。置新民於大寧川，給農器，計口受田。丁丑，幸犲山宮。癸未，車駕還宮。

冬十月丁巳，將軍元屈、會稽公劉潔、永安侯魏勤等，擊吐京叛胡，失利，潔被傷，勤死之。十一月癸酉，大饗于西宮。姚興遣使朝貢，來請進女，帝許之。

神瑞元年春正月辛酉，以禎瑞頻集，大赦，改元。辛巳，幸繁畤。賜王公已下至於士卒百工布帛各有差。二月戊戌，車駕還宮。是月，赫連屈孑入寇河東蒲子，殺掠吏民，三城護軍張昌等要擊走之。庚戌，幸犲山宮。西河胡曹成、吐京民劉初原攻殺屈孑所置吐京護軍及其守三百餘人。乙卯，起豐宮於平城東北。

夏五月辛酉，車駕還宮。六月，司馬德宗冠軍將軍、太山太守劉研弟，輔國將軍、領東平太守陽平趙鸞，廣威將軍、平昌太守羅卓，斗城屠各帥張文興等，率流民七千餘家內屬。河西胡酋劉遮、劉退孤率部落等萬餘家，渡河內屬。戊申，幸犲山宮。丁亥，車駕還宮。

秋八月戊子，詔馬邑侯元陋孫使於姚興。辛丑，遣謁者悅力延撫慰蠕蠕，于什門招諭馮跋。詔平南將軍、相州刺史尉古眞與司馬德宗太尉劉裕相聞，〔五〕使博士王諒假平南參軍將命焉。姚興遣使來聘。

冬十一月壬午，詔使者巡行諸州，校閱守宰資財，非自家所齎，悉簿爲贓。詔守宰不如法，聽民詣闕告言之。十二月丙戌朔，蠕蠕犯塞。丙申，帝北伐蠕蠕。河內人司馬順宰自號晉王。太守討捕不獲。

是歲，禿髮傉檀爲乞伏熾磐所滅。

二年春正月丙辰，車駕至自北伐，賜從征將士布帛各有差。二月丁亥，大饗于西宮，賜附國大、渠帥朝歲首者繒帛金罽各有差。司馬德宗琅邪太守劉朗，率二千餘家內屬。庚子，河西胡劉雲等，率數萬戶內附。甲辰，立太祖廟於白登之西。三月，詔曰：「刺史守宰，率多逋慢，前後怠惰，數加督罰，猶不悛改。今年貲調懸違者，謫出家財充之，不聽徵發於民。」河西飢胡屯聚上黨，推白亞栗斯爲盟主，號大將軍，反於上黨，自號單于，稱建平元年，以司馬順宰爲之謀主。

夏四月，詔將軍公孫表等五將討之。河南流民二千餘家內屬。衆廢栗斯而立劉虎，號率善王。司馬德宗遣使朝貢。己卯，車駕北巡。五月丁亥，次於參合，東幸大寧。丁未，田于四岬山。六月戊午，幸去畿陂，觀漁。辛酉，次于濡源，築立蜯臺。〔六〕射白熊於頹牛山，獲之。丁卯，幸赤城，親見長老，問民疾苦，復租一年。南次石亭，幸上谷，問百年，訪賢俊，復田租之半。壬申，幸涿鹿，登橋山，觀溫泉，使使者以太牢祠黃帝廟。至廣寧，登歷山，祭舜廟。〔七〕

秋七月，還宮，復所過田租之半。九月，闕有差。河南流民，前後三千餘家內屬。京師民飢，聽出山東就食。

冬十月壬子，姚興使散騎常侍、東武侯姚敞，尚書姚泰，送其西平公主來，帝以后禮納之。辛酉，行幸沮洳城。癸亥，車駕還宮。丙寅，詔曰：「古人有言，百姓足則君有餘，未有民富而國貧者也。頃者以來，頻遇霜旱，年穀不登，百姓飢寒不能自存者甚衆，其出布帛倉穀以賑貧窮。」十有一月丁亥，幸犲山宮。庚子，車駕還宮。

泰常元年春正月甲申，行幸犲山宮。戊子，車駕還宮。三月己丑，長樂王處文薨。常山民霍季，自言名載圖讖，持一黑石以爲天賜玉印，誑惑聚黨，入山爲盜。州郡捕斬之。夏四月壬子，大赦，改元。庚申，河間王脩薨。六月丁巳，車駕北巡。秋七月甲申，帝自白鹿陂西行，大獮于牛川，登釜山，臨殷繁水而南，觀于九十九泉。戊戌，車駕還宮。九月戊午，前并州刺史叔孫建等大破山胡。劉虎渡河東走，至陳留，爲從人所殺，司馬順宰等皆死。司馬德宗相劉裕，泝河伐姚泓，遣其部將王仲德爲前鋒，從陸道至梁城。兗州刺史尉建畏懦，棄州北渡，王仲德遂入滑臺。詔將軍叔孫建等渡河，耀威滑臺，斬尉建於城下。

冬十月壬戌，幸犲山宮。徒何部落庫傉官斌先降，後復叛歸馮跋。驍騎將軍延普渡濡水討擊，大破之，斬斌及馮跋幽州刺史、漁陽公庫傉官昌，征北將軍、關內侯庫傉官提等首，生擒庫傉官女生，縛送京師。幽州平。十一月甲戌，車駕還宮，築蓬臺於北苑。十二月，南陽王良薨。

是歲，姚興卒，子泓立。

二年春二月丙午，詔曰：「九州之民，隔遠京邑，時有壅滯，守宰至不以聞。今東作方興，或有貧窮失農務者。其遣使者巡行天下，省諸州，觀民風俗，問民疾苦，察守宰治行。諸有不能自申，皆因以聞。」辛酉，司馬德宗滎陽守將傅洪，遣使詣叔孫建，請以虎牢降，求軍赴接；德宗譙王司馬文思遣使王良詣闕上書，請軍討劉裕。詔司徒長孫嵩率諸軍邀擊劉裕，戰於畔城，更有負捷。帝詔止諸軍，不克。

夏四月丁未，榆山丁零翟蜀率營部遣使通劉裕。馮跋使人王特兒等通於司馬德宗，章武太守捕特兒等，囚送京師。丁巳，幸高柳。壬戌，車駕還宮。五月，汝南民胡譁等萬餘家相率內屬。乙未，司馬德宗齊郡太守王懿來降。車駕西巡，至于雲中，遂濟河，田于大漠。

秋七月，作白臺於城南，高二十丈。司馬順之入常山，流言惑衆，稱受天帝命，年二十五應爲人君，遂聚黨於封龍山。趙郡大盜趙德執送京師，斬之。八月，劉裕滅姚泓。九月癸酉，司馬德宗平西將軍、荆州刺史司馬休之，息譙王文思，章武王子司馬國璠、司馬道賜，輔國將軍溫楷，竟陵內史魯軌，荆州治中韓延之、殷約，平西參軍桓謐、桓璲及桓溫孫道子，勃海刁雍，陳郡袁式等數百人來降。姚泓匈奴鎮將姚成都與弟和都舉鎮來降。

冬十月己酉，詔司徒長孫嵩等還京師，遣叔孫建鎮鄴。癸丑，豫章王夔薨。十有一月，司徒長孫嵩等諸軍至樂平。詔嵩遣娥清、周幾等與叔孫建討西山丁零翟蜀、洛支等，悉滅餘黨而還。復諸州租稅。十有二月己酉，詔河東、河內有姚泓子弟播越民間，能有送致京師者賞之。庚申，田于西山。癸亥，車駕還宮。氐豪徐駭奴、齊元子等，擁部落三萬於雍，遣使內附，詔將軍王洛生及河內太守楊聲等西行以應之。壬申，幸大寧長川。姚泓尚書、東武侯姚敞，敞弟鎮遠將軍僧光，右將軍姚定世自洛來奔。

是年，李暠卒，子歆立，遣使朝貢。

三年春正月丁酉朔，帝自長川詔護高車中郎將薛繁率高車丁零十二部大人衆北略，至弱水，〔八〕降者二千餘人，獲牛馬二萬餘頭。河東胡、蜀五千餘家相率內屬。三月，司馬德宗遣使來貢。庚戌，幸西宮。以范陽去年水，復其租稅。

夏四月己巳，徙冀、定、幽三州徒何於京師。五月丙午，詔叔孫建鎮廣阿。壬子，車駕東巡，至于濡源及甘松。遣征東將軍長孫道生、給事黃門侍郎奚觀率精騎二萬襲馮跋，又命驍騎將軍延普自幽州北趣遼西爲聲勢，帝自突門嶺待之。道生至龍城，徙其民萬餘家而還。六月乙酉，車駕西返。

秋七月戊午，至於京師。八月，雁門、河內大雨水，復其租稅。九月甲寅，詔諸州調民租，戶五十石，積於定、相、冀三州。

冬十月戊辰，築宮於西苑。

是歲，司馬德宗卒，弟德文僭位。赫連屈丐僭稱皇帝。

四年正月壬辰朔，車駕臨河，大蒐于犢渚。癸卯，車駕還宮。三月癸丑，築宮於蓬臺北。司馬德文寧朔將軍、平陽太守、匈奴護軍薛辯及司馬楚之、司馬順明、司馬道恭，並遣使請降。

夏四月庚辰，車駕有事於東廟，遠藩助祭者數百國。辛巳，南巡，幸雁門。賜所過無出今年租賦。五月庚寅朔，觀漁于灅水。己亥，車駕還宮。復所過一年租賦。六月，司馬德文建威將軍、河西太守、馮翊羌酋党道子遣使內屬。

秋八月辛未，東巡。遣使祭恒岳。甲申，車駕還宮。所過復一年田租。九月，築宮於白登山。

冬十有二月癸亥，西巡，至雲中，踰白道，北獵野馬於辱孤山。至于黃河，從君子津西渡，大狩於薛林山。

五年春正月丙戌朔，自薛林東還，至于屋竇城，饗勞將士，大酺二日，班禽獸以賜之。己亥，車駕還宮。三月丙戌，南陽王意文薨。

夏四月，河西屠各帥黃大虎、羌酋不蒙娥等遣使內附。丙寅，起灅南宮。五月乙酉，詔曰：「宣武皇帝體道得一，天縱自然，大行大名未盡盛美，〔九〕非所以光揚洪烈，垂之無窮也。今因啓緯圖，始覩尊號，天人之意，煥然著明。其改『宣』曰『道』，更上尊謚曰道武皇帝，以彰靈命之先啓，聖德之玄同。告祀郊廟，宣于八表。」庚戌，淮南侯司馬國璠、池陽侯司馬道賜等謀反伏誅。

六月丙寅，行幸翳犢山。秋七月丁酉，西至于五原。丁未，幸雲中大室，賜從者大酺。八月癸亥，車駕還宮。閏月甲午，陰平王烈薨。

冬十有一月，詔驍騎將軍延普城乾城。十有二月丁亥，杏城羌酋狄溫子率三千餘家內附。

是歲，劉裕廢殺其主司馬德文，僭自稱皇帝，號宋。李歆爲沮渠蒙遜所滅，歆弟恂自立於敦煌。

六年春正月辛未，行幸公陽。二月，調民二十戶輸戎馬一匹、大牛一頭。三月甲子，陽平王熙薨。乙亥，制六部民，羊滿百口輸戎馬一匹。發京師六千人築苑，起自舊苑，東包白登，周回三十餘里。

夏六月乙酉，北巡，至蟠羊山。

秋七月，西巡，獵于柞山，親射虎，獲之，遂至于河。八月庚子，大獮于犢渚。九月庚戌，車駕還宮。壬申，劉裕遣使朝貢。

冬十月己亥，行幸代。十有二月丙申，西巡狩，至于雲中。

是歲，沮渠蒙遜滅李恂。

七年春正月甲辰朔，自雲中西行，幸屋竇城，賜從者大酺三日、蕃渠帥繒帛各有差。二月丙戌，車駕還宮，賜從者布帛各有差，大饗于西宮。三月乙丑，河南王曜薨。

夏四月甲戌，封皇子燾爲泰平王，燾，字佛釐，拜相國，加大將軍；丕爲樂平王，加車騎大將軍；彌爲安定王，加衞大將軍；範爲樂安王，加中軍大將軍；健爲永昌王，加撫軍大將軍；崇爲建寧王，加輔國大將軍；俊爲新興王，加鎮軍大將軍；獻懷長公主子嵇敬，封長樂王，拜大司馬、大將軍。初，帝素服寒食散，頻年動發，不堪萬機，五月，詔皇太子臨朝聽政。是月，泰平王攝政。劉裕卒，子義符僭立。

秋九月，詔假司空奚斤節，都督前鋒諸軍事，爲晉兵大將軍、行揚州刺史，交阯侯周幾爲宋兵將軍、交州刺史，安固子公孫表爲吳兵將軍、廣州刺史，前鋒伐劉義符。乙巳，幸灅南宮，遂如廣寧。己酉，詔泰平王率百國以法駕田于東苑，車乘服物皆以乘輿之副。辛亥，築平城外郭，周回三十二里。辛酉，幸橋山，遣使者祠黃帝、唐堯廟。因東幸幽州，見耆年，問其所苦，賜爵號。分遣使者循行州郡，觀察風俗。

冬十月甲戌，車駕還宮，復所過田租之半。奚斤伐滑臺不克，帝怒，議親南討，爲其聲援。壬辰，車駕南巡，出自天門關，踰恒嶺。四方蕃附大人各率所部從者五萬餘人。十有一月，泰平王親統六軍出鎮塞上，安定王彌與北新公安同居守。丙午，曲赦司州殊死已下。劉義符東郡太守王景度棄滑臺走。詔成皋侯元苟兒爲兗州刺史，鎮滑臺。十有二月，遣壽光侯叔孫建等率衆自平原東渡，徇下青、兗諸郡。劉義符兗州刺史徐琰聞渡河，棄守走，叔孫建遂東入青州。司馬愛之、秀之先聚黨濟東，皆率衆來降。

八年正月丙辰，行幸鄴，存恤民俗。司空奚斤既平兗豫，還圍虎牢，劉義符守將毛德祖距守不下。河東蜀薛定、薛輔率五千餘家內屬。蠕蠕犯塞。二月戊辰，築長城於長川之南，起自赤城，西至五原，延袤二千餘里，備置戍衞。三月乙巳，帝田於鄴南韓陵山，幸汲郡，至于枋頭。乙卯，濟自靈昌津，幸陳留、東郡。乙丑，濟河而北，西之河內，造浮橋於冶坂津。

夏四月丁卯，幸成皐城，觀虎牢。而城內乏水，懸綆汲河。帝令連艦上施轒轀，絕其汲路，又穿地道以奪其井。遂至洛陽，觀石經。蠻王梅安，率渠帥數千人來貢方物。閏月己未，還幸河內，北登太行，幸高都。虎牢潰，獲劉義符冠軍將軍、司州刺史、觀陽伯毛德祖，冠軍司馬、滎陽太守翟廣，建威將軍竇霸，振武將軍姚勇錯，振威將軍吳寶之，司州別駕姜元興，治中竇溫。士衆大疫，死者十二三。辛酉，帝還至晉陽。班賜從官，王公已下逮於廝賤，無不霑給。五月丙寅，還次鴈門。〔一〇〕皇太子率留臺王公迎于句注之北。庚寅，車駕至自南巡。〔一一〕六月己亥，太尉、宜都公穆觀薨。丙辰，北巡，至於參合陂，遊于蟠羊山。

秋七月，幸三會屋侯泉，詔皇太子率百官以從。八月，幸馬邑，觀于㶟源。九月乙亥，車駕還宮。詔司空奚斤還京師，昌平侯娥清、交阯侯周幾等鎮枋頭。劉義符潁川太守李元德竄入許昌，詔周幾擊之，元德遁走。幾平許昌，還軍枋頭。

冬十月癸卯，廣西宮，起外垣牆，周回二十里。〔三〕十有一月己巳，帝崩於西宮，時年三十二。遺詔以司空奚斤所獲軍實賜大臣，自司徒長孫嵩已下至士卒各有差。十有二月庚子，上謚曰明元皇帝，葬于雲中金陵，廟稱太宗。

帝禮愛儒生，好覽史傳，以劉向所撰新序、說苑於經典正義多有所闕，乃撰新集三十篇，採諸經史，該洽古義，兼資文武焉。

史臣曰：太祖英雄，北驅朔漠，末年內多釁隙。明元抱純孝之心，逢梟鏡之禍，權以濟事，危而獲安，隆基固本，內和外輯。以德見宗，良無愧也。

校勘記

〔一〕魏書卷三　諸本目錄此卷注「闕」，卷末舊有宋人校語殿本刪節入考證云：「魏收書太宗紀亡，史館舊本帝紀第三卷上有白簽云：『此卷是魏澹史。』案隋書魏澹傳，澹之義例多與魏收不同，其一曰諱皇帝名，書太子字；四曰諸國君皆書曰卒。今此卷書封皇子燾爲泰平王，燾字佛釐；姚興、李暠、司馬德宗、劉裕皆書卒。故疑爲澹史。又案北史、高氏小史、修文殿御覽皇王部皆抄略魏收書，其間事及日有此紀所不載者；北史本紀逐卷後論，全用魏收史臣語而微加增損，惟論明元，即與此紀史臣語全不同。故知非魏收史明矣。崇文總目有魏澹書一卷，今亦亡矣。豈此篇乎？

『泰常七年四月，封皇子燾爲泰平王；五月，詔皇太子臨朝聽政，是月泰平王攝政』，重複不成文。其年九月、十月再書泰平王，明年五月、七月再書皇太子，前後乖戾。今據此紀，無立泰平王爲皇太子事。世祖紀云四月封泰平王，五月爲監國，亦不言曾立爲皇太子。此紀初詔聽政，便云皇太子，後更稱泰平王。惟北史泰常七年五月立泰平王燾爲皇太子，臨朝聽政。小史、御覽亦無立皇太子事，而自臨朝聽政後，悉稱皇太子。彼蓋出魏收史，故與此不同。隋書稱魏澹書甚簡要，不應如此重複乖戾。疑此卷雖存，亦殘缺脫誤。」

今按宋人考證此紀非魏收書原文，並認爲可能是殘存的魏澹魏書。今以沿自修文殿御覽的太平御覽卷一〇二和北史卷一魏紀中明元紀與此卷對校，也可證宋人判斷是對的。宋初魏收書此紀已缺，故景德二年（一〇〇五）編册府元龜時有關諸條，都和今補本此紀相同。但也有個別字句不見今補本，不知是刻本脫文，還是校刊時嘉祐六年（一〇六一）後所據本又有殘缺。

〔二〕壬申即皇帝位　北史卷一魏紀一「壬申」作「壬午」。按是年十月丙辰朔，壬申是十七日，壬午是二十七日。拓跋珪被殺在本月戊辰即十三日，拓跋嗣先已逃避在外，據卷一六清河王紹傳、卷三四王洛兒傳，自拓跋嗣聞變還來到繼位，中間有一段事情，決非二三天能辦，疑作「壬午」是。

〔三〕詔鄭兵將軍山陽侯奚斤巡行諸州　諸本「鄭兵」作「都兵」。據張元濟請人寫的校勘記，知百衲本的底本原作「鄭兵」，百衲本從他本改作「都兵」。按冊府卷一六一一九四二頁也作「鄭兵」。奚斤、「太宗卽位，爲鄭兵將軍」，更明見本書卷二九本傳。當時吳兵、宋兵等將軍屢見紀傳，也見於此紀，後人不知妄改，百衲本反以不誤爲誤，今改正。

〔四〕冬十二月甲戌　冊府卷一二四一四八二頁載「（永興）三年十一月丁未，大閱於東郊」。不見今本。冊府所採拓跋嗣事，卽出此紀，非別有所本，知傳本脫去。冊府同卷又載「（永興）四年閏六月丙辰，大閱於東郊」。也不見今本。按卷二九奚斤傳稱「太宗大閱於東郊，治兵講武，而斤行左丞相，大蒐於石會山」。所云「斤行左丞相，大蒐於石會山」，均見本年七月，則在先本有大閱東郊事，傳本脫去。

〔五〕詔平南將軍相州刺史尉古眞與司馬德宗太尉劉裕相聞　張森楷魏書校勘記下簡稱張森楷云：「『古』當作『太』，太眞是古眞弟，見尉古眞傳卷二六。古眞未嘗爲平南、相州。」

〔六〕築立蜯臺　北史卷一無「築」字。按御覽卷一〇二四八六頁引後魏書亦無「築」字，此紀爲後人所補，「築」字疑衍。

〔七〕使使者以太牢祠黃帝廟至祭舜廟　北史卷一此條作「使以太牢祠黃帝、唐堯廟；癸酉，幸廣寧，事如上谷；己卯，登廣寧之歷山，以太牢祠舜廟，帝親加禮焉」。御覽卷一〇二四八六頁引後魏書此條但不記日支，餘與北史同。北史錄魏書，記事和月日多刪削，御覽刪節更多，而這裏却有增益，卽因北史、御覽都源自魏收書，而此紀却非收書。

〔八〕帝自長川詔護高車中郎將薛繁率高車丁零十二部大人衆北略至弱水　御覽同上卷頁「衆」下有「二萬」兩字，「弱水」下有「招懷伐叛」四字。按御覽所引出於魏收書，但「二萬」二字不宜省。

〔九〕體道得一天縱自然大行大名未盡盛美　諸本無「盛」字。按御覽同上卷頁錄此詔前二句文字不同，下又增出二句，北史卷一無增出句，但前二句同御覽，知出魏收書。此種字句異同，乃魏澹書刪改舊文，唯御覽、北史「美」上有「盛」字，册府卷二九三一六頁載此詔，和今本同，却也有「盛」字，知是脫文，今據補。

〔一〇〕五月丙寅還次雁門　百衲本「丙寅」作「庚寅」，南本以下各本及北史卷一都作「丙寅」。按通鑑同上卷頁「魏主還平城」條考異云：「後魏帝紀：『五月庚寅，還次雁門』，『庚寅，車駕至自南巡』，必有誤。」則司馬光所見魏書，也作「庚寅」，南本以下各本當依北史改。按五月丙寅朔，據上文，四月辛酉卽二十五日拓跋嗣至晉陽，五月一日至雁門，行程相當。若這裏作「庚寅」，則是五月二十五日，自晉陽至雁門走了一個月，稽留太久。且記日與下「庚寅，車駕至自南巡」句重。今從諸本。

〔一一〕車駕至自南巡　諸本「南」都作「北」，御覽同上卷四八七頁作「南」。通鑑卷一一九三七五九頁「魏主還平城」條考異引魏帝紀亦作「南巡」。按上年十月記「車駕南巡」，本年四月到虎牢而返，從今大同到虎牢是南行，所以說「至自南巡」。「北」字乃涉下文「北巡」而誤，今改正。

〔一三〕周回二十里　北史卷一、御覽同上卷頁此句下有「是歲天下民飢，詔所在開倉賑給」十三字。册府卷一〇五一二五三頁也載「泰常八年十月，以歲飢，詔所在開倉賑給」。當是傳本脫去。

魏書卷四上

世祖紀第四上

世祖太武皇帝，諱燾，太宗明元皇帝之長子也，母曰杜貴嬪。天賜五年生於東宮，體貌瓌異，太祖奇而悅之，曰：「成吾業者，必此子也。」泰常七年四月，封泰平王，五月，爲監國。太宗有疾，命帝總攝百揆，聰明大度，意豁如也。八年十一月壬申，〔一〕即皇帝位，大赦天下。十有二月，追尊皇妣爲密皇后，進司徒長孫嵩爵爲北平王，司空奚斤爲宜城王，藍田公長孫翰爲平陽王，其餘普增爵位各有差。於是除禁錮，釋嫌怨，開倉庫，賑窮乏，河南流民相率內屬者甚衆。

始光元年春正月丙寅，安定王彌薨。

夏四月甲辰，東巡，幸大寧。

秋七月，車駕還宮。八月，蠕蠕率六萬騎入雲中，殺掠吏民，攻陷盛樂宮。赭陽子尉普文率輕騎討之，虜乃退走。詔平陽王長孫翰等擊蠕蠕別帥，破之，殺數千人，獲馬萬餘匹。語在蠕蠕傳。九月，大簡輿徒，治兵於東郊，部分諸軍五萬騎，將北討。

冬十有二月，遣平陽王長孫翰等討蠕蠕。車駕次祚山，蠕蠕北遁，諸軍追之，大獲而還。

是年，劉義符爲其臣徐羨之等所廢殺，立義符弟義隆。

二年春正月己卯，車駕至自北伐，以其雜畜班賜將士各有差。二月，慕容渴悉隣反於北平，攻破郡治，太守與守將擊敗之。三月丙辰，尊保母竇氏曰保太后。丁巳，以北平王長孫嵩爲太尉，平陽王長孫翰爲司徒，宜城王奚斤爲司空。庚申，營故東宮爲萬壽宮，起永安、安樂二殿，臨望觀、九華堂。初造新字千餘，詔曰：「在昔帝軒，創制造物，乃命倉頡因鳥獸之跡以立文字。自茲以降，隨時改作，故篆隸草楷，並行於世。然經歷久遠，傳習多失其眞，故令文體錯謬，會義不愜，非所以示軌則於來世也。孔子曰，名不正則事不成，此之謂矣。今制定文字，世所用者，頒下遠近，永爲楷式。」

夏四月，詔龍驤將軍步堆、謁者僕射胡覲使於劉義隆。五月，詔天下十家發大牛一頭，運粟塞上。

秋九月，永安、安樂二殿成，丁卯，大饗以落之。冬十月，治兵於西郊。癸卯，車駕北伐，平陽王長孫翰等絕漠追之，蠕蠕北走。事具蠕蠕傳。

是年，赫連屈丐死，子昌僭立。

三年春正月壬申，車駕至自北伐。班軍實以賜將士，行、留各有差。乞伏熾磐遣使朝貢，請討赫連昌。二月，起太學於城東，祀孔子，以顏淵配。

夏五月辛卯，中山公元纂進爵爲王，南安公元素復先爵常山王。六月，幸雲中舊宮，謁陵廟；西至五原，田於陰山；東至和兜山。

秋七月，築馬射臺于長川，帝親登臺觀走馬；王公諸國君長馳射，中者賜金錦繒絮各有差。八月，車駕還宮。劉義隆遣使朝貢。帝以屈丐既死，諸子相攻，九月，遣司空奚斤率義兵將軍封禮、雍州刺史延普襲蒲坂，宋兵將軍周幾率洛州刺史于栗磾襲陝城。

冬十月丁巳，車駕西伐，幸雲中，臨君子津。會天暴寒，數日冰結。十有一月戊寅，帝率輕騎二萬襲赫連昌，壬午，至其城下，徙萬餘家而還。語在昌傳。至祚山，班所虜獲以賜將士各有差。奚斤未至蒲坂，昌守將赫連乙升棄城西走。〔二〕昌弟助興守長安，乙升復與助興自長安西走安定。奚斤遂入蒲坂。十有二月，詔斤西據長安。秦雍氐、羌皆叛昌詣斤降。武都氐王楊玄及沮渠蒙遜等皆遣使內附。

四年春正月乙酉，車駕至自西伐，賜留臺文武生口、繒帛、馬牛各有差。從人在道多死，其能到都者纔十六七。己亥，行幸幽州。赫連昌遣其弟平原公定率衆二萬向長安。帝聞之，乃遣就陰山伐木，大造攻具。二月，車駕還宮。三月丙子，遣高涼王禮鎮長安。詔執金吾桓貸造橋於君子津。丁丑，廣平王連薨。

夏四月丁未，詔員外散騎常侍步堆、謁者僕射胡覲等使於劉義隆。是月，治兵講武，分諸軍，司徒長孫翰、廷尉長孫道生、宗正娥清三萬騎爲前驅，常山王素、太僕丘堆、將軍元太毗步兵三萬爲後繼，南陽王伏眞、執金吾桓貸、將軍姚黃眉步兵三萬部攻城器械，將軍賀多羅精騎三千爲前候。五月，車駕西討赫連昌。辛巳，濟君子津。三城胡酋鵲子相率內附。帝次拔隣山，築城，舍輜重，以輕騎三萬先行。戊戌，至于黑水，帝親祈天告祖宗之靈而誓衆焉。六月甲辰，昌引衆出城，大破之。事在昌傳。昌將麾下數百騎西南走，奔上邽，諸軍乘勝追至城北，死者萬餘人，臨陣殺昌弟河南公滿及其兄子蒙遜。會日暮，昌尙書僕射問至拔城，夜將昌母出走。乙巳，車駕入城，虜昌羣弟及其諸母、姊妹、妻妾、宮人萬數，府庫珍寶車旗器物不可勝計，擒昌尙書王買、薛超等及司馬德宗將毛脩之、秦雍人士數千人，獲馬三十餘萬匹，牛羊數千萬。以昌宮人及生口、金銀、珍玩、布帛班賚將士各有差。昌弟平原公定拒司空奚斤於長安城，娥清率騎五千討之，西走上邽。辛酉，班師，留常山王素、執金吾桓貸鎭統萬。

秋七月己卯，築壇於祚嶺，戲馬馳射，賜射中者金錦繒絮各有差。蠕蠕寇雲中，聞破赫連昌，懼而還走。八月壬子，車駕至自西伐，飲至策勳，告於宗廟，班軍實以賜留臺百僚，各有差。九月丁酉，安定民舉城歸降。

冬十有一月，以氐王楊玄爲都督荆梁益寧四州諸軍事、假征南大將軍、梁州刺史、南秦王。十有二月，行幸中山，守宰貪汚免者十數人。癸卯，車駕還宮。復所過田租之半。

神䴥元年春正月，以天下守令多行非法，精選忠良悉代之。辛未，京兆王黎薨。二月，改元。赫連昌退屯平涼。司空奚斤進軍安定，將軍丘堆爲昌所敗，監軍侍御史安頡出戰，擒昌。昌餘衆立昌弟定爲王，走還平涼。三月癸酉，詔侍中古弼迎赫連昌。辛巳，弼等以昌至于京師。司空奚斤追定於平涼馬髦嶺，爲定所擒。丘堆先守輜重在安定，聞斤敗，棄甲東走蒲坂。帝聞大怒，詔安頡斬堆。

夏四月，赫連定遣使朝貢，帝詔諭之。壬子，西巡。戊午，田于河西。大赦天下。南秦王楊玄遣使朝貢。六月丁酉，并州胡酋卜田謀反伏誅，餘衆不安。詔淮南公王倍斤鎮虞虒，撫慰之。甲寅，行幸長川。

秋七月，車駕還宮。八月，東幸廣寧，臨觀溫泉。以太牢祭黃帝、堯、舜廟。蠕蠕大檀遣子將萬餘騎入塞。事具蠕蠕傳。上郡休屠胡酋金崖率部內屬。九月，車駕還宮。上洛巴渠泉午觸等萬餘家內附。

冬十月甲辰，北巡。壬子，田于牛川。劉義隆淮北鎮將王仲德遣步騎二千餘入寇濟陽、陳留。是月，車駕還宮。閏月辛巳，義隆又遣將王玄謨、兗州刺史竺靈秀步騎二千人寇滎陽，將襲虎牢。豫州遣軍逆擊走之。上郡屠各隗詰歸率萬餘家內屬。定州丁零鮮于臺陽、翟喬等二千餘家叛入西山，劫掠郡縣，州軍討之，失利。詔鎮南將軍、壽光侯叔孫建擊之。十有一月，行幸河西，大校獵。十有二月甲申，車駕還宮。

是歲，皇子晃生。乞伏熾磐死，子暮末僭立。沮渠蒙遜遣使朝貢。

二年春正月，赫連定弟酒泉公儁自平涼來奔。丁零鮮于臺陽等歸罪，詔赦之。二月，上黨李禹聚衆殺太守，自稱無上王，署置將帥。河內守將擊破之。禹亡走入山，爲人執送，斬之。

夏四月，治兵于南郊。劉義隆遣使朝貢。庚寅，車駕北伐，以太尉、北平王長孫嵩，衞尉、廣陵公樓伏連留守京師，從東道與長孫翰等期會於賊庭。五月丁未，次于沙漠，舍輜重，輕騎兼馬，至栗水，蠕蠕震怖，焚燒廬舍，絕跡西走。事具蠕蠕傳。是月，赫連定來侵統萬，東至侯尼城而還。

秋七月，車駕東轅。至黑山，校數軍實，班賜王公將士各有差。八月，帝以東部高車屯巳尼陂，詔左僕射安原率騎萬餘討之。事具蠕蠕傳。

冬十月，振旅凱旋于京師，告於宗廟。列置新民於漠南，東至濡源，西暨五原、陰山，竟三千里。詔司徒平陽王長孫翰、尚書令劉潔、左僕射安原、侍中古弼鎮撫之。十有一月，西巡狩，田于河西，至祚山而還。

三年春正月庚子，車駕還宮。壬寅，大赦天下。癸卯，行幸廣寧，臨溫泉，作溫泉之歌。二月丁卯，司徒、平陽王長孫翰薨。戊辰，車駕還宮。三月壬寅，進會稽公赫連昌爲秦王。癸卯，雲中、河西敕勒千餘家叛。尚書令劉潔追滅之。帝聞劉義隆將寇邊，乃詔冀、定、相三州造船三千艘，簡幽州以南戍兵集于河上以備之。

夏四月甲子，行幸雲中。敕勒萬餘落叛走。詔尚書封鐵追討滅之。五月戊戌，詔曰：「夫士之爲行，在家必孝，處朝必忠，然後身榮於時，名揚後世矣。近遣尚書封鐵翦除亡命，其所部將士有盡忠竭節以殞軀命者，今皆追贈爵號；或有蹈鋒履難以自效者，以功次進位；或有故違軍法私離幢校者，以軍法行戮。夫有功蒙賞，有罪受誅，國之常典，不可暫廢。自今以後，不善者可以自改。其宣敕內外，咸使聞知。」六月，詔平南大將軍、假丹陽王太毗屯于河上，以司馬楚之爲安南大將軍、琅邪王，屯潁川。

秋七月己亥，詔曰：「昔太祖撥亂，制度草創，太宗因循，未遑改作，軍國官屬，至乃闕然。今諸征鎮將軍、王公仗節邊遠者，聽開府辟召；其次，增置吏員。」庚子，詔大鴻臚卿杜超假節、都督冀定相三州諸軍事、行征南大將軍、太宰，進爵爲王，鎮鄴，爲諸軍節度。八月，清河羣盜殺太守。劉義隆將到彥之，自清水入河，泝流西行。帝以河南兵少，詔攝四鎮。乃治兵，將西討。丙寅，到彥之遣將渡河攻冶坂，冠軍將軍安頡督諸軍擊破之，斬首五千餘級，投水死者甚衆。甲戌，行幸南宮，獵于南山。戊寅，詔征西大將軍長孫道生屯于河上。九月己丑，赫連定遣弟謂以代寇鄜城，平西將軍、始平公隗歸等率諸軍討之，擒賊將王卑，殺萬餘人，謂以代遁走。癸卯，立密皇太后廟于鄴。甲辰，行幸統萬，遂征平涼。

冬十月庚申，到彥之、王仲德沿河置守，還保東平。乙亥，冠軍將軍安頡濟河，攻洛陽，丙子，拔之，擒義隆將二十人，斬首五千級。時河北諸軍會于七女津，彥之恐軍南度，遣將王蟠龍泝流欲盜官船，征南大將軍杜超等擊破，斬之。辛巳，安頡平虎牢，義隆司州刺史尹沖墜城死。

十有一月乙酉，車駕至平涼。先是，赫連定將數萬人東禦於鄜城，留其弟上谷公社于、廣陽公度洛孤城守。帝至平涼，登北原，使赫連昌招諭之，社于不降。詔安西將軍古弼等擊安定，攻平涼。定聞之，棄鄜城，入于安定，自率步騎三萬從鶉觚原將救平涼，與弼相遇，弼擊之，殺數千人，乃還走。詔諸軍四面圍之。

甲午，壽光侯叔孫建、汝陰公長孫道生濟河，到彥之、王仲德從清入濟，東走靑州，義隆兗州刺史竺靈秀棄須昌，南奔湖陸。

丁酉，定乏水，引衆下原，詔武衞將軍丘眷擊之，定衆大潰，死者萬餘人。定中重創，單騎遁走。獲定弟丹陽公烏視拔、武陵公禿骨及公侯百餘人。是日，諸將乘勝進軍，遂取安定。定從兄東平公乙升棄城奔長安，劫掠數千家，西奔上邽。〔三〕

戊戌，叔孫建大破竺靈秀於湖陸，殺獲五千餘人。

己亥，帝幸安定，獲乞伏熾磐質子及定車旗，簿其生口、財畜，班賜將士各有差。庚子，帝自安定還臨平涼，遂掘塹圍守之。行幸紐城，安慰初附，赦秦雍之民，賜復七年。定隴西守及將士數千人來降。

辛丑，冠軍將軍安頡率諸軍攻滑臺。琅邪王司馬楚之破劉義隆將於長社。沮渠蒙遜遣使朝貢。壬寅，封壽光侯叔孫建爲丹陽王。

十有二月丁卯，定弟社于、度洛孤面縛出降，平涼平，收其珍寶。定長安、臨晉、武功守將皆奔走，關中平。壬申，車駕東還，留巴東公延普等鎭安定。

是歲，馮跋死，弟文通僭立。

四年春正月壬午，車駕次于木根山，大饗羣臣，賜布帛各有差。丙申，劉義隆將檀道濟、王仲德從清水救滑臺，丹陽王叔孫建、汝陰公長孫道生拒之，道濟等不敢進。是月，乞伏慕末爲赫連定所滅。二月辛酉，安頡、司馬楚之平滑臺，擒義隆將朱脩之、李元德及東郡太守申謨。癸酉，車駕還宮，飲至策勳，告於宗廟，賜留臺百官各有差，戰士賜復十年。丁丑，行幸南宮。定州民飢，詔啓倉以賑之。義隆將檀道濟、王仲德東走，諸將追之，至歷城而還。三月庚戌，冠軍將軍安頡獻義隆俘萬餘人，甲兵三萬。

夏五月庚寅，行幸雲中。六月，赫連定北襲沮渠蒙遜，爲吐谷渾慕璝所執。閏月乙未，蠕蠕國遣使朝獻。詔散騎侍郎周紹使于劉義隆。

秋七月己酉，行幸河西，起承華宮。八月乙酉，沮渠蒙遜遣子安周入侍。吐谷渾慕璝遣使奉表，請送赫連定。己丑，以慕璝爲大將軍、西秦王。九月癸丑，車駕還宮。庚申，加太尉長孫嵩柱國大將軍，特進、左光祿大夫崔浩爲司徒，征西大將軍長孫道生爲司空。癸亥，詔兼太常李順持節拜河西王沮渠蒙遜爲假節、加侍中、都督涼州及西域羌戎諸軍事、行征西大將軍、太傅、涼州牧、涼王。

壬申，詔曰：「頃逆命縱逸，方夏未寧，戎車屢駕，不遑休息。今二寇摧殄，士馬無爲，方將偃武修文，遵太平之化，理廢職，舉逸民，拔起幽窮，延登儁乂，昧旦思求，想遇師輔，雖殷宗之夢板築，罔以加也。訪諸有司，咸稱范陽盧玄、博陵崔綽、趙郡李靈、河間邢穎、勃海高允、廣平游雅、太原張偉等，皆賢儁之胄，冠冕州邦，有羽儀之用。詩不云乎，『鶴鳴九皐，聲聞于天』，庶得其人，任之政事，共臻邕熙之美。易曰：『我有好爵，吾與爾縻之。』如玄之比，隱跡衡門、不耀名譽者，盡勑州郡以禮發遣。」遂徵玄等及州郡所遣，至者數百人，皆差次敍用。

冬十月戊寅，詔司徒崔浩改定律令。行幸漠南。十一月丙辰，北部勑勒莫弗庫若于，率其部數萬騎，驅鹿數百萬，詣行在所，帝因而大狩以賜從者，勒石漠南，以記功德。宜城王奚斤，坐事降爵爲公。十二月丁丑，車駕還宮。

延和元年春正月丙午，尊保太后爲皇太后，立皇后赫連氏，立皇子晃爲皇太子，謁于太廟，大赦，改年。

己巳，詔曰：「朕以眇身，獲奉宗廟，思闡洪基，廓淸九服。遭值季運，天下分崩。是用屢征，罔或寧息，自始光至今，九年之間，戎車十舉。羣帥文武，荷戈被甲，櫛風沐雨，蹈履鋒刃，與朕均勞。賴神祇之助，將士宣力，用能摧折强豎，克翦大憝。兵不極武，而二寇俱滅；師不違律，而遐方以寧。加以時氣和洽，嘉瑞並降，遍於郡國，不可勝紀，豈朕一人，獨應此祜，斯亦羣后協同之所致也。公卿因茲，稽諸天人之會，請建副貳。夫慶賞之行，所以褒崇勳舊，旌顯賢能，以永無疆之休，其王公將軍以下，普增爵秩，啓國承家，修廢官，舉儁逸，蠲除煩苛，更定科制，務從輕約，除故革新，以正一統。羣司當深思效績，直道正身，立功立事，無或懈怠，稱朕意焉。」

二月丙子，行幸南宮。三月丁未，追贈夫人賀氏爲皇后。壬申，西秦王吐谷渾慕璝，送赫連定於京師。

夏五月，大簡輿徒于南郊，將討馮文通。劉義隆遣使朝貢。六月庚寅，車駕伐和龍。詔尚書左僕射安原等屯于漠南，以備蠕蠕。辛卯，兼散騎常侍鄧穎使於劉義隆。

秋七月己未，車駕至濡水。庚申，遣安東將軍、宜城公奚斤發幽州民及密雲丁零萬餘人，運攻具，出南道，俱會和龍。帝至遼西，文通遣其侍御史崔聘奉獻牛酒。己巳，車駕至和龍，臨其城。文通石城太守李崇、建德太守王融十餘郡來降，發其民三萬人穿圍塹以守之。是月，築東宮。八月甲戌，文通使數萬人出城挑戰，昌黎公元丘與河間公元齊擊破之，死者萬餘人。文通尙書高紹率萬餘家保羌胡固。己卯，車駕討紹，辛巳，斬之。詔平東將軍賀多羅攻文通帶方太守慕容玄於猴固，撫軍大將軍、永昌王健攻建德，驃騎大將軍、樂平王丕攻冀陽，皆拔之，虜獲生口，班賜將士各有差。九月乙卯，車駕西還。徙營丘、成周、遼東、樂浪、帶方、玄菟六郡民三萬家于幽州，開倉以賑之。

冬十月癸酉，車駕至濡水。吐谷渾慕璝遣使朝貢。十有一月乙巳，車駕至自伐和龍。十有二月己丑，馮文通長樂公崇及其母弟朗、朗弟邈，以遼西內屬。文通遣將封羽圍遼西。

先是，辟召賢良，而州郡多逼遣之。詔曰：「朕除僞平暴，征討累年，思得英賢，緝熙治道，故詔州郡搜揚隱逸，進舉賢俊。古之君子，養志衡門，德成業就，才爲世使。或雍容雅步，三命而後至；或棲棲遑遑，負鼎而自達。雖徇尙不同，濟時一也。諸召人皆當以禮申諭，任其進退，何逼遣之有也！此刺史、守宰宣揚失旨，豈復光益，乃所以彰朕不德。自今以後，各令鄉閭推舉，守宰但宣朕虛心求賢之意。旣至，當待以不次之舉，隨才文武，任之政事。其明宣敕，咸使聞知。」

是年，禿髮傉檀子保周棄沮渠蒙遜來奔，以保周爲張掖公。

二年春正月乙卯，撫軍大將軍、永昌王健督諸軍救遼西。丙寅，以樂安王範爲假節、加侍中、都督秦雍涇梁益五州諸軍事、衞大將軍、儀同三司，鎭長安。二月庚午，詔兼鴻臚卿李繼，持節假馮崇車騎大將軍、遼西王，承制聽置尚書已下；賜崇功臣爵秩各有差。征西將軍金崖與安定鎭將延普及涇州刺史狄子玉爭權構隙，舉兵攻普，不克，退保胡空谷，驅掠平民，據險自固。詔散騎常侍、平西將軍、安定鎭將陸俟討獲之。壬午，行幸河西。詔兼散騎常侍宋宣使於劉義隆。丙申，馮崇母弟朗來朝。三月，司馬德宗驃騎將軍司馬元顯子天助來降。壬子，車駕還宮。

夏五月己亥，行幸山北。六月，遣撫軍大將軍、永昌王健，尚書左僕射安原督諸軍討和龍。將軍樓勃別將五千騎圍凡城，〔四〕文通守將封羽以城降，收其民三千餘家。辛巳，詔樂安王範發秦、雍兵一萬人，築小城於長安城內。

秋八月，遼西王馮崇上表，求說降其父，帝不聽。九月，劉義隆遣使朝貢，奉馴象一。戊午，詔兼大鴻臚卿崔賾持節拜征虜將軍楊難當爲征南大將軍、儀同三司，封南秦王。

冬十月，南秦王楊難當率衆圍漢中。十有一月甲寅，車駕自山北還宮。十有二月己巳，大赦天下。辛未，幸陰山之北。隴西休屠王弘祖率衆內屬。金崖旣死，部人立崖從弟當川領其衆。詔兼散騎常侍盧玄使於劉義隆。

是歲，沮渠蒙遜死，以其子牧犍爲車騎將軍，改封河西王。

三年春正月乙未，車駕次于女水，大饗羣臣，班賜各有差。戊戌，馮文通遣其給事黃門侍郎伊臣乞和，帝不許。丙辰，金當川反。楊難當克漢中，送雍州流民七千家于長安。二月丁卯，蠕蠕吳提奉其妹，并遣其異母兄禿鹿傀及左右數百人朝貢，獻馬二千匹。

戊寅，詔曰：「朕承統之始，羣凶縱逸，四方未賓，所在逆僭。蠕蠕陸梁於漠北，鐵弗肆虐於三秦。是以旰食忘寢，抵掌扼腕，期在掃清逋殘，寧濟萬宇。故頻年屢征，有事西北，運輸之役，百姓勤勞，廢失農業，遭離水旱，致使生民貧富不均，未得家給人足，或有寒窮不能自贍者，朕甚愍焉。今四方順軌，兵革漸寧，宜寬徭賦，與民休息。其令州郡縣隱括貧富，以爲三級，其富者租賦如常，中者復二年，下窮者復三年。刺史守宰當務盡平當，不得阿容以罔政治。明相宣約，咸使聞知。」辛卯，車駕還宮。

三月甲寅，行幸河西。閏月甲戌，秦王赫連昌叛走。丙子，河西候將格殺之。驗其謀反，羣弟皆伏誅。己卯，車駕還宮。彭城公元粟進爵爲王。辛巳，馮文通遣尚書高顒上表稱蕃，詔徵其侍子。戊子，金當川率其衆圍西川侯彭文暉於陰密。

夏四月乙未，詔征西大將軍常山王素討當川。丁未，行幸河西。壬戌，獲當川，斬之于長安以徇。六月甲辰，車駕還宮。辛亥，撫軍大將軍、永昌王健，司空、汝陰公長孫道生，侍中古弼，督諸軍討和龍。芟其禾稼，徙民而還。

秋七月辛巳，東宮成，備置屯衞，三分西宮之一。壬午，行幸美稷，遂至隰城。命諸軍討山胡白龍于西河。九月戊子，克之，斬白龍及其將帥，屠其城。

冬十月癸巳，蠕蠕國遣使朝貢。甲午，破白龍餘黨于五原。詔山胡爲白龍所逼及歸降者，聽爲平民。諸與白龍同惡，斬數千人，虜其妻子，班賜將士各有差。十有一月，車駕還宮。十有二月甲辰，行幸雲中。

太延元年春正月壬午，降死刑已下各一等。癸未，出太祖、太宗宮人，令得嫁。甲申，大赦，改年。二月庚子，蠕蠕、焉耆、車師諸國各遣使朝獻。詔長安及平涼民徙在京師，其孤老不能自存者，聽還鄉里。丁未，車駕還宮。三月癸亥，馮文通遣大將渴燭通朝獻，辭以子疾。

夏五月庚申，進宜都公穆壽爲宜都王，汝陰公長孫道生爲上黨王，宜城公奚斤爲恒農王，廣陵公樓伏連爲廣陵王，本官各如故。遣使者二十輩使西域。甲戌，行幸雲中。〔五〕

六月甲午，詔曰：「頃者寇逆消除，方表漸晏，思崇政化，敷洪治道，是以屢詔有司，班宣恩惠，綏理百揆。羣公卿士師尹牧守，或未盡導揚之美，致令陰陽失序，和氣不平，去春小旱，東作不茂。憂勤克己，祈請靈祇，上下咸秩。豈朕精誠有感，何報應之速，雲雨震灑，流澤霑渥。有鄙婦人持方寸玉印，詣潞縣侯孫家，既而亡去，莫知所在。玉色鮮白，光照內映。印有三字，爲龍鳥之形，要妙奇巧，不類人迹，文曰『旱疫平』。推尋其理，蓋神靈之報應也。朕用嘉焉。比者已來，禎瑞仍臻：所在甘露流液，降於殿內；嘉瓜合蔕，生于中山；野木連理，殖於魏郡，在先后載誕之鄉；白燕集于盛樂舊都，玄鳥隨之，蓋有千數；嘉禾頻歲合秀於恒農；白雉、白兔並見於勃海，白雉三隻又集於平陽太祖之廟。天降嘉貺，將何德以酬之。所以內省驚震，欣懼交懷。其令天下大酺五日，禮報百神，守宰祭界內名山大川，上答天意，以求福祿。」丙午，高麗、鄯善國並遣使朝獻。戊申，詔驃騎大將軍、樂平王丕等五將率騎四萬東伐文通。

秋七月，田於棝楊。己卯，丕等至於和龍，徙男女六千口而還。八月丙戌，遂幸河西。粟特國遣使朝獻。九月甲戌，車駕還宮。

冬十月癸卯，尙書左僕射安原謀反伏誅。甲辰，行幸定州，次于新城宮。十有一月乙丑，行幸冀州。己巳，校獵于廣川。丙子，行幸鄴，祀密太后廟。諸所過，對問高年，褒禮賢俊。

十有二月甲申，詔曰：「操持六柄，王者所以統攝；平政理訟，公卿之所司存；勸農平賦，宰民之所專急；盡力三時，黔首之所克濟。各修其分，謂之有序，今更不然，何以爲治？越職侵局，有紊綱紀；上無定令，民知何從？自今以後，亡匿避難，羈旅他鄉，皆當歸還舊居，不問前罪。民相殺害，牧守依法平決，不聽私輒報復，敢有報者，〔六〕誅及宗族；隣伍相助，與同罪。州郡縣不得妄遣吏卒，煩擾民庶。若有發調，縣宰集鄉邑三老計貲定課，裒多益寡，九品混通，不得縱富督貧，避强侵弱。太守覆檢能否，覈其殿最，列言屬州。刺史明考優劣，抑退姦吏，升進貞良，歲盡擧課上臺。牧守荷治民之任，當宣揚恩化，奉順憲典，與國同憂。直道正身，肅居官次，不亦善乎？」癸卯，遣使者以太牢祀北岳。

二年春正月甲寅，車駕還宮。二月戊子，馮文通遣使朝貢，求送侍子，帝不許。壬辰，遣使者十餘輩詣高麗、東夷諸國，詔諭之。三月丙辰，劉義隆遣使朝貢。辛未，平東將軍娥淸、安西將軍古弼，率精騎一萬討馮文通，平州刺史元嬰又率遼西將軍會之。〔七〕文通迫急，

求救於高麗，高麗使其大將葛蔓盧以步騎二萬人迎文通。甲戌，以闞鎮虎牢。〔八〕

夏四月甲申，皇子小兒、苗兒並薨。五月乙卯，馮文通奔高麗。戊午，詔散騎常侍封撥使高麗，徵送文通。丁卯，行幸河西。

赫連定之西也，楊難當竊據上邽。秋七月庚戌，詔驃騎大將軍、樂平王丕等督河西、高平諸軍討之。詔散騎侍郎、廣平子游雅等使於劉義隆。八月丁亥，遣使六輩使西域。帝校獵于河西。詔廣平公張黎發定州七郡一萬二千人，通莎泉道。甲辰，高車國遣使朝獻。九月庚戌，驃騎大將軍、樂平王丕等至略陽，難當奉詔攝上邽守。高麗不送文通，遣使奉表，稱當與文通俱奉王化。帝以高麗違詔，議將擊之，納樂平王丕計而止。

冬十有一月己酉，行幸棝楊，驅野馬於雲中，置野馬苑。閏月壬子，車駕還宮。乙丑，潁川王提改封武昌王。河西王沮渠牧犍，遣使朝貢。

是歲，吐谷渾慕璝死。

三年春正月癸未，征東大將軍、中山王纂薨。戊子，太尉、北平王長孫嵩薨。乙巳，鎮南大將軍、丹陽王叔孫建薨。二月乙卯，行幸幽州，存恤孤老，問民疾苦；還幸上谷，遂至代。所過復田租之半。高麗、契丹國並遣使朝獻。三月丁丑，以南平王渾爲鎮東大將軍、儀同三司，鎮和龍。己卯，輿駕還宮。癸巳，龜茲、悅般、焉耆、車師、粟特、疏勒、烏孫、渴槃陁、鄯善諸國各遣使朝獻。丁酉，劉義隆遣使朝貢。

夏五月己丑，詔曰：「方今寇逆消殄，天下漸晏。比年以來，屢詔有司，班宣惠政，與民寧息。而內外羣官及牧守令長，不能憂勤所司，糾察非法，廢公帶私，更相隱置，濁貨爲官，政存苟且。夫法之不用，自上犯之，其令天下吏民，得舉告守令不如法者。」丙申，行幸雲中。

秋七月戊子，使撫軍大將軍、永昌王健，司空、上黨王長孫道生，討山胡白龍餘黨於西河，滅之。八月甲辰，行幸河西。九月甲申，車駕還宮。丁酉，遣使者拜西秦王慕璝弟慕利延爲鎮西大將軍、儀同三司，改封西平王。

冬十月癸卯，行幸雲中。十有一月壬申，車駕還宮。甲申，破洛那、者舌國各遣使朝獻，奉汗血馬。

是歲，河西王沮渠牧犍世子封壇來朝。

四年春三月庚辰，鄯善王弟素延耆來朝。癸未，罷沙門年五十已下。江陽王根薨。是月，高麗殺馮文通。

夏五月戊寅，大赦天下。丙申，行幸五原。

秋七月壬午，車駕北伐。事具蠕蠕傳。

冬十月乙丑，大饗六軍。十二月丁巳，車駕至自北伐。上洛巴泉蕇等相率內附。詔兼散騎常侍高雅使劉義隆。〔九〕

五年春正月庚寅，行幸定州。三月丁卯，詔衞大將軍、樂安王範遣雍州刺史葛那取上洛，劉義隆上洛太守鐔長生棄郡走。辛未，車駕還宮。庚寅，以故南秦王世子楊保宗爲征南大將軍、秦州牧、武都王，鎭上邽。

夏四月丁酉，鄯善、龜茲、疏勒、焉耆諸國遣使朝獻。五月丁丑，治兵於西郊。癸未，遮逸國獻汗血馬。六月甲辰，車駕西討沮渠牧犍，侍中、宜都王穆壽輔皇太子決留臺事；大將軍、長樂王嵇敬，輔國大將軍、建寧王崇二萬人屯漠南，以備蠕蠕。

秋七月己巳，車駕至上郡屬國城，大饗羣臣，講武馬射。壬午，留輜重，分部諸軍：撫軍大將軍、永昌王健，尙書令、鉅鹿公劉絜督諸軍，〔一〇〕與常山王素二道並進，爲前鋒；驃騎大將軍、樂平王丕，太宰、陽平王杜超，督平涼、鄜城諸軍爲後繼。八月甲午，永昌王健獲牧犍牛馬畜產二十餘萬。牧犍遣弟董來率萬餘人拒戰於城南，望塵退走。丙申，車駕至姑臧，牧犍兄子祖踰城來降，乃分軍圍之。九月丙戌，牧犍兄子萬年率麾下來降。是日，牧犍與左右文武五千人面縛軍門，帝解其縛，待以藩臣之禮。收其城內戶口二十餘萬，倉庫珍寶不可稱計。進張掖公禿髮保周爵爲王，與龍驤將軍穆羆、安遠將軍源賀分略諸郡，雜人降者亦數十萬。牧犍弟張掖太守宜得，燒倉庫，西奔酒泉；樂都太守安周南奔吐谷渾。遣鎭南將軍奚眷討張掖，遂至酒泉，牧犍弟酒泉太守無諱及宜得復奔晉昌。使弋陽公元潔守酒泉。鎭北將軍封沓討樂都，掠數千家而還。班賜將士各有差。戊子，蠕蠕犯塞，遂至七介山，京師大駭。皇太子命上黨王長孫道生等拒之。事具蠕蠕傳。

冬十月辛酉，車駕東還，徙涼州民三萬餘家于京師。留驃騎大將軍、樂平王丕，征西將軍賀多羅鎭涼州。癸亥，遣張掖王禿髮保周諭諸部鮮卑，保周因率諸部叛於張掖。十有一月乙巳，劉義隆遣使朝獻，幷獻馴象一。是月，高麗及粟特、渴盤陁、破洛那、悉居半諸國各遣使朝獻。十有二月壬午，車駕至自西伐，飲至策勳，告於宗廟。楊難當寇上邽，鎭將元勿頭擊走之。

是歲，鄯善、龜茲、疏勒、焉耆、高麗、粟特、渴盤陁、破洛那、悉居半等國並遣使朝貢。〔二〕

校勘記

〔一〕八年十一月壬申　諸本脫「一」字，據北史卷二魏紀二、御覽卷一〇二四八七頁、册府卷八三九七三頁補。

〔二〕昌守將赫連乙升棄城西走　北史卷三六薛辯傳見昌將「東平公乙兜」，這裏「升」當是「斗」之訛，但卷二九奚斤傳亦作「乙升」，今不改。

〔三〕西奔上邽　據張元濟校勘記，百衲本的底本「上邽」作「上封」，百衲本據他本改。按魏避拓跋珪諱，改「上邽」爲「上封」，見卷一〇六下地形志下秦州天水郡上封條。本書作「上邽」者皆後人所改。但「上邽」乃漢以來的舊名，上封只行於北魏，今不回改。

〔四〕將軍樓勃別將五千騎圍凡城　諸本「凡」作「瓦」。卷九七馮跋傳、通鑑卷一二二三八四九頁作「凡」。按晉書卷一〇九慕容皝載記稱慕容恪敗石虎，恪「築戍凡城而還」。通鑑系於咸康四年三三八，以後石虎先後使石成、李農等攻凡城。通鑑卷一〇六三三四九頁晉太元十年三八五記慕容垂「遣慕容農出蠮螉塞，歷凡城，趣龍城」。凡城又見水經注卷一三㶟水篇。城當自盧龍出塞攻和龍的要道。這裏「瓦城」是「凡城」之訛，今改正。

〔五〕甲戌行幸雲中　册府卷一二四一四八三頁記本年「五月丁丑治兵于西郊」。當是此條下脫文。

〔六〕不聽私輒報復敢有報者　諸本脫「復敢有報」四字，據册府卷一五六一八八九頁、卷六三五七六一五頁補。

〔七〕平州刺史元嬰又率遼西將軍會之 張森楷云："『又』當作『文』，神元子孫傳卷一四有建德公嬰文以護東夷校尉鎭遼西者，當卽其人。" 張說有據。但通鑑卷一二三三八六二頁「元嬰」作「拓跋嬰」。由於這時未改漢姓，所以通鑑改「元」爲「拓跋」，却仍單稱「嬰」，則司馬光所見魏書與傳本同，今不改。又通鑑「將軍」作「諸軍」，按文義作「諸軍」是。

〔八〕甲戌以闕鎭虎牢 按卷一六淮南王他傳稱「除使持節、都督豫洛河南諸軍事、鎭南大將軍、開府儀同三司，鎭虎牢」。記於延和三年四三四，他隨拓跋燾鎭壓山胡白龍起義後。時間大致相符，疑這裏缺的是以淮南王他爲某官等字。

〔九〕詔兼散騎常侍高雅使劉義隆 按卷四八高允傳，弟推，太延中「兼散騎常侍使劉義隆」，卽此高雅無疑。推字仲讓，名字相應，作「雅」乃形近而訛。

〔一〇〕撫軍大將軍永昌王健尚書令鉅鹿公劉潔督諸軍 諸本無「督」字，據册府卷一一六一三八八頁補。

〔一一〕是歲鄯善龜茲至 悉居半等國並遣使朝貢 按凡稱「是歲」云云，都是分月記載所未及。這裏所記鄯善等國，事皆見上四月及十一月，何須又於歲末記載。疑是後人據北史卷二妄增。

魏書卷四下

世祖紀第四下

太平眞君元年春正月己酉，沮渠無諱圍酒泉。辛亥，分遣侍臣巡行州郡，觀察風俗，問民疾苦。壬子，無諱誘執弋陽公元絜。二月己巳，詔假通直常侍邢穎使於劉義隆。發長安五千人浚昆明池。三月，酒泉陷。

夏四月庚辰，無諱寇張掖，禿髮保周屯于删丹。丙戌，詔撫軍大將軍、永昌王健等督諸軍討保周。五月辛卯，行幸北部。乙巳，無諱復圍張掖，不克，退還。丙辰，車駕還宮。六月丁丑，皇孫濬生，大赦，改年。

秋七月，行幸陰山。己丑，永昌王健至番禾，破保周，保周遁走。丙申，皇太后竇氏崩于行宮。癸丑，保周自殺，傳首京師。八月甲申，無諱降，送弋陽公元絜及諸將士。九月壬寅，車駕還宮。

冬十有一月丁亥，行幸山北。十二月，車駕還宮。

是歲，州鎮十五民飢，開倉賑恤。以河南王曜子羯兒爲河間王，後改封略陽王。

二年春正月癸卯，拜沮渠無諱爲征西大將軍、涼州牧、酒泉王。甲辰，行幸溫泉。二月壬戌，車駕還宮。三月辛卯，葬惠太后於崞山。庚戌，新興王俊、略陽王羯兒有罪，並黜爲公。辛亥，封蠕蠕郁久閭乞列歸爲朔方王，沮渠萬年爲張掖王。夏四月丁巳，劉義隆遣使朝貢。庚辰，詔鎮南將軍、南陽公奚眷征酒泉。五月辛卯，行幸山北。秋八月辛亥，詔散騎侍郎張偉等使劉義隆。行幸河西。九月戊戌，撫軍大將軍、永昌王健薨。冬十有一月庚子，鎮南將軍奚眷平酒泉，獲沮渠天周、臧嗟、屈德，男女四千口。十有二月甲戌，車駕還宮。丙子，劉義隆遣使朝貢。

三年春正月甲申，帝至道壇，親受符籙，備法駕，旗幟盡青。語在釋老志。三月壬寅，北平王長孫頹有罪，削爵爲侯。夏四月，無諱走渡流沙，據鄯善。李暠孫寶據敦煌，遣使內附。五月，〔一〕行幸陰山之北。閏月，劉義隆龍驤將軍裴方明、梁州刺史劉康祖寇南秦，南秦王楊難當敗，奔於上邽。六月丙戌，難當朝於行宮。先是，起殿於陰山之北，殿始成而難當至，因名曰廣德焉。

秋七月丙寅，詔安西將軍、建興公古弼督隴右諸軍及殿中虎賁與武都王楊保宗等從祁山南入，征西將軍、淮陽公皮豹子與琅邪王司馬楚之等督關中諸軍從散關西入，俱會仇池；鬱林公司馬文思爲征南大將軍，進爵譙王，督洛豫諸軍事南趣襄陽；征南將軍、東安公刁雍東趣廣陵，邀方明歸路。

冬十月己卯，封皇子伏羅爲晉王，翰爲秦王，譚爲燕王，建爲楚王，余爲吳王。十有二月辛巳，侍中、太保、襄城公盧魯元薨。丁酉，車駕還宮。李寶遣使朝貢，以寶爲鎮西大將軍、開府儀同三司、沙州牧，封敦煌公。

四年春正月己巳，征西將軍皮豹子等大破劉義隆將於樂鄉，擒其將王奐之、王長卿等，强玄明、辛伯奮棄下辨遁走，追斬之，盡虜其衆。庚午，行幸中山。二月丙子，車駕至于恒山之陽，詔有司刊石勒銘。是月，克仇池。三月庚申，車駕還宮。壬戌，烏洛侯國遣使朝貢。

夏四月，武都王楊保宗謀反，諸將擒送京師；諸氐、羌復推保宗弟文德爲主，圍仇池。

丁酉，大赦天下。己亥，行幸陰山。五月，將軍古弼大破諸氐，解仇池圍。六月庚寅，詔曰：「朕承天子民，憂理萬國，欲令百姓家給人足，興於禮義。而牧守令宰不能助朕宣揚恩德，勤恤民隱，至乃侵奪其產，加以殘虐，非所以爲治也。今復民貲賦三年，其田租歲輸如常。牧守之徒，各厲精爲治，勸課農桑，不聽妄有徵發，有司彈糾，勿有所縱。」癸巳，大閱于西郊。

秋九月辛丑，行幸漠南。甲辰，捨輜重，以輕騎襲蠕蠕，分軍爲四道。事具蠕蠕傳。鎭北將軍封沓亡入蠕蠕。

冬十一月，將軍皮豹子等追破劉義隆將於濁水。甲子，車駕至於朔方。詔曰：「朕承祖宗重光之緒，思闡洪基，恢隆萬世。自經營天下，平暴除亂，掃清不順，二十年矣。夫陰陽有往復，四時有代謝。授子任賢，所以休息，優隆功臣，式圖長久，蓋古今不易之令典也。其令皇太子副理萬機，總統百揆。諸朕功臣，勤勞日久，皆當以爵歸第，隨時朝請，饗宴朕前，論道陳謨而已，不宜復煩以劇職。更舉賢俊，以備百官。主者明爲科制，以稱朕心。」十二月辛卯，車駕至自北伐。

五年春正月壬寅，皇太子始總百揆。侍中、中書監、宜都王穆壽，司徒、東郡公崔浩，侍中、廣平公張黎，侍中、建興公古弼，輔太子以決庶政。諸上書者皆稱臣，上疏儀與表同。

戊申，詔曰：「愚民無識，信惑妖邪，私養師巫，挾藏讖記、陰陽、圖緯、方伎之書；又沙門之徒，假西戎虛誕，生致妖孽。非所以壹齊政化，布淳德於天下也。自王公已下至於庶人，有私養沙門、師巫及金銀工巧之人在其家者，皆遣詣官曹，不得容匿。限今年二月十五日，過期不出，師巫、沙門身死，主人門誅。明相宣告，咸使聞知。」庚戌，詔曰：「自頃以來，軍國多事，未宣文教，非所以整齊風俗，示軌則於天下也。今制自王公已下至於卿士，其子息皆詣太學。其百工伎巧、騶卒子息，當習其父兄所業，不聽私立學校。違者師身死，主人門誅。」

二月辛未，中山王辰等八將，以北伐後期，斬于都南。癸酉，驃騎大將軍、樂平王丕薨。庚辰，行幸廬闕。〔三〕三月戊戌，大會于那南池。遣使者四輩使西域。甲辰，車駕還宮。癸丑，詔征西大將軍、司空、上黨王長孫道生鎮統萬。

夏四月乙亥，侍中、太宰、陽平王杜超爲帳下所殺。五月丁酉，行幸陰山之北。六月，北部民殺立義將軍、衡陽公莫孤，率五千餘落北走。追擊于漠南，殺其渠帥，餘徙居冀、相、定三州爲營戶。西平王吐谷渾慕利延殺其兄子緯代。是月，緯代弟叱力延等來奔，乞師。以叱力延爲歸義王。

秋七月癸卯，東雍州刺史沮渠秉謀叛伏誅。八月乙丑，田于河西。壬午，詔員外散騎常侍高濟使於劉義隆。晉王伏羅督高平、涼州諸軍討吐谷渾慕利延。九月，帝自河西至馬邑，觀于崞川。己亥，車駕還宮。丁未，行幸漠南。

冬十月癸未，晉王伏羅大破慕利延，慕利延走奔白蘭。慕利延從弟伏念、長史鵴鳩梨、部大崇娥等率其部一萬三千落內附。十一月，劉義隆遣使朝貢。十二月，粟特國遣使朝貢。丙戌，車駕還宮。

六年春正月辛亥，車駕行幸定州，引見長老，存問之。詔兼員外散騎常侍宋愔使劉義隆。二月，遂西幸上黨，觀連理樹於泫氏。西至吐京，討徙叛胡，出配郡縣。三月庚申，車駕還宮。詔諸有疑獄皆付中書，以經義量決。是月，酒泉公郝溫反於杏城，殺守將王幡。縣吏蓋鮮率宗族討溫，溫棄城走，自殺，家屬伏誅。

夏四月庚戌，征西大將軍、高涼王那等討吐谷渾慕利延於陰平白蘭。詔秦州刺史、天水公封敕文擊慕利延兄子什歸於枹罕，散騎常侍、成周公萬度歸乘傳發涼州以西兵襲鄯善。六月壬辰，車駕北巡。什歸聞軍將至，棄城夜遁。

秋八月丁亥，封敕文入枹罕，分徙千家還上邽。壬辰，度歸以輕騎至鄯善，執其王眞達以詣京師，帝大悅，厚待之。車駕幸陰山之北，次于廣德宮。詔發天下兵，三分取一，各當戒嚴，以須後命。徙諸種雜人五千餘家於北邊。令民北徙畜牧至廣漠，以餌蠕蠕。壬寅，高涼王那軍到曼頭城，慕利延驅其部落西渡流沙，那急追。故西秦王慕璝世子被囊逆軍拒戰，那擊破之，被囊輕騎遁走，中山公杜豐精騎追之，度三危，至雪山，生擒被囊、什歸及熾磐子成龍，送于京師。慕利延遂西入于闐國。

九月，盧水胡蓋吳聚衆反於杏城。冬十月戊子，長安鎭副將元紇率衆討之，爲吳所殺。吳黨遂盛，民皆渡渭奔南山。於是詔發高平敕勒騎赴長安，詔將軍叔孫拔乘傳領攝并、秦、雍兵屯渭北。

十有一月，高涼王那振旅還京師。己未，遣那及殿中尚書、安定公韓茂率騎屯相州之陽平郡，發冀州民造浮橋於碻磝津。蓋吳遣其部落帥白廣平西掠新平，安定諸夷酋皆聚衆應之，殺汧城守將。吳遂進軍李閏堡，分兵掠臨晉巴東。〔三〕將軍章直與戰，大敗之，兵溺死於河者三萬餘人。吳又遣兵西掠至長安，將軍叔孫拔與戰於渭北，〔四〕大破之，斬首三萬餘級。

庚申，遼東王竇漏頭薨。

河東蜀薛永宗聚黨盜官馬數千匹，驅三千餘人入汾曲，西通蓋吳，受其位號。秦州刺史、金城公周鹿觀率衆討之，不克而還。庚午，詔殿中尚書、扶風公元處眞，尚書、平陽公慕容嵩二萬騎討薛永宗；詔殿中尚書乙拔率五將三萬騎討蓋吳，西平公寇提三將一萬騎討吳黨白廣平。蓋吳自號天台王，署置百官。

辛未，車駕還宮。選六州兵勇猛者二萬人，使永昌王仁、高涼王那分領，爲二道，各一萬騎，南略淮泗以北，徙青徐之民以實河北。癸未，車駕西巡。

七年春正月戊辰，車駕次東雍州。庚午，圍薛永宗營壘。永宗出戰，大敗，六軍乘之，永宗衆潰。永宗男女無少長赴汾水死。辛未，車駕南幸汾陰。庚辰，帝臨戲水。蓋吳退走北地。二月丙戌，幸長安，存問父老。丁亥，幸昆明池。丙申，幸盩厔，誅叛民耿青、孫溫二壘與蓋吳通謀者。軍次陳倉，誅散關氐害守將者。還幸雍城，田於岐山之陽。北道諸軍乙拔等大破蓋吳於杏城，吳棄馬遁走。

永昌王仁至高平，擒劉義隆將王章，略金鄉、方與，遷其民五千家於河北。高涼王那至濟南東平陵，遷其民六千餘家於河北。

三月，詔諸州坑沙門，毁諸佛像。徙長安城工巧二千家於京師。車駕旋軫，幸洛水，分軍誅李閏叛羌。

是月，金城邊冏、天水梁會反，據上邽東城。秦州刺史封敕文擊之，斬冏，衆復推會爲帥。

夏四月甲申，車駕至自長安。戊子，鄴城毁五層佛圖，於泥像中得玉璽二，其文皆曰「受命於天，既壽永昌」，其一刻其旁曰「魏所受漢傳國璽」。

五月癸亥，安豐公閭根率騎詣上邽，與敕文討梁會，會走漢中。

蓋吳復聚杏城，自號秦地王，假署山民，衆旅復振。於是遣永昌王仁、高凉王那督北道諸軍同討之。六月甲申，發定、冀、相三州兵二萬人屯長安南山諸谷，以防越逸。丙戌，發司、幽、定、冀四州十萬人築畿上塞圍，起上谷，西至于河，廣袤皆千里。

秋八月，蓋吳爲其下人所殺，傳首京師。永昌王仁平其遺燼。高凉王那破蓋吳黨白廣平；生擒屠各路那羅於安定，斬于京師。復略陽公羯兒王爵。

八年春正月，吐京胡阻險爲盜。詔征東將軍武昌王提、征南將軍淮南王他討之，不下。山胡曹僕渾等渡河西，保山以自固，招引朔方諸胡。提等引軍討僕渾。二月己卯，高凉王那等自安定討平朔方胡，因與提等合軍，共攻僕渾，斬之，其衆赴險死者以萬數。癸未，行幸中山，頒賜從官文武各有差。高陽易縣民不從官命，討平之，徙其餘燼於北地。三月，河西王沮渠牧犍謀反，伏誅。徙定州丁零三千家於京師。

夏五月，車駕還宮。六月，西征諸將扶風公元處眞等八將坐盜沒軍資，所在虜掠，贓各千萬計，並斬之。八月，衞大將軍、樂安王範薨。

冬十月，侍中、中書監、宜都王穆壽薨。十二月，鄯善、遮逸國並遣子朝獻。晉王伏羅薨。

九年春正月，劉義隆遣使朝貢。氐楊文德受義隆官號，守葭蘆城，招誘武都、陰平五部氐民。詔仇池鎮將皮豹子討之，文德棄城南走，擒其妻子僚屬。義隆白水太守郎啓玄率衆救文德，豹子逆擊，大破之，啓玄、文德走還漢中。宕昌羌酋梁瑾慈遣使內附，幷貢方物。二月癸卯，行幸定州。山東民飢，啓倉賑之。罷塞圍作。遂西幸上黨，誅潞叛民二千餘家，徙西河離石民五千餘家于京師。詔於壺關東北大王山累石爲三封，又斬其北鳳皇山南足以斷之。三月，車駕還宮。

夏五月甲戌，以交趾公韓拔爲假節、征西將軍、領護西戎校尉、鄯善王，鎮鄯善，賦役其民，比之郡縣。六月辛酉，行幸廣德宮。丁卯，悅般國遣使求與王師俱討蠕蠕，帝許之。

秋八月，詔中外諸軍戒嚴。九月乙酉，治兵于西郊。丙戌，上幸陰山。是月，成周公萬度歸千里驛上，大破焉耆國，其王鳩尸卑那奔龜茲。

冬十月辛丑，恒農王奚斤薨。癸卯，以婚姻奢靡，喪葬過度，詔有司更爲科限。癸亥，大赦天下。十有二月，詔成周公萬度歸自焉耆西討龜茲。皇太子朝于行宮，遂從北討。至于受降城，不見蠕蠕，因積糧城內，留守而還。北平王長孫敦坐事降爵爲公。

十年春正月戊辰朔，帝在漠南，大饗百僚，班賜有差。甲戌，北伐。二月，蠕蠕渠帥尒綿他拔等率其部落千餘家來降，蠕蠕吐賀眞恐懼遠遁。事具蠕蠕傳。三月，遂蒐于河西。庚寅，車駕還宮。

夏五月庚寅，行幸陰山。

秋七月，浮圖沙國遣使貢獻。九月，閱武磧上，遂北伐。事具蠕蠕傳。

冬十月庚子，皇太子及羣官奉迎於行宮。壬午，大饗，班賜所獲及布帛各有差。十有一月，龜兹、疏勒、破洛那、員闊諸國各遣使朝獻。十有二月戊申，車駕至自北伐。己酉，以平昌公元託眞爲中山王。

十一年春正月乙酉，行幸洛陽，所過郡國，皆親對高年，存恤孤寡。以高涼王那爲儀同三司。二月甲午，大蒐於梁川。皇子真薨。是月，大治宮室，皇太子居于北宮。車駕遂征懸瓠，益遣使者安慰境外之民，其不服者誅之。永昌王仁大破劉義隆將劉坦之、程天祚於汝東，斬坦之，擒天祚。

夏四月癸卯，輿駕還宮，賜從者及留臺郎吏已上生口各有差。六月己亥，誅司徒崔浩。辛丑，北巡陰山。

秋七月，義隆遣其輔國將軍蕭斌之率衆六萬寇濟州，刺史王買得棄州走，斌之遂入城，仍使寧朔將軍王玄謨西攻滑臺。詔枋頭鎮將、平南將軍、南康公杜道儁助守兗州。八月癸亥，田於河西。癸未，治兵於西郊。九月辛卯，輿駕南伐。癸巳，皇太子北伐，屯于漠南，吳王余留守京都。庚子，曲赦定冀相三州死罪已下。發州郡兵五萬分給諸軍。

冬十月癸亥，車駕止枋頭。詔殿中尚書長孫眞率騎五千自石濟渡，備玄謨遁走。乙丑，車駕濟河，玄謨大懼，棄軍而走，衆各潰散，追躡斬首萬餘級，器械山積。帝遂至東平。蕭斌之棄濟州，退保歷城。乃命諸將分道並進：使征西大將軍、永昌王仁自洛陽出壽春，尚書長孫眞趣馬頭，楚王建趣鍾離，高涼王那自青州趣下邳。車駕自中道，〔五〕十有一月辛卯，至于鄒山，劉義隆魯郡太守崔邪利率屬城降。使使者以太牢祀孔子。壬子，次于彭城，遂趣盱眙。頓盾國獻師子一。十有二月丁卯，車駕至淮。詔刈雚葦，汎筏數萬而濟。義隆盱眙守將臧質閉門拒守。將軍胡崇之等率衆二萬援盱眙。燕王譚大破之，梟崇之等，斬首萬餘級，淮南皆降。是月，永昌王仁攻懸瓠，拔之，獲義隆守將趙淮，送京師斬之。過定項城，及淮西，大破義隆將劉康祖，斬之，并虜將軍胡盛之、王羅漢等，傳致行宮。癸未，車駕臨江，起行宮於瓜步山。永昌王仁自歷陽至於江西，高涼王那自山陽至於廣陵，諸軍皆同日臨江，所過城邑，莫不望塵奔潰，其降者不可勝數。甲申，義隆使獻百牢，貢其方物，又請進女於皇孫以求和好。帝以師婚非禮，許和而不許婚，使散騎侍郎夏侯野報之。詔皇孫爲書致馬通問焉。

正平元年春正月丙戌朔，大會羣臣於江上，班賞各有差，文武受爵者二百餘人。丁亥，輿駕北旋。是月，破洛那、罽賓、迷密諸國各遣使朝獻。二月戊寅，車駕濟河。癸未，次于魯口。皇太子朝於行宮。三月己亥，車駕至自南伐，飲至策勳，告於宗廟。以降民五萬餘家分置近畿。賜留臺文武所獲軍資生口各有差。

夏五月壬寅，大赦。六月壬戌，改年。車師國王遣子入侍。詔曰：「夫刑網太密，犯者更衆，朕甚愍之。有司其案律令，務求厥中。自餘有不便於民者，依比增損。」詔太子少傅游雅、中書侍郎胡方回等改定律制。略陽王羯兒，儀同三司、高涼王那有罪賜死。戊辰，皇太子薨。壬申，葬景穆太子於金陵。

秋七月丁亥，行幸陰山。省諸曹吏員三分之一。九月癸巳，車駕還宮。

冬十月庚申，行幸陰山。劉義隆遣使朝貢。詔殿中將軍郎法祐使於義隆。己巳，司空、上黨王長孫道生薨。十有二月丁丑，車駕還宮。封皇孫濬爲高陽王。尋以皇孫世嫡，不宜在藩，乃止。封秦王翰爲東平王，燕王譚爲臨淮王，楚王建爲廣陽王，吳王余爲南安王。

二年春正月庚辰朔，南來降民五千餘家於中山謀叛，州軍討平之。冀州刺史、張掖王沮渠萬年與降民通謀，賜死。

三月甲寅，帝崩於永安宮，時年四十五。祕不發喪，中常侍宗愛矯皇后令，殺東平王翰，迎南安王余入而立之，大赦，改元爲永平，尊皇后赫連氏爲皇太后。三月辛卯，上尊諡曰太武皇帝，葬於雲中金陵，廟號世祖。

夏六月，劉義隆將檀和之寇濟州，梁坦及魯安生軍于京索，龐萌、薛安都寇弘農。

秋七月，征南將軍、安定公韓元興討之，和之退，梁坦、安生亦走。八月，冠軍將軍封禮率騎二千從洹津南渡赴弘農。九月，司空、高平公兒烏干屯潼關，平南將軍、昌黎公元遼屯河內。

冬十月丙午朔，余爲宗愛所賊。殿中尚書長孫渴侯與尚書陸麗迎立皇孫，是爲高宗焉。

帝生不逮密太后，及有所識，言則悲慟，哀感傍人，太宗聞而嘉歎。暨太宗不豫，衣不釋帶。性清儉率素，服御飲膳，取給而已，不好珍麗，食不二味，所幸昭儀、貴人，衣無兼綵。羣臣白帝更峻京邑城隍，以從周易設險之義，又陳蕭何壯麗之說。帝曰：「古人有言，在德不在險。屈丐蒸土築城，而朕滅之，豈在城也？今天下未平，方須民力，土功之事，朕所未爲，蕭何之對，非雅言也。」每以財者軍國之本，無所輕費，至賞賜，皆是死事勳績之家，親戚愛寵未曾横有所及。臨敵常與士卒同在矢石之間，左右死傷者相繼，而帝神色自若，是以人思効命，所向無前。命將出師，指授節度，從命者無不制勝，違爽者率多敗失。性又知人，拔士於卒伍之中，惟其才效所長，不論本末。兼甚嚴斷，明於刑賞。功者賞不遺賤，罪者刑不避親，雖寵愛之，終不虧法。常曰：「法者，朕與天下共之，何敢輕也。」故大臣犯法，無所寬假。雅長聽察，瞬息之間，下人無以措其姦隱。然果於誅戮，後多悔之。司徒崔浩既死之後，帝北伐，時宣城公李孝伯疾篤，傳者以爲卒也。帝聞而悼之，謂左右曰：「李宣城可惜。」又曰：「朕向失言。崔司徒可惜，李宣城可哀。」褒貶雅意，皆此類也。

恭宗景穆皇帝諱晃，太武皇帝之長子也，母賀夫人。延和元年春正月丙午，立爲皇太子，時年五歲。明慧强識，聞則不忘。及長，好讀經史，皆通大義。世祖甚奇之。世祖東征和龍，詔恭宗錄尚書事；西征涼州，詔恭宗監國。

初，世祖之伐河西也，李順等咸言姑臧無水草，不可行師。恭宗有疑色。及車駕至姑臧，乃詔恭宗曰：「姑臧城東西門外涌泉合於城北，其大如河。自餘溝渠流入澤中，其間乃無燥地。澤草茂盛，可供大軍數年。人之多言，亦可惡也。故有此敕，以釋汝疑。」恭宗謂宮臣曰：「爲人臣不實若此，豈是忠乎！吾初聞有疑，但帝決行耳。幾誤人大事，言者復何面見帝也。」

眞君四年，恭宗從世祖討蠕蠕，至鹿渾谷，與賊相遇，虜惶怖，部落擾亂。恭宗言於世祖曰：「今大軍卒至，宜速進擊，奄其不備，破之必矣。」尚書令劉潔固諫，以爲塵盛賊多，出至平地，恐爲所圍，須軍大集，然後擊之可也。恭宗謂潔曰：「此塵之盛，由賊恇擾，軍人亂故，何有營上而有此塵？」世祖疑之，遂不急擊，蠕蠕遠遁。既而獲虜候騎，世祖問之，對曰：「蠕蠕不覺官軍卒至，上下惶懼，引衆北走，經六七日，知無追者，始乃徐行。」世祖深恨之，自是恭宗所言軍國大事，多見納用，遂知萬機。

初，恭宗監國，曾令曰：「周書言：『任農以耕事，貢九穀；任圃以樹事，貢草木；任工以餘材，貢器物〔六〕；任商以市事，貢貨賄；任牧以畜事，貢鳥獸；任嬪以女事，貢布帛；任衡以山事，貢其材；任虞以澤事，貢其物。』其制有司課畿內之民，使無牛家以人牛力相貿，墾殖鋤耨。其有牛家與無牛家一人種田二十二畝，償以私鋤功七畝，〔七〕如是爲差，至與小、老無牛家種田七畝，小、老者償以鋤功二畝。皆以五口下貧家爲率。各列家別口數，所勸種頃畝，明立簿目。所種者於地首標題姓名，以辨播殖之功。」又禁飲酒、雜戲、棄本沽販者。墾田大爲增闢。

正平元年六月戊辰，薨於東宮，時年二十四。庚午，册曰：「嗚呼！惟爾誕資明叡，岐嶷夙成。正位少陽，克荷基構。賓于四門，百揆時叙；允釐庶績，風雨不迷。宜亨無疆，隆我皇祚，如何不幸，奄焉殂殞，朕用悲慟于厥心！今使使持節兼太尉張黎、兼司徒竇瑾奉策，即柩賜謚曰『景穆』，以顯昭令德。魂而有靈，其尚嘉之。」高宗即位，追尊爲景穆皇帝，廟號恭宗。

史臣曰：世祖聰明雄斷，威靈傑立，藉二世之資，奮征伐之氣，遂戎軒四出，周旋險夷。掃統萬，平秦隴，翦遼海，盪河源，南夷荷擔，北蠕削跡，廓定四表，混一戎華，其爲功也大矣。遂使有魏之業，光邁百王，豈非神叡經綸，事當命世。至於初則東儲不終，末乃釁成所忽。固本貽防，殆弗思乎？恭宗明德令聞，夙世殂夭，其戾園之悼歟？

校勘記

〔一〕五月 諸本「五月」作「三月」。按上已書四月，今據册府卷一一二一三三九頁改。

〔二〕行幸廬 諸本下注「闕」字。通鑑卷一二四三九〇五頁稱「魏主幸廬」。則司馬光不認爲有闕文。

〔三〕分兵掠臨晉巴東 通鑑卷一二四三九一五頁胡三省注：下簡稱胡注「『巴』當作『巳』」。按渭北臨晉今陝西大荔一帶不聞有「巴東縣」，胡説疑是。

〔四〕將軍叔孫拔與戰於渭北 諸本「拔」作「枝」，通鑑卷一二四三九一五頁作「拔」。按上文十月已稱叔孫拔領兵屯渭北。今據改。

〔五〕車駕自中道 諸本「中」作「卬」，殿本作「邛」。按卬或邛道均不可解。北史卷二、御覽卷一〇二四八九頁作「中道」。御覽引後魏書而與北史同，知魏書本作「中道」，今據改。

〔六〕任工以餘材貢器物 按今周官地官閭師此句作「任工以飭材事，貢器物」。「事」字或省，「餘」當是「飭」之訛。

〔七〕其有牛家與無牛家一人種田二十二畝償以私鋤功七畝 册府卷四九五五九二三頁「一人」作「一牛」，「二十二畝」作「二十畝」，「私」作「耘」。宋本册府仍作「一人」，餘同明本。按所謂「人牛力相貿」，即有牛家以牛力換取人力，「一人」當作「一牛」，「私」也當作「耘」。意謂有牛家出牛一頭，爲無牛家耕種二十或二十二畝；無牛家出人，爲有牛家耘鋤七畝以爲報償。

魏書卷五

高宗紀第五

高宗文成皇帝，諱濬，恭宗景穆皇帝之長子也。母曰閭氏，眞君元年六月生於東宮。帝少聰達，世祖愛之，常置左右，號世嫡皇孫。年五歲，世祖北巡，帝從在後，逢虜帥桎一奴欲加其罰。帝謂之曰：「奴今遭我，汝宜釋之。」帥奉命解縛。世祖聞之，曰：「此兒雖小，欲以天子自處。」意奇之。旣長，風格異常，每有大政，常參決可否。正平二年十月戊申，卽皇帝位於永安前殿，大赦，改年。

興安元年冬十月，以驃騎大將軍元壽樂爲太宰、都督中外諸軍事、錄尚書事；尚書長孫渴侯爲尚書令，加儀同三司。十有一月丙子，二人爭權，並賜死。癸未，廣陽王建薨，臨淮王譚薨。甲申，皇妣薨。太尉張黎、司徒古弼，以議不合旨，黜爲外都大官。平南將軍、宋子侯周忸進爵樂陵王，南部尚書、章安子陸麗爲平原王，文武各加位一等。壬寅，追尊景穆太子爲景穆皇帝，皇妣爲恭皇后；尊保母常氏爲保太后。隴西屠各王景文叛，詔統萬鎮將、南陽王惠壽討平之。十有二月戊申，祔葬恭皇后於金陵。乙卯，初復佛法。丁巳，以樂陵王周忸爲太尉，平原王陸麗爲司徒，鎮西將軍杜元寶爲司空。保達、沙獵國各遣使朝獻。戊寅，建業公陸俟進爵東平王，廣平公杜遺進爵爲王。癸亥，詔以營州蝗，開倉賑恤。甲子，太尉、樂陵王周忸有罪，賜死。濮陽公閭若文進爵爲王。

二年春正月辛巳，司空杜元寶進爵京兆王。廣平王杜遺薨。尚書僕射、東安公劉尼進爵爲王。封建寧王崇子麗爲濟南王。癸未，詔與民雜調十五。丙戌，尚書、西平公源賀進爵爲王。二月己未，司空、京兆王杜元寶謀反，伏誅；建寧王崇、崇子濟南王麗爲元寶所引，各賜死。乙丑，發京師五千人穿天淵池。是月，劉義隆子劭殺其父而自立。三月壬午，尊保太后爲皇太后。安豐公閭虎皮進爵爲河間王。乙未，疏勒國遣使朝獻。

夏五月乙酉，行幸崞山。辛卯，還宮。是月，劉劭弟駿殺劭而自立。閏月乙亥，太皇太后赫連氏崩。

秋七月辛亥，行幸陰山。濮陽王閭若文，征西大將軍、永昌王仁謀反。乙丑，賜仁死於長安，若文伏誅。己巳，車駕還宮。是月，築馬射臺於南郊。

八月辛未，渴槃陁國遣使朝貢。戊戌，詔曰：「朕以眇身，纂承大業，懼不能宣慈惠和，寧濟萬宇，夙夜兢兢，若臨淵谷。然即位以來，百姓晏安，風雨順序，邊方無事，衆瑞兼呈，不可稱數。又於苑內獲方寸玉印，其文曰『子孫長壽』，羣公卿士咸曰『休哉』！豈朕一人克臻斯應，實由天地祖宗降祐之所致也。思與兆庶共兹嘉慶，其令民大酺三日，諸殊死已下各降罪一等。」九月壬子，閱武於南郊。

冬十有一月辛酉，行幸信都、中山，觀察風俗。十有二月，誅河間鄚民爲賊盜者，男年十五以下爲生口，班賜從臣各有差。甲午，車駕還宮。庫莫奚、契丹、罽賓等十餘國各遣使朝貢。復北平公長孫敦王爵。〔一〕

興光元年春正月乙丑，以侍中、河南公伊馛爲司空。二月甲午，帝至道壇，登受圖籙；禮畢，曲赦京師，班賞各有差。

夏六月丙寅，行幸陰山。

秋七月庚子，皇子弘生。辛丑，大赦，改年。八月甲戌，趙王深薨。乙亥，車駕還宮。乙丑，皇叔虎頭、龍頭薨。九月庚申，庫莫奚國獻名馬，有一角，狀如麟。是月，閉都城門，大索三日，獲姦人亡命數百人。

冬十有一月，北鎮將房杖擊蠕蠕，虜其將豆渾與句等，獲馬千餘匹。戊戌，行幸中山，遂幸信都。十有二月丙子，還幸靈丘，至溫泉宮。庚辰，車駕還宮。出于、叱萬單國各遣使朝獻。

太安元年春正月辛酉，奉世祖、恭宗神主于太廟。車騎大將軍、樂平王拔有罪，賜死。二月癸未，武昌王提薨。三月己亥，詔曰：「今始奉世祖、恭宗神主于太廟，又於西苑遍秩羣神。朕以大慶饗賜百僚，而犯罪之人獨即刑戮，非所以子育羣生，矜及衆庶。夫聖人之教，自近及遠。是以周文刑於寡妻，至于兄弟，以御家邦。化苟從近，恩亦宜然。其曲赦京師死囚已下。」

夏六月壬戌，詔名皇子曰弘，曲赦京城，改年。癸酉，詔曰：「夫爲治者，因宜以設官，擧賢以任職，故上下和平，民無怨謗。若官非其人，姦邪在位，則政教陵遲，至於凋薄。思明黜陟，以隆治道。今遣尙書穆伏眞等三十人，巡行州郡，觀察風俗。入其境，農不墾殖，田畝多荒，則徭役不時，廢於力也；耆老飯蔬食，少壯無衣褐，則聚斂煩數，匱於財也；閭里空虛，民多流散，則綏導無方，疏於恩也；盜賊公行，劫奪不息，則威禁不設，失於刑也；衆謗並興，大小嗟怨，善人隱伏，佞邪當途，則爲法混淆，昏於政也。諸如此比，黜而戮之。善於政者，褒而賞之。其有阿枉不能自申，聽詣使告狀，使者檢治。若信清能，衆所稱美，誣告以求直，反其罪。使者受財，斷察不平，聽詣公車上訴。其不孝父母，不順尊長，爲吏姦暴，及爲盜賊，各具以名上。其容隱者，以所匿之罪罪之。」是月，遮逸國遣使朝貢。戊寅，帝畋於犢倪山。甲申，還宮。

秋七月丙辰，行幸河西。八月丁亥，車駕還宮。

冬十月，波斯、疏勒國並遣使朝貢。庚午，以遼西公常英爲太宰，進爵爲王。

二年春正月乙卯，立皇后馮氏。二月丁巳，立皇子弘爲皇太子，大赦天下。丁零數千家亡匿井陘山，聚爲寇盜。詔定州刺史許宗之、幷州刺史乞佛成龍討平之。

夏六月，羽林郎于判、元提等謀逆，伏誅。

秋八月甲申，畋於河西。是月，平西將軍、漁陽公尉眷北擊伊吾，克其城，大獲而還。九月辛巳，河東公閭毗、零陵公閭紀並進爵爲王。

冬十月甲申，車駕還宮。甲午，曲赦京師。十有一月，尙書、西平王源賀改封隴西王。嚈噠、普嵐國並遣使朝獻。劉駿濮陽太守姜龍駒、新平太守楊伯倫，各棄郡率吏民來降。

三年春正月壬戌，畋於崞山。戊辰，還宮。粟特、于闐國各遣使朝貢。徵漁陽公尉眷，拜太尉，進爵爲王，錄尚書事。

夏五月庚申，畋於松山。己巳，還宮。封皇弟新成爲陽平王。六月癸卯，行幸陰山。

秋八月，畋於陰山之北。己亥，還宮。

冬十月，將東巡，詔太宰常英起行宮於遼西黃山。十有一月，蠻王文虎龍率千餘家內附。十有二月，以州鎭五蝗，民飢，使使者開倉以賑之。是月，于闐、扶餘等五十餘國各遣使朝獻。

四年春正月丙午朔，初設酒禁。乙卯，行幸廣寧溫泉宮，遂東巡平州。庚午，至於遼西黃山宮，遊宴數日，親對高年，勞問疾苦。二月丙子，登碣石山，觀滄海，大饗羣臣於山下，班賞進爵各有差。改碣石山爲樂遊山，築壇記行於海濱。戊寅，南幸信都，畋遊於廣川。三月丁未，觀馬射於中山。所過郡國賜復一年。丙辰，車駕還宮。起太華殿。乙丑，東平王陸俟薨。

夏五月壬戌，詔曰：「朕卽阼至今，屢下寬大之旨，蠲除煩苛，去諸不急，欲令物獲其所，人安其業。而牧守百里，不能宣揚恩意，求欲無厭，斷截官物以入於己，使課調懸少；而深文極墨，委罪於民。苛求免咎，曾不改懼。國家之制，賦役乃輕，比年已來，雜調減省，而所在州郡，咸有逋懸，非在職之官綏導失所，貪穢過度，誰使之致？自今常調不充，民不安業，宰民之徒，加以死罪。申告天下，稱朕意焉。」六月丙申，畋於松山。

秋七月庚午，行幸河西。九月乙巳，還宮。辛亥，太華殿成。丙寅，饗羣臣，大赦天下。

冬十月甲戌，北巡。至陰山，有故塚毀廢，詔曰：「昔姬文葬枯骨，天下歸仁。自今有穿毁墳隴者斬之。」劉駿將殷孝祖修兩城於清水東，詔鎮西將軍、天水公封敕文等擊之。辛卯，車駕次于車輪山，累石記行。十一月，詔征西將軍皮豹子等三將三萬騎助擊孝祖。〔三〕車駕度漠，蠕蠕絕跡遠遁，其別部烏朱賀頹、庫世頹率衆來降。十有二月，征東將軍、中山王託眞薨。

五年春正月己巳朔，征西將軍皮豹子略地至高平，大破孝祖，斬獲五千餘級。二月己酉，侍中、司空、河南公伊馛薨。三月庚寅，曲赦京師死罪已下。

夏四月乙巳，封皇弟子推爲京兆王。五月，居常國遣使朝獻。六月戊申，行幸陰山。

秋八月庚戌，遂幸雲中。壬戌，還宮。九月戊辰，詔曰：「夫褒賞必於有功，刑罰審於有罪，此古今之所同，由來之常式。牧守莅民，侵食百姓，以營家業，王賦不充，雖歲滿去職，應計前逋，正其刑罪。而主者失於督察，不加彈正，使有罪者優游獲免，無罪者妄受其辜，是啓姦邪之路，長貪暴之心，豈所謂原情處罪，以正天下。自今諸遷代者，仰列在職殿最，案制治罪。克舉者加之爵寵，有愆者肆之刑戮，使能否殊貫，刑賞不差。主者明爲條制，以爲常楷。」儀同三司、敦煌公李寶薨。

冬十有二月戊申，詔曰：「朕承洪業，統御羣有，思恢政化，以濟兆民。故薄賦斂以實其財，輕徭役以紓其力，欲令百姓修業，人不匱乏。而六鎭、雲中、高平、二雍、秦州，徧遇災旱，年穀不收。其遣開倉廩以賑之。有流徙者，諭還桑梓。欲市糴他界，爲關傍郡，通其交易之路。若典司之官，分職不均，使上恩不達於下，下民不贍於時，加以重罪，無有攸縱。」

和平元年春正月甲子朔，大赦，改元。〔三〕庚午，詔散騎常侍馮闡使於劉駿。二月，衞將軍、樂安王良督東雍、吐京、六壁諸軍西趣河西，征西將軍皮豹子等督河西諸軍南趣石樓，以討河西叛胡。

夏四月戊戌，皇太后常氏崩於壽安宮。五月癸酉，葬昭太后於廣寧鳴鷄山。六月甲午，詔征西大將軍、陽平王新成等督統萬、高平諸軍出南道，南郡公李惠等督涼州諸軍出北道，討吐谷渾什寅。崔浩之誅也，史官遂廢，至是復置。河西叛胡詣長安首罪，遣使者安慰之。

秋七月乙丑，劉駿遣使朝貢。壬午，行幸河西。八月，西征諸軍至西平，什寅走保南山。九月，諸軍濟河追之，遇瘴氣，多有疫疾，乃引軍還；獲畜二十餘萬。庚午，輿駕還宮。

冬十月，居常王獻馴象三。十有一月，詔散騎侍郎盧度世、員外郎朱安興使於劉駿。

二年春正月乙酉，詔曰：「刺史牧民，爲萬里之表。自頃每因發調，逼民假貸，大商富賈，要射時利，旬日之間，增贏十倍。上下通同，分以潤屋。故編戶之家，困於凍餒；豪富之門，日有兼積。爲政之弊，莫過於此。其一切禁絕，犯者十疋以上皆死。布告天下，咸令知禁。」二月辛卯，行幸中山。丙午，至于鄴，遂幸信都。三月，劉駿遣使朝貢。輿駕所過，皆親對高年，問民疾苦。詔民年八十以上，一子不從役。靈丘南有山，高四百餘丈。乃詔羣官仰射山峯，無能踰者。帝彎弧發矢，出山三十餘丈，過山南二百二十步，遂刊石勒銘。是月，發并、肆州五千人治河西獵道。辛巳，輿駕還宮。

夏四月乙未，侍中、征東大將軍、河東王閭毗薨。五月癸未，詔南部尚書黃盧頭、李敷等考課諸州。

秋七月戊寅，封皇弟小新成爲濟陰王，加征東大將軍，鎭平原；天賜爲汝陰王，加征南大將軍，鎮虎牢；萬壽爲樂浪王，加征北大將軍，鎮和龍；洛侯爲廣平王。壬午，行巡山北。八月戊辰，波斯國遣使朝獻。丁丑，輿駕還宮。

冬十月，詔假員外散騎常侍游明根、員外郎昌邑侯和天德使于劉駿。博陵之深澤、章武之東州，盜殺縣令，州軍討平之。廣平王洛侯薨。

三年春正月壬午，以車騎大將軍、東郡公乙渾爲太原王。癸未，樂浪王萬壽薨。二月癸酉，畋于崞山，遂觀漁于旋鴻池。三月甲申，劉駿遣使朝貢。高麗、蓰王、契嚙、思厭於師、疏勒、石那、悉居半、渴槃陁諸國各遣使朝獻。

夏六月庚申，行幸陰山。詔將軍陸眞討雍州叛氐仇傉檀等，平之。

秋七月壬寅，幸河西。九月壬辰，征西大將軍、常山王素薨。

冬十月丙辰，詔曰：「朕承洪緒，統御萬國，垂拱南面，委政羣司，欲緝熙治道，以致寧一。夫三代之隆，莫不崇尚年齒。今選舉之官，多不以次，令班白處後，晚進居先。豈所謂彝倫攸敍者也！諸曹選補，宜各先盡勞舊才能。」是月，詔員外散騎常侍游明根，員外郎、昌邑侯和天德使于劉駿。十有一月壬寅，輿駕還宮。十有二月乙卯，制戰陳之法十有餘條。因大儺耀兵，有飛龍、騰蛇、魚麗之變，以示威武。戊午，零陵王閭拔薨。〔四〕

四年春三月乙未，賜京師民年七十以上太官厨食，以終其年。皇子胡仁薨，〔五〕追封樂陵王。乙巳，詔曰：「朕憲章舊典，分職設官，欲令敷揚治化，緝熙庶績。然在職之人，皆蒙顯擢，委以事任，當厲己竭誠，務省徭役，使兵民優逸，家給人贍。今內外諸司、州鎮守宰，侵使兵民，勞役非一。自今擅有召役，逼雇不程，皆論同枉法。」

夏四月癸亥，上幸西苑，親射虎三頭。五月壬辰，侍中、漁陽王尉眷薨。壬寅，行幸陰山。

秋七月壬午，詔曰：「朕每歲以秋日閑月，命羣官講武平壤。所幸之處，必立宮壇，糜費之功，勞損非一。宜仍舊貫，何必改作也。」八月丙寅，遂畋于河西。詔曰：「朕順時畋獵，而從官殺獲過度，既殫禽獸，乖不合圍之義。其敕從官及典圍將校，自今已後，不聽濫殺。其畋獲皮肉，別自頒賚。」壬申，詔曰：「前以民遭飢寒，不自存濟，有賣鬻男女者，盡仰還其家。或因緣勢力，或私行請託，共相通容，不時檢校，令良家子息仍爲奴婢。今仰精究，不聽取贖，有犯加罪。若仍不檢還，聽其父兄上訴，以掠人論。」九月辛巳，車駕還宮。

冬十月，以定、相二州隕霜殺稼，免民田租。是月，詔員外散騎常侍游明根、驍騎將軍、昌邑子婁內近，寧朔將軍、襄平子李五鱗使于劉駿。

十有二月辛丑，詔曰：「名位不同，禮亦異數，所以殊等級，示軌儀。今喪葬嫁娶，大禮未備，貴勢豪富，越度奢靡，非所謂式昭典憲者也。有司可爲之條格，使貴賤有章，上下咸序，著之于令。」壬寅，詔曰：「夫婚姻者，人道之始。是以夫婦之義，三綱之首，禮之重者，莫過於斯。尊卑高下，宜令區別。然中代以來，貴族之門多不率法，或貪利財賄，或因緣私好，在於苟合，無所選擇，令貴賤不分，巨細同貫，塵穢清化，虧損人倫，將何以宣示典謨，垂之來裔。今制皇族、師傅、王公侯伯及士民之家，〔六〕不得與百工、伎巧、卑姓爲婚，犯者加罪。」

五年春正月丁亥，封皇弟雲爲任城王。二月，詔以州鎮十四去歲蟲、水，開倉賑恤。夏四月癸卯，頓丘公李峻，進爵爲王。閏月戊子，帝以旱故，減膳責躬。是夜，澍雨大降。五月庚申，劉駿死，子子業僭立。六月丁亥，行幸陰山。秋七月辛丑，北鎮游軍大破蠕蠕。壬寅，行幸河西。九月辛丑，車駕還宮。冬十月，琅邪王司馬楚之薨。十有二月，南秦王楊難當薨。吐呼羅國遣使朝獻。

六年春正月丙申，大赦天下。二月丁丑，行幸樓煩宮。高麗、蓰王、對曼諸國各遣使朝獻。三月戊戌，相州刺史、西平郡王吐谷渾權薨。乙巳，車駕還宮。

夏四月，破洛那國獻汗血馬，普嵐國獻寶劍。五月癸卯，帝崩于太華殿，時年二十六。六月丙寅，上尊謚曰文成皇帝，廟號高宗。八月，葬雲中之金陵。

史臣曰：世祖經略四方，內頗虛耗。既而國釁時艱，朝野楚楚。高宗與時消息，靜以鎮之，養威布德，懷緝中外。自非機悟深裕，矜濟爲心，亦何能若此！可謂有君人之度矣。

校勘記

〔一〕復北平公長孫敦王爵　諸本「敦」都作「敷」，北史卷二魏紀二作「敦」。按長孫敦降爵，見卷四下世祖紀下太平眞君九年四四八。卷二五本傳補稱敦「高祖時」復爵，「高祖」乃「高宗」之訛，但其人確名「敦」。這裏「敷」是「敦」的形訛，今據改。

〔二〕十一月詔征西將軍皮豹子等三將三萬騎助擊孝祖　諸本無「十一月詔」四字，册府卷一二一一四四九頁有。按通鑑卷一二八四〇四〇頁記此事，系於十一月，北史卷二太安四年删去此事，但仍稱「十一月，車駕渡漠」。這裏此條上旣脫去月份，下面「車駕渡漠」也就和此事一起歸入十月，顯誤。今據補。

〔三〕和平元年春正月甲子朔大赦改元　册府卷一七四二〇九八頁記：「和平元年正月，帝東巡，歷橋山，祀黄帝。」今無其文，疑脱。

〔四〕零陵王閭拔薨　張森楷云：「『跋』當作『紇』。」按上文太安二年九月辛巳條和卷八三外戚閭毗傳補都作「閭紇」，張説是。

〔五〕皇子胡仁薨　按卷一九上景穆十二王傳補序稱「尉椒房生樂陵康王胡兒」，北史卷一七景穆十二王傳序作「胡仁」。當時北方讀音，「仁」「兒」不別。卷一九下章武王太洛傳稱「子彬，字豹兒」，墓誌集釋元舉墓誌圖版一五四稱「祖章武烈王彬字豹仁」。卷二七穆崇傳附見穆龍仁，北史卷二〇穆崇傳附見作「龍兒」。又如卷八世宗紀永平元年十二月見梁將齊苟仁，北史卷四魏紀四、梁書卷一七馬仙琕傳作「齊苟兒」；卷七五尒朱兆傳，「兆字萬仁」，周書卷一文帝紀作「吐萬兒」，梁書卷三二陳慶之傳作「吐沒兒」。北史卷四八尒朱榮傳云：「北人語訛，語『尒朱』爲『人主』。」「尒」讀如「人」，猶「兒」讀如「仁」。今後此類不再出校記。又其人乃拓拔晃景穆帝子，拓跋濬高宗文成帝弟，這裏「皇子」當作「皇弟」。

〔六〕今制皇族師傅王公侯伯及士民之家　北史卷二百衲本、御覽卷一〇二四九〇頁引後魏書「師傅」作「肺腑」。按史記卷一九惠景間侯者年表序有「諸侯子弟若肺腑」語，索隱謂肺腑「以喻人主疏末之親」。這裏指王公侯伯，正是所謂「疏末之親」。御覽引後魏書而與北史同，知魏書本作「肺腑」。

魏書卷六

顯祖紀第六

顯祖獻文皇帝，諱弘，高宗文成皇帝之長子也，母曰李貴人。興光元年秋七月，生於陰山之北。太安二年二月，立爲皇太子。聰叡機悟，幼而有濟民神武之規，仁孝純至，禮敬師友。

和平六年夏五月甲辰，卽皇帝位，大赦天下。尊皇后曰皇太后。車騎大將軍乙渾矯詔殺尙書楊保年、平陽公賈愛仁、南陽公張天度于禁中。戊申，侍中、司徒、平原王陸麗自湯泉入朝，渾又殺之。己酉，以侍中、車騎大將軍乙渾爲太尉、錄尙書事，東安王劉尼爲司徒，尙書左僕射和其奴爲司空。壬子，以淮南王他爲鎭西大將軍、儀同三司，鎭涼州。六月，封繁陽侯李嶷爲丹陽王，征東大將軍馮熙爲昌黎王。乙丑，詔曰：「夫賦斂煩則民財匱，課調輕則用不足，是以十一而稅，頌聲作矣。先朝權其輕重，以惠百姓。朕承洪業，上惟祖宗之休命，夙興待旦，惟民之恤，欲令天下同於逸豫。而徭賦不息，將何以塞煩去苛，拯濟黎元者哉！今兵革不起，畜積有餘，諸有雜調，一以與民。」

秋七月癸巳，太尉乙渾爲丞相，位居諸王上，事無大小，皆決於渾。九月庚子，曲赦京師。丙午，詔曰：「先朝以州牧親民，宜置良佐，故敕有司，班九條之制，使前政選吏，以待俊乂，〔一〕必謂銓衡允衷，朝綱應叙。然牧司寬惰，不祗憲旨，舉非其人，愆于典度。今制：刺史守宰到官之日，仰自舉民望忠信，以爲選官，不聽前政共相干冒。若簡任失所，以罔上論。」是月，劉子業征北大將軍、義陽王劉昶自彭城來降。

冬十月，徵陽平王新成、京兆王子推、濟陰王小新成、汝陰王天賜、任城王雲入朝。

是歲，劉子業叔父彧殺子業僭立。

天安元年春正月乙丑朔，大赦，改年。二月庚申，丞相、太原王乙渾謀反伏誅。乙亥，以侍中元孔雀爲濮陽王，侍中陸定國爲東郡王。三月庚子，以隴西王源賀爲太尉。辛丑，高宗文成皇帝神主祔于太廟。辛亥，帝幸道壇，親受符籙；曲赦京師。高麗、波斯、于闐、阿襲諸國遣使朝獻。

秋七月辛亥，詔諸有詐取爵位，罪特原之，削其爵職。其有祖、父假爵號貨賕以正名者，不聽繼襲。諸非勞進超遷者，亦各還初。不以實聞者，以大不敬論。九月，劉彧司州刺史常珍奇以懸瓠內屬。己酉，初立鄉學，郡置博士二人、助教二人、學生六十人。劉彧徐州刺史薛安都以彭城內屬，彧將張永、沈攸之擊安都。詔北部尚書尉元爲鎮南大將軍、都督諸軍事，鎮東將軍、城陽公孔伯恭爲副，出東道救彭城；殿中尙書、鎮西大將軍、西河公元石都督荊、豫、南雍州諸軍事，給事中、京兆侯張窮奇爲副，出西道救懸瓠。

冬十月，曹利、彤葛國各遣使朝獻。十有一月壬子，劉彧兗州刺史畢衆敬遣使內屬。十有二月己未，尉元軍次于秺，彧將周凱、張永、沈攸之相繼退走。皇弟安平薨。

是歲，州鎮十一旱，民饑，開倉賑恤。

皇興元年春正月癸巳，尉元大破張永、沈攸之於呂梁東，斬首數萬級，凍死者甚衆。獲劉彧秦州刺史垣恭祖、羽林監沈承伯。永、攸之單騎走免。獲軍資器械不可勝數。劉彧遣使朝貢。庚子，東平王道符謀反於長安，殺副將、駙馬都尉萬古眞，鉅鹿公李恢，雍州刺史魚玄明。丙午，詔司空、平昌公和其奴，東陽公元丕等討道符。丁未，道符司馬段太陽攻道符，斬之，傳首京師。道符兄弟皆伏誅。閏月，以頓丘王李峻爲太宰。劉彧靑州刺史沈文秀、冀州刺史崔道固並遣使請舉州內屬，詔平東將軍長孫陵，平南將軍、廣陵公侯窮奇赴援之。二月，詔使持節、都督諸軍事、征南大將軍慕容白曜督騎五萬次於碻磝，爲東道後援。

濟陰王小新成薨。高麗、庫莫奚、具伏弗、郁羽陵、日連、匹黎尒、于闐諸國各遣使朝貢。劉彧東平太守申纂戍無鹽，遏絕王使，詔征南大將軍慕容白曜督諸軍以討之。三月甲寅，克之。沈文秀、崔道固復叛歸劉彧，白曜回師討之，拔彧肥城、垣苗、麋溝三戍。夏四月，白曜攻升城，戍主房崇吉遁走。秋八月，白曜攻歷城。丁酉，行幸武州山石窟寺。戊申，皇子宏生，大赦，改年。九月壬子，高麗、于闐、普嵐、粟特國各遣使朝獻。丁巳，進馮翊公李白爵梁郡王。是月，詔賜六鎭貧人布，人二匹。

冬十月癸卯，田於那男池。濮陽王孔雀坐怠慢，降爵爲公。

二年春二月癸未，田于西山，親射虎豹。崔道固及劉彧梁鄒戍主、平原太守劉休賓舉城降。是月，徐州羣盜司馬休符自稱晉王，將軍尉元討平之。三月，白曜進圍東陽。戊午，劉彧遣使朝貢。

夏四月辛丑，以南郡公李惠爲征南大將軍、儀同三司、都督關右諸軍事、雍州刺史，進爵爲王。高麗、庫莫奚、契丹、具伏弗、郁羽陵、日連、匹黎尒、叱六手、悉萬丹、阿大何、羽眞侯、于闐、波斯國各遣使朝獻。〔三〕五月乙卯，田于崞山，遂幸繁畤。辛酉，還宮。六月庚辰，以河南闕地，曲赦京師殊死以下。以昌黎王馮熙爲太傅。

秋九月辛亥，封皇叔楨爲南安王，長壽爲城陽王，太洛爲章武王，休爲安定王。

冬十月辛丑，上田於冷泉。十有一月，以州鎮二十七水旱，開倉賑恤。十有二月甲午，詔曰：「頃張永迷擾，敢拒王威，暴骨原隰，殘廢不少。死生寃痛，朕甚愍焉。天下民一也，可敕郡縣，永軍殘廢之士，聽還江南；露骸草莽者，收瘞之。」是月，悉萬丹等十餘國各遣使朝貢。

三年春正月乙丑，東陽潰，虜沈文秀。戊辰，司空、平昌公和其奴薨。二月，蠕蠕、高麗、庫莫奚、契丹國各遣使朝獻。己卯，以上黨公慕容白曜爲都督青齊東徐三州諸軍事、征南大將軍、開府儀同三司、青州刺史，進爵濟南王。

夏四月壬辰，劉彧遣使朝貢。丙申，名皇子曰宏，大赦天下。丁酉，田于崞山。五月，徙青州民於京師。六月辛未，立皇子宏爲皇太子。

秋七月，蠕蠕國遣使朝貢。

冬十月，侍中、太宰、頓丘王李峻薨。十有一月，吐谷渾別帥白楊提度汗率戶內附。襄城公韓頹進爵爲王。

四年春正月，詔州鎮十一民飢，開倉賑恤。二月，以東郡王陸定國爲司空。高麗、庫莫奚、契丹各遣使朝獻。吐谷渾拾寅不供職貢，詔使持節、征西大將軍、上黨王長孫觀討之。廣陽王石侯薨。三月丙戌，詔曰：「朕思百姓病苦，民多非命，明發不寐，疚心疾首。是以廣集良醫，遠採名藥，欲以救護兆民。可宣告天下，民有病者，所在官司遣醫就家診視，所須藥物，任醫量給之。」

夏四月辛丑，大赦天下。戊申，長孫觀軍至曼頭山，大破拾寅，拾寅與麾下數百騎宵遁，拾寅從弟豆勿來及其渠帥匹婁拔累等率所領降附。五月，封皇弟長樂爲建昌王。六月，劉彧遣使朝貢。

秋八月，羣盜入彭城，殺鎮將元解愁，長史勤兵滅之。蠕蠕犯塞。九月丙寅，輿駕北伐，諸將俱會于女水，大破虜衆。事具蠕蠕傳。司徒、東安王劉尼坐事免。壬申，車駕至自北伐，飲至策勳，告於宗廟。

冬十月，誅濟南王慕容白曜、高平王李敷。十有一月，詔弛山澤之禁。十有二月甲辰，幸鹿野苑、石窟寺。陽平王新成薨。

五年春三月乙亥，詔曰：「天安以來，軍國多務，南定徐方，北掃遺虜。征戍之人，亡竄非一，雖罪合刑書，每加哀宥。然寬政猶水，逋逃遂多。宜申明典刑，以肅姦僞。自今諸有逃亡之兵及下代守宰浮游不赴者，限六月三十日悉聽歸首，不首者，論如律。」詔假員外散騎常侍邢祐使於劉彧。〔三〕

夏四月，西部敕勒叛，詔汝陰王天賜、給事中羅雲討之。雲爲敕勒所襲殺，死者十五六。北平王長孫敦薨。六月丁未，行幸河西。秋七月丙寅，遂至陰山。八月丁亥，車駕還宮。帝雅薄時務，常有遺世之心，欲禪位於叔父京兆王子推，語在任城王雲傳，羣臣固請，帝乃止。丙午，册命太子曰：「昔堯舜之禪天下也，皆由其子不肖。若丹朱、商均能負荷者，豈搜揚仄陋而授之哉？爾雖沖弱，有君人之表，必能恢隆王道，以濟兆民。今使太保、建安王陸馛，太尉源賀持節奉皇帝璽綬，致位於爾躬。其踐昇帝位，克廣洪業，以光祖宗之烈，使朕優遊履道，頤神養性，可不善歟？」丁未，詔曰：「朕承洪業，運屬太平，淮岱率從，四海清晏。是以希心玄古，志存澹泊。躬覽萬務，則損頤神之和；一日或曠，政有淹滯之失。但子有天下，歸尊於父；父有天下，傳之於子。今稽協靈運，考會羣心，爰命儲宮，踐昇大位。朕方優遊恭己，栖心浩然，社稷乂安，克廣其業，不亦善乎？百官有司，其祗奉胤子，以答天休。宣布宇內，咸使聞悉。」於是羣公奏曰：「昔三皇之世，澹泊無爲，故稱皇。是以漢高祖既稱皇帝，尊其父爲太上皇，明不統天下。今皇帝幼沖，萬機大政，猶宜陛下總之。謹上尊號太上皇帝。」乃從之。己酉，太上皇帝徙御崇光宮，採椽不斲，土階而已。國之大事咸以聞。承明元年，年二十三，崩於永安殿，上尊謚曰獻文皇帝，廟號顯祖，葬雲中金陵。

史臣曰：聰叡夙成，兼資能斷，其顯祖之謂乎？故能更清漠野，大啓南服。而早懷厭世之心，終致宮闈之變，將天意哉！

校勘記

〔一〕使前政選吏以待俊乂　北史卷二魏紀二、册府卷一五六一八八九頁「俊乂」作「後人」。按「後人」指後任官，意謂由前任官（前政）選吏留給後任官。統觀詔書前後文意，當作「後人」。册府採錄魏書，却與北史同，也可證魏書本亦作「後人」。

〔二〕契丹具伏弗郁羽陵日連匹黎尒叱六手悉萬丹阿大何羽眞侯于闐波斯國各遣使朝獻　這裏列舉諸「國」，除于闐、波斯外，均見于卷一百勿吉傳和契丹傳，但紀、傳既有同異，兩傳也不相合，今姑依勿吉傳標斷。「具伏弗」，勿吉傳作「具弗伏」。「叱六手」止見于契丹傳，作「吐六于」，疑紀誤。「阿大何」，勿吉傳作「拔大何」，契丹傳作「何大何」，當是勿吉傳誤。至兩傳互異，別見卷一百校記，不備舉。

〔三〕詔假員外散騎常侍邢祐使於劉彧　北史卷二記此事在是年二月乙亥，此承上文則是三月乙亥。按是年二月己丑朔，無乙亥，似作「三月」是。然宋書卷八明帝紀泰始七年魏皇興五年（四七一）稱「三月辛酉，索虜遣使獻方物」。通鑑卷一三三四一五八頁以爲卽此紀所載邢祐出使。考是年三月己未朔，辛酉是三日，乙亥是十七日，豈有魏未遣使而先已到宋之理？若謂宋書所載是另一次使節，則在很短期間，又無特殊原因，不可能頻煩遣使。疑北史作「二月」未必誤，誤在記日干支。

魏書卷七上

高祖紀第七上

高祖孝文皇帝，諱宏，顯祖獻文皇帝之長子，母曰李夫人。皇興元年八月戊申，生於平城紫宮，神光照於室內，天地氛氳，和氣充塞。帝生而潔白，有異姿，襁褓岐嶷，長而淵裕仁孝，綽然有君人之表。顯祖尤愛異之。三年夏六月辛未，立爲皇太子。

五年秋八月丙午，卽皇帝位於太華前殿，大赦，改元延興元年。丁未，劉彧遣使朝貢。九月壬戌，詔在位及民庶直言極諫。有利民益治，損政傷化，悉心以聞。壬午，青州高陽民封辯自號齊王，聚黨千餘人，州軍討滅之。高麗民奴久等相率來降，各賜田宅。

冬十月丁亥，沃野、統萬二鎭敕勒叛。詔太尉、隴西王源賀追擊，至枹罕，滅之，斬首三萬餘級；徙其遺迸於冀、定、相三州爲營戶。庚寅，以征東大將軍、南安王楨爲假節、都督涼州及西戎諸軍事、領護西域校尉、儀同三司，鎭涼州。朔方民曹平原招集不逞，破石樓堡，殺軍將。劉彧將垣崇祖率衆二萬自郁洲寇東兗州，屯于南城固。十有一月，刺史于洛侯討破之，崇祖還郁洲。妖賊司馬小君聚衆反於平陵，齊州刺史、武昌王平原討擒之。十有二月乙酉，以駙馬都尉穆亮爲趙郡王。壬辰，詔訪舜後，獲東萊郡民嬀苟之，復其家畢世，以彰盛德之不朽。復前濮陽王孔雀本封。辛丑，趙郡王穆亮徙封長樂王。

二年春正月乙卯，統萬鎮胡民相率北叛。詔寧南將軍、交阯公韓拔等追滅之。大陽蠻酋桓誕率戶內屬，拜征南將軍，封襄陽王。曲赦京師及河西，南至秦涇，西至枹罕，北至涼州諸鎮。詔假員外散騎常侍邢祐使於劉彧。二月乙巳，詔曰：「尼父稟達聖之姿，體生知之量，窮理盡性，道光四海。頃者淮徐未賓，廟隔非所，致令祠典寢頓，禮章殄滅，遂使女巫妖覡，淫進非禮，殺生鼓舞，倡優媟狎，豈所以尊明神敬聖道者也。自今已後，有祭孔子廟，制用酒脯而已，不聽婦女合雜，以祈非望之福。犯者以違制論。其公家有事，自如常禮。犧牲粢盛，務盡豐潔。臨事致敬，令肅如也。牧司之官，明糾不法，使禁令必行。」蠕蠕犯塞。太上皇帝次於北郊，詔諸將討之。虜遁走。其別帥阿大干率千餘落來降。東部敕勒叛奔蠕蠕，太上皇帝追之，至石磧，不及而還。壬子，高麗國遣使朝貢。三月，太上皇帝至自北討。戊辰，以散騎常侍、駙馬都尉萬安國爲大司馬、大將軍，封安城王。庚午，車駕耕於藉田。石城郡獲曹平原，送京師，斬之。連川敕勒謀叛，徙配青、徐、齊、兗四州爲營戶。

夏四月庚子，詔工商雜伎，盡聽赴農。諸州郡課民益種菜果。辛亥，劉彧遣使朝貢。癸酉，詔沙門不得去寺浮遊民間，行者仰以公文。是月，劉彧死，子昱僭立。五月丁巳，詔軍警給璽印、傳符，次給馬印。〔一〕六月，安州民遇水雹，丐租賑恤。丙申，詔曰：「頃者州郡選貢，多不以實，碩人所以窮處幽仄，鄙夫所以超分妄進，豈所謂旌賢樹德者也。今年貢舉，尤爲猥濫。自今所遣，皆門盡州郡之高，才極鄉閭之選。」閏月壬子，蠕蠕寇敦煌，鎮將尉多侯擊走之。又寇晉昌，守將薛奴擊走之。戊午，行幸陰山。

秋七月，光州民孫晏等聚黨千餘人叛，通劉昱，刺史叔孫瓚討平之。辛丑，高麗國遣使朝貢。壬寅，詔州郡縣各遣二人才堪專對者，赴九月講武，當親問風俗。〔二〕八月丙辰，百濟國遣使奉表請師伐高麗。辛酉，地豆于、庫莫奚國遣使朝貢，昌亭國遣使獻蜀馬。河西費也頭反，薄骨律鎮將擊走之。九月辛巳，車駕還宮。戊申，統萬鎮將、河間王閭虎皮坐貪殘賜死。己酉，詔以州鎮十一水，丐民田租，開倉賑恤。又詔流迸之民，皆令還本，違者配徙邊鎮。

冬十月，蠕蠕犯塞，及於五原。十有一月，太上皇帝親討之，將度漠襲擊。蠕蠕聞軍至，大懼，北走數千里。以窮寇遠遁，不可追，乃止。丁亥，封皇叔略爲廣川王。壬辰，分遣使者巡省風俗，問民疾苦。帝每月一朝崇光宮。

十有二月庚戌，詔曰：「書云：『三載一考，三考黜陟幽明。』頃者已來，官以勞升，未久而代，牧守無恤民之心，競爲聚斂，送故迎新，相屬於路，非所以固民志，隆治道也。自今牧守溫仁清儉、克己奉公者，可久於其任。歲積有成，遷位一級。其有貪殘非道、侵削黎庶者，雖在官甫爾，必加黜罰。著之於令，永爲彝準。」詔以代郡事同豐沛，代民先配邊戍者皆免之。

三年春正月庚辰，詔員外散騎常侍崔演使於劉昱。丁亥，改崇光宮爲寧光宮。戊戌，太上皇帝還至雲中。是月，相州執送妖人榮永安於京師，斬之。詔赦其支黨。二月戊申，高麗、契丹國並遣使朝貢。癸丑，詔牧守令長，勤率百姓，無令失時。同部之內，貧富相通。家有兼牛，通借無者，若不從詔，一門之內終身不仕。守宰不督察，免所居官。戊午，太上皇帝至自北討，飲至策勳，告於宗廟。死王事者復其家。詔畿內民從役死事者，郡縣爲迎喪，給以葬費。甲戌，詔縣令能靜一縣劫盜者，兼治二縣，卽食其祿；能靜二縣者，兼治三縣，三年遷爲郡守。二千石能靜二郡，上至三郡，亦如之，三年遷爲刺史。三月壬午，詔諸倉囷穀麥充積者，出賜貧民。

夏四月戊申，詔假司空、上黨王長孫觀等討吐谷渾拾寅。壬子，契丹國遣使朝貢。詔以孔子二十八世孫魯郡孔乘爲崇聖大夫，給十戶以供灑掃。六月甲子，詔曰：「往年縣召民秀二人，問以守宰治狀，善惡具聞，將加賞罰。而賞者未幾，罪者衆多。肆法傷生，情所未忍。今特垂寬恕之恩，申以解網之惠。諸爲民所列者，特原其罪，盡可貸之。」

秋七月，詔河南六州之民，戶收絹一匹，綿一斤，租三十石。乙亥，行幸陰山。蠕蠕寇敦煌，鎭將樂洛生擊破之。事具蠕蠕傳。劉昱遣將寇緣淮諸鎭，徐州刺史、淮陽公尉元擊走之。八月己酉，高麗、庫莫奚國並遣使朝獻。庚申，帝從太上皇帝幸河西。拾寅謝罪請降，許之。九月辛巳，車駕並還宮。乙亥，〔三〕劉昱遣使朝貢。己亥，詔曰：「自今京師及天下之囚，罪未分判，在獄致死無近親者，公給衣衾棺櫝葬埋之，不得曝露。」辛丑，詔遣使者十人循行州郡，檢括戶口。其有仍隱不出者，州、郡、縣、戶主並論如律。庫莫奚國遣使朝獻。

冬十月，太上皇帝親將南討。詔州郡之民，十丁取一以充行，戶收租五十石，以備軍糧。悉萬斤國遣使朝獻。武都王反，攻仇池。〔四〕詔長孫觀仍回師討之。十有一月戊寅，詔以河南七州牧守多不奉法，致新邦之民莫能上達，遣使者觀風察獄，黜陟幽明。其有鰥寡孤獨貧不自存者，復其雜傜，年八十已上，一子不從役；力田孝悌，才器有益於時，信義著於鄉閭者，具以名聞。癸巳，太上皇帝南巡，至於懷州。所過問民疾苦，賜高年、孝悌力田布帛。十有二月庚戌，詔關外苑囿聽民樵採。壬子，蠕蠕犯邊，柔玄鎮二部敕勒叛應之。癸丑，沙門慧隱謀反，伏誅。

是歲，州鎮十一水旱，丐民田租，開倉賑恤。相州民餓死者二千八百四十五人。吐谷渾部內羌民鍾豈渴干等二千三百戶內附。

是年，妖人劉舉自稱天子，齊州刺史、武昌王平原捕斬之。

四年春正月丁丑，侍中、太尉、隴西王源賀以病辭位。辛巳，粟特國遣使朝獻。二月甲辰，太上皇帝至自南巡。辛亥，吐谷渾拾寅遣子費斗斤入侍，幷獻方物。辛未，禁斷寒食。三月丁亥，詔員外散騎常侍許赤虎使於劉昱。高麗、吐谷渾、曹利諸國各遣使朝貢。夏五月甲戌，蠕蠕國遣使朝貢。六月乙卯，詔曰：「朕應歷數開一之期，屬千載光熙之運，雖仰嚴誨，猶懼德化不寬，至有門房之誅。然下民兇戾，不顧親戚，一人爲惡，殃及合門。朕爲民父母，深所愍悼。自今已後，非謀反、大逆、干紀、外奔，罪止其身而已。今德被殊方，文軌將一，宥刑寬禁，不亦善乎？」闊悉國遣使朝貢。秋七月庚午，高麗國遣使朝獻。己卯，曲赦仇池。癸巳，蠕蠕寇敦煌，鎮將尉多侯大破之。八月庚子，吐谷渾國遣使朝獻。戊申，大閱於北郊。九月，以劉昱內相攻戰，詔將軍元蘭等五將三萬騎及假東陽王丕爲後繼，伐蜀漢。丙子，契丹、庫莫奚、地豆于諸國各遣使朝獻。

冬十月庚子，劉昱遣使朝貢。十有一月，分遣侍臣循河南七州，觀察風俗，撫慰初附。戊寅，吐谷渾國遣使朝獻。是歲，州鎮十三大饑，丐民田租，開倉賑之。十有二月，詔西征吐谷渾兵在句律城初叛軍者斬，次分配柔玄、武川二鎮。斬者千餘人。

五年春二月庚子，高麗國遣使朝獻。癸丑，詔定考課，明黜陟。閏月戊午，吐谷渾國遣使朝獻。

夏四月丁丑，龜茲國遣使朝獻。癸未，詔天下賦調，縣專督集，牧守對檢送京師，違者免所居官。詔禁畜鷹鷂，開相告之制。五月丁酉，契丹、庫莫奚國各遣使獻名馬。丙午，詔員外散騎常侍許赤虎使於劉昱。丁未，幸武州山。辛酉，幸車輪山。六月庚午，禁殺牛馬。壬申，曲赦京師死罪，遣備蠕蠕。

秋八月丁卯，高麗、吐谷渾、地豆于諸國遣使朝獻。九月癸卯，洛州人賈伯奴、豫州人田智度聚黨千餘人，伯奴稱恒農王，智度稱上洛王，夜攻洛州。州郡擊之，斬伯奴於緱氏，執智度送京師。

冬十月，蠕蠕國遣使朝獻。太上皇帝大閱於北郊。十有二月丙寅，建昌王長樂改封安樂王。己丑，城陽王長壽薨。庚寅，劉昱遣使朝貢。

承明元年春二月，蠕蠕、高麗、庫莫奚、波斯諸國並遣使朝貢。是月，司空、東郡王陸定國坐事免官爵爲兵。

夏五月，冀州武邑民宋伏龍聚衆，自稱南平王。郡縣捕斬之。蠕蠕國遣使朝貢。六月甲子，詔中外戒嚴，分京師見兵爲三等，第一軍出，遣第一兵，二等兵亦如之。辛未，太上皇帝崩。壬申，大赦，改年。大司馬、大將軍、安城王萬安國坐矯詔殺神部長奚買奴於苑中，賜死。戊寅，征西大將軍、安樂王長樂爲太尉；尚書左僕射、南平公目辰爲司徒，進封宜都王；南部尚書李訢爲司空。尊皇太后爲太皇太后，臨朝稱制。

秋七月甲辰，追尊皇妣李貴人爲思皇后。以汝陰王天賜爲征西大將軍、儀同三司。高麗、庫莫奚國並遣使朝貢。濮陽王孔雀有罪賜死。八月甲子，詔曰：「朕猥承前緒，纂戎洪烈，思隆先志，緝熙政道。羣公卿士，其各勉厥心，匡朕不逮。諸有便民利國者，具狀以聞。」壬午，蠕蠕國遣使朝貢。甲申，以長安二蠶多死，丐民歲賦之半。九月丁亥，曲赦京師。高麗、庫莫奚、契丹諸國並遣使朝獻。癸丑，宕昌、悉萬斤國並遣使朝貢。

冬十月丁巳，起七寶永安行殿。乙丑，進征西大將軍、假東陽王元丕爵爲正王。己未，詔曰：「朕纂承皇極，照臨萬方，思闡遐風，光被兆庶，使朝有不諱之音，野無自蔽之響，疇咨帝載，詢及芻蕘。自今已後，羣官卿士下及吏民，〔五〕各聽上書，直言極諫，勿有所隱。諸有便宜，益治利民，可以正風俗者，有司以聞。朕將親覽，與三事大夫論其可否，裁而用之。」辛未，輿駕幸建明佛寺，大宥罪人。濟南公羅拔進爵爲王。十有一月，蠕蠕國遣使朝貢。戊子，以太尉、安樂王長樂爲定州刺史，京兆王子推爲青州刺史，司空李訢爲徐州刺史，並開府儀同三司。

太和元年春正月乙酉朔，詔曰：「朕夙承寶業，懼不堪荷，而天貺具臻，地瑞並應，風和氣晼，天人交協。豈朕沖昧所能致哉？實賴神祇七廟降福之助。今三正告初，祇感交切，宜因陽始，協典革元，其改今號爲太和元年。」辛亥，詔曰：「今牧民者，與朕共治天下也。宜簡以徭役，先之勸獎，相其水陸，務盡地利，使農夫外布，桑婦內勤。若輕有徵發，致奪民時，以侵擅論。民有不從長教，惰於農桑者，加以罪刑。」起太和、安昌二殿。己酉，秦州略陽民王元壽聚衆五千餘家，自號爲衝天王。雲中飢，開倉賑恤。二月丙寅，漢川民泉會、譚酉等相率內屬，處之并州。辛未，秦益二州刺史、武都公尉洛侯討破元壽，獲其妻子，送京師。癸未，高麗、契丹、庫莫奚國各遣使朝獻。三月庚子，徵征西大將軍、雍州刺史、東陽王丕爲司徒。丙午，詔曰：「朕政治多闕，災眚屢興。去年牛疫，死傷太半，耕墾之利，當有虧損。今東作旣興，人須肄業。其敕在所督課田農，有牛者加勤於常歲，無牛者倍庸於餘年。一夫制治田四十畝，中男二十畝。無令人有餘力，地有遺利。」庫莫奚、契丹國各遣使朝獻。

夏四月丙寅，蠕蠕國遣使朝貢。丁卯，幸白登山。壬申，幸崞山。樂安王良薨。詔復前東郡王陸定國官爵。五月乙酉，車駕祈雨於武州山，俄而澍雨大洽。蠕蠕國遣使朝貢。

秋七月壬辰，侍中、開府儀同三司、青州刺史、京兆王子推薨。庚子，定三等死刑。己酉，太和、安昌二殿成。起朱明、思賢門。是月，劉昱死，弟準僭立。八月壬子，大赦天下。丙子，詔曰：「工商皂隸，各有厥分，而有司縱濫，或染清流。自今戶內有工役者，推上本部丞，〔六〕已下準次而授。若階藉元勳、以勞定國者不從此制。」戊寅，劉準遣使朝貢。九月癸未，蠕蠕國遣使朝貢。乙酉，詔羣臣定律令於太華殿。辛卯，高麗國遣使朝貢。庚子，起永樂遊觀殿於北苑，穿神淵池。車多羅、西天竺、舍衛、疊伏羅諸國各遣使朝貢。

冬十月癸酉，宴京邑耆老年七十已上於太華殿，賜以衣服。是月，庫莫奚、契丹國各遣使朝獻。又詔七十已上一子不從役。龜茲國遣使朝獻。劉準葭蘆戍主楊文度遣弟鼠襲陷仇池。丙子，誅徐州刺史李訢。庫莫奚、契丹國各遣使朝貢。十有一月癸未，詔征西將軍、廣川公皮懽喜，鎭西將軍梁醜奴，平西將軍楊靈珍等率衆四萬討楊鼠。乙酉，吐谷渾國遣使朝獻。丁亥，懷州民伊祁苟初自稱堯後應王，聚衆於重山。洛州刺史馮熙討滅之。閏月，懽喜等軍到建安，楊鼠棄城南走。癸亥，粟提婆國遣使朝獻。庚子，詔員外散騎常侍李長仁使於劉準。十有二月壬寅，懽喜攻陷葭蘆，斬文度，傳首京師。甲辰，員闊、吐谷渾國並遣使朝貢。丁未，詔以州郡八水旱蝗，民飢，開倉賑恤。以安定王休爲儀同三司。

二年春正月丁巳，封昌黎王馮熙第二子始興爲北平王。戊午，吐谷渾遣使朝獻。二月丁亥，行幸代之湯泉。所過問民疾苦，以宮人賜貧民無妻者。戊戌，蠕蠕國遣使朝獻。癸卯，車駕還宮。三月丙子，以河南公梁彌機爲宕昌王。

夏四月甲申，幸崞山。丁亥，還宮。己丑，劉準遣使朝貢。京師旱。〔七〕甲辰，祈天災於北苑，親自禮焉。減膳，避正殿。丙午，澍雨大洽。曲赦京師。五月，詔曰：「婚娉過禮，則嫁娶有失時之弊；厚葬送終，則生者有糜費之苦。聖王知其如此，故申之以禮數，約之以法禁。迺者，民漸奢尙，婚葬越軌，致貧富相高，貴賤無別。又皇族貴戚及士民之家，不惟氏族，下與非類婚偶。〔八〕先帝親發明詔，爲之科禁，而百姓習常，仍不肅改。朕今憲章舊典，祇案先制，著之律令，永爲定準。犯者以違制論。」六月己丑，幸鹿野苑。庚子，皇叔若薨。

秋七月戊辰，龜茲國遣使獻名駝七十頭。劉準遣將寇仇池，陰平太守楊廣香擊走之。八月，分遣使者考察守宰，問民疾苦。丙戌，詔罷諸州禽獸之貢。丁亥，勿吉國遣使朝獻。九月丙辰，曲赦京師。龜茲國遣使獻大馬、名駝、珍寶甚衆。冬十月壬辰，詔員外散騎常侍鄭羲使於劉準。十有一月庚戌，詔曰：「懸爵於朝，而有功者必縻其賞；懸刑於市，而有罪者必罹其辜。斯乃古今之成典，治道之實要。諸州刺史，牧民之官，自頃以來，遂各怠慢，縱姦納賂，背公緣私，致令賊盜並興，侵劫茲甚，姦宄之聲，屢聞朕聽。朕承太平之運，屬千載之期，思光洪緒，惟新庶績；亦望蕃翰羣司敷德宣惠，以助沖人，共成斯美。幸克己復禮，思愆改過，使寡昧無愧於祖宗，百姓見德於當世。有司明爲條禁，稱朕意焉。」十有二月癸巳，誅南郡王李惠。

是歲，州鎮二十餘水旱，民飢，開倉賑恤。

三年春正月癸丑，坤德六合殿成。庚申，詔罷行察官。二月辛巳，帝、太皇太后幸代郡溫泉，問民疾苦，鰥貧者以宮女妻之。己亥，還宮。壬寅，乾象六合殿成。〔九〕三月甲辰，曲赦京師。戊午，吐谷渾、高麗國各遣使朝獻。

夏四月壬申，劉準遣使朝獻。癸未，樂良王樂平薨。辛卯，蠕蠕國遣使朝獻。丙申，幸崞山。己亥，還宮。庚子，淮陽公尉元進爵爲王。吐谷渾國遣使獻氂牛五十頭。雍州刺史、宜都王目辰有罪賜死。五月丁巳，帝祈雨於北苑，閉陽門，是日澍雨大洽。辛酉，詔曰：「昔四代養老，問道乞言。朕雖沖昧，每尚其美。今賜國老各衣一襲，綿五斤，絹布各五匹。」六月辛未，以雍州民飢，開倉賑恤。起文石室、靈泉殿於方山。

秋七月壬寅，詔宮人年老及疾病者，免之。八月壬申，詔羣臣直言盡規，靡有所隱。乙亥，幸方山，起思遠佛寺。丁丑，還宮。九月壬子，以侍中、司徒、東陽王丕爲太尉；侍中、尚書右僕射、趙郡公陳建爲司徒，進爵魏郡王；侍中、尚書、河南公苟頹爲司空，進爵河東王；侍中、尚書、太原公王叡進爵中山王；侍中、尚書、隴東公張祐進爵新平王。己未，定州刺史、安樂王長樂有罪，徵詣京師，賜死。庚申，隴西王源賀薨。高麗、吐谷渾、地豆于、契丹、庫莫奚、龜茲諸國各遣使朝獻。

冬十月己巳朔，大赦天下。十有一月癸卯，賜京師貧窮、高年、疾患不能自存者衣服布帛各有差。癸丑，進假梁郡公元嘉爵爲假王，督二將出淮陰；隴西公元琛三將出廣陵；河東公薛虎子三將出壽春。蠕蠕率騎十餘萬南寇，至塞而還。十有二月，粟特、州逸、河龔、疊伏羅、員闊、悉萬斤諸國各遣使朝貢。

是年，島夷蕭道成廢其主劉準而僭立，自號曰齊。

四年春正月癸卯，乾象六合殿成。洮陽羌叛，枹罕鎮將討平之。隴西公元琛等攻克蕭道成馬頭戍。乙卯，廣川王略薨。雍州氐齊男王反，殺美陽令，州郡捕斬之。丁巳，罷畜鷹鷂之所，以其地爲報德佛寺。戊午，襄城王韓頹有罪，削爵徙邊。蕭道成徐州刺史崔文仲寇淮北，陷茬眉戍。二月，遣尙書游明根率騎二千南討。癸巳，詔曰：「朕承乾緒，君臨海內，夙興昧旦，如履薄冰。今東作方興，庶類萌動，品物資生，膏雨不降，歲一不登，百姓飢乏，朕甚懼焉。其敕天下，祀山川羣神及能興雲雨者，修飾祠堂，薦以牲璧。民有疾苦，所在存問。」三月丙午，詔車騎大將軍馮熙督衆迎還假梁郡王嘉等諸軍。乙卯，蠕蠕國遣使朝貢。

四月己卯，〔一〇〕幸廷尉、籍坊二獄，引見諸囚。詔曰：「廷尉者，天下之平，民命之所懸也。朕得惟刑之恤者，仗獄官之稱其任也。一夫不耕，將或受其餧；一婦不織，將或受其寒。今農時要月，百姓肆力之秋，而愚民陷罪者甚衆。宜隨輕重決遣，以赴耕耘之業。」辛巳，幸白登山。甲申，賜天下貧人一戶之內無雜財穀帛者廩一年。五月丙申朔，幸火山。壬寅，還宮。六月丁卯，以澍雨大洽，曲赦京師。以紬綾絹布百萬匹及南伐所俘賜王公已下。

秋七月辛亥，行幸火山。壬子，改作東明觀。詔會京師耆老，賜錦綵、衣服、几杖、稻米、蜜、麪，復家人不傜役。悉萬斤國遣使朝貢。閏月丁亥，幸虎圈，親錄囚徒，輕者皆免之。壬辰，頓丘王李鍾葵有罪賜死。蕭道成角城戍主請舉城內屬。八月丁酉，詔徐州刺史、假梁郡王嘉赴接之。又遣平南將軍郎大檀三將出朐城，將軍白吐頭二將出海西，將軍元泰二將出連口，將軍封匹三將出角城，〔一〕鎮南將軍賀羅出下蔡。甲辰，幸方山。戊申，幸武州山石窟寺。庚戌，還宮。乙卯，詔諸州置冰室。蕭道成梁州刺史崔慧景遣長史裴叔保率衆寇武興，關城氐帥楊鼠擊破之，叔保還南鄭。九月，蕭道成汝南太守常元眞、龍驤將軍胡青苟率戶內屬。乙亥，思義殿成。壬午，東明觀成。戊子，詔曰：「隆寒雪降，諸在徽纆及轉輸在都或有凍餒，朕用愍焉。可遣侍臣詣廷尉獄及有囚之所，周巡省察，飢寒者給以衣食，桎梏者代以輕鎖。」假梁郡王嘉破蕭道成將盧紹之、玄元度於朐山，其下蔡戍主棄城遁走。

冬十月丁未，詔昌黎王馮熙爲西道都督，與征南將軍桓誕出義陽；鎮南將軍賀羅，自下蔡東出鍾離。蘭陵民桓富殺其縣令，與昌慮桓和北連太山羣盜張和顏等，〔二〕聚黨保五固，推司馬朗之爲主。詔淮陽王尉元等討之。

是歲，詔以州鎮十八水旱，民飢，開倉賑恤。

五年春正月己卯，車駕南巡。丁亥，至中山。親見高年，問民疾苦。二月辛卯朔，大赦天下。賜孝悌力田、孤貧不能自存者穀帛有差；免宮人年老者還其所親。丁酉，車駕幸信都，存問如中山。癸卯，還中山。己酉，講武于唐水之陽。庚戌，車駕還都。沙門法秀謀反，伏誅。南征諸將擊破蕭道成游擊將軍桓康於淮陽。道成豫州刺史垣崇祖寇下蔡，昌黎王馮熙擊破之。假梁郡王嘉大破道成將，俘獲三萬餘口送京師。三月辛酉朔，車駕幸肆州。癸亥，講武于雲水之陽。所經，考察守宰，加以黜陟。己巳，車駕還宮。詔曰：「法秀妖詐亂常，妄說符瑞，蘭臺御史張求等一百餘人，招結奴隸，謀爲大逆，有司科以族誅，誠合刑憲。且矜愚重命，〔一三〕猶所弗忍。其五族者，降止同祖；三族，止一門；門誅，止身。」夏四月己亥，行幸方山。建永固石室於山上，立碑於石室之庭，又銘太皇太后終制于金册，又起鑒玄殿。壬子，以南俘萬餘口班賜羣臣。甲寅，詔曰：「時雨不霑，春苗萎悴。諸有骸骨之處，皆敕埋藏，勿令露見。有神祇之所，悉可禱祈。」任城王雲薨。五月庚申朔，詔曰：「廼者邊兵屢動，勞役未息，百姓因之，輕陷刑網，獄訟煩興，四民失業，朕每念之，用傷懷抱。農時要月，民須肆力，其敕天下，勿使有留獄久囚。」壬戌，鄧至國遣使朝貢。庚午，青州主簿崔次恩聚衆謀叛，州軍擊之，次恩走郁洲。六月甲辰，中山王叡薨。〔一四〕戊午，封皇叔簡爲齊郡王，猛爲安豐王。

秋七月甲子，蕭道成遣使朝貢。辛酉，蠕蠕別帥他稽率衆內附。甲戌，班乞養雜戶及戶籍之制五條。九月庚子，閱武於南郊，大饗羣臣。蕭道成使車僧朗以班在劉準使殷靈誕之後，辭不就席。劉準降人解奉君，刃僧朗於會中。詔誅奉君等。乙亥，封昌黎王馮熙世子誕爲南平王。兗州斬司馬朗之，傳首京師。

冬十月癸卯，蠕蠕國遣使朝貢。十有二月癸巳，詔以州鎭十二民飢，開倉賑恤。

六年春正月甲戌，大赦天下。二月辛卯，詔曰：「靈丘郡土旣褊塉，又諸州路衝，官私所經，供費非一，往年巡行，見其勞瘁，可復民租調十五年。」癸巳，白蘭王吐谷渾翼世以誣罔伏誅。乙未，詔曰：「蕭道成逆亂江淮，戎旗頻擧，七州之民旣有征運之勞，深乖輕徭之義，朕甚愍之。其復常調三年。」戊申，地豆于國遣使朝貢。癸丑，賜王公已下淸勤著稱者穀帛有差。三月庚辰，行幸虎圈，詔曰：「虎狼猛暴，食肉殘生，取捕之日，每多傷害，旣無所益，損費良多，從今勿復捕貢。」辛巳，幸武州山石窟寺，賜貧老者衣服。壬午，幸方山。是月，蕭道成死，子賾僭立。

夏四月甲辰，賜畿內鰥寡孤獨不能自存者粟帛有差。六月，蠕蠕國遣使朝貢。

秋七月，發州郡五萬人治靈丘道。八月癸未朔，分遣大使，巡行天下遭水之處，丐民租賦，貧儉不自存者，〔一五〕賜以粟帛。庚子，罷山澤之禁。九月辛酉，以氐楊後起爲武都王。

冬十有一月乙卯，吐谷渾國遣使朝貢。十有二月丁亥，詔曰：「朕以寡薄，政缺平和，不能仰緝緯象，蠲茲六沴。去秋淫雨，洪水爲災，百姓嗷然，朕用嗟愍，故遣使者循方賑恤。而牧守不思利民之道，期於取辦。愛毛反裘，甚無謂也。今課督未入及將來租算，一以丐之。有司勉加勸課，以要來穰，稱朕意焉。」

七年春正月庚申，詔曰：「朕每思知百姓之所疾苦，以增修寬政，而明不燭遠，實有缺焉。故具問守宰苛虐之狀於州郡使者、秀孝、計掾，而對多不實，甚乖朕虛求之意。宜案以大辟，明罔上必誅。然情猶未忍，可恕罪聽歸。申下天下，使知後犯無恕。」丁卯，詔青、齊、光、東徐四州之民，戶運倉粟二十石，〔一六〕送瑕丘、琅邪，復租算一年。三月甲戌，以冀定二州民飢，詔郡縣爲粥於路以食之，又弛關津之禁，任其去來。

夏四月庚子，幸崞山，賜所過鰥寡不能自存者衣服粟帛。壬寅，車駕還宮。閏月癸丑，皇子生，大赦天下。五月戊寅朔，幸武州山石窟佛寺。六月，定州上言，爲粥給飢人，所活九十四萬七千餘口。

秋七月丁丑，帝、太皇太后幸神淵池。甲申，幸方山。詔假員外散騎常侍李彪、員外郎蘭英使於蕭賾。濟南王羅拔改封趙郡王。九月壬寅，詔曰：「朕承祖宗，夙夜惟懼，然聽政之際，猶慮未周，至於案文審獄，思聞己過。自今羣官奏事，當獻可替否，無或面從，俾朕之過，彰於遠近。」冀州上言，爲粥給飢民，所活七十五萬一千七百餘口。

冬十月戊午，皇信堂成。十有一月辛丑，蕭賾遣使朝貢。十有二月癸丑，詔曰：「淳風行於上古，禮化用乎近葉。是以夏殷不嫌一族之婚，周世始絕同姓之娶。斯皆教隨時設，治因事改者也。皇運初基，中原未混，撥亂經綸，日不暇給，古風遺樸，未遑釐改，後遂因循，迄茲莫變。朕屬百年之期，當後仁之政，思易質舊，式昭惟新。自今悉禁絕之，有犯以不道論。」庚午，開林慮山禁，與民共之。詔以州鎮十三民飢，開倉賑恤。

八年春正月，詔隴西公元琛、尙書陸叡爲東西二道大使，褒善罰惡。二月，蠕蠕國遣使朝獻。

夏四月甲寅，幸方山。戊午，車駕還宮。庚申，行幸旋鴻池，遂幸崞山。丁卯，還宮。五月己卯，詔賑賜河南七州戍兵。甲申，詔員外散騎常侍李彪、員外郎蘭英使於蕭賾。六月丁卯，詔曰：「置官班祿，行之尙矣。周禮有食祿之典，二漢著受俸之秩。逮于魏晉，莫不聿稽往憲，以經綸治道。自中原喪亂，茲制中絕，先朝因循，未遑釐改。朕永鑒四方，求民之瘼，夙興昧旦，至於憂勤。故憲章舊典，始班俸祿。罷諸商人，以簡民事。戶增調三匹、穀二斛九斗，以爲官司之祿。均預調爲二匹之賦，〔一七〕卽兼商用。雖有一時之煩，終克永逸之益。祿行之後，贓滿一匹者死。變法改度，宜爲更始，其大赦天下，與之惟新。」戊辰，武州水泛濫，壞民居舍。

秋七月乙未，行幸方山石窟寺。

八月甲辰，詔曰：「帝業至重，非廣詢無以致治；王務至繁，非博採無以興功。先王知其如此，故虛己以求過，明恕以思咎。是以諫鼓置於堯世，謗木立於舜庭，用能耳目四達，庶類咸熙。朕承累聖之洪基，屬千載之昌運，每布遐風，景行前式。承明之初，班下內外，聽人各盡規，以補其闕。中旨雖宣，允稱者少。故變時法，遠遵古典，班制俸祿，改更刑書。寬猛未允，人或異議，思言者莫由申情，求諫者無因自達，故令上明不周，下情壅塞。今制百辟卿士，工商吏民，各上便宜。利民益治，損化傷政，直言極諫，勿有所隱，務令辭無煩華，理從簡實。朕將親覽，以知世事之要，使言之者無罪，聞之者足以爲戒。」九月甲午，蕭賾遣使朝貢。戊戌，詔曰：「俸制已立，宜時班行，其以十月爲首，每季一請。」於是內外百官，受祿有差。

冬十月，高麗國遣使朝貢。蕭賾雙城戍主王繼宗內屬。十有一月乙未，詔員外散騎常侍李彪、員外郎蘭英使於蕭賾。十有二月，詔以州鎭十五水旱，民飢，遣使者循行，問所疾苦，開倉賑恤。

九年春正月戊寅，詔曰：「圖讖之興，起於三季。既非經國之典，徒爲妖邪所憑。自今圖讖、祕緯及名爲孔子閉房記者，一皆焚之。留者以大辟論。又諸巫覡假稱神鬼，妄說吉凶，及委巷諸卜非墳典所載者，嚴加禁斷。」癸未，大饗羣臣于太華殿，班賜皇誥。二月己亥，制皇子封王者、皇孫及曾孫紹封者、皇女封者歲祿各有差。以廣陽王建第二子嘉紹建後，爲廣陽王。乙巳，詔曰：「昔之哲王，莫不博採下情，勤求箴諫，建設旌鼓，詢納芻蕘。朕班祿删刑，慮不周允，虛懷讜直，思顯洪猷。百司卿士及工商吏民，其各上書極諫，靡有所隱。」三月丙申，宕昌國遣使朝貢。封皇弟禧爲咸陽王，幹爲河南王，羽爲廣陵王，雍爲潁川王，勰爲始平王，詳爲北海王。

夏四月癸丑，幸方山。甲寅，還宮。五月，高麗國及蕭賾並遣使朝貢。六月辛亥，幸方山，遂幸靈泉池。丁巳，還宮。

秋七月丙寅朔，新作諸門。癸未，遣使拜宕昌王梁彌機兄子彌承爲其國王。戊子，幸魚池，登青原岡。甲午，還宮。

八月己亥，行幸彌澤。甲寅，登牛頭山。庚申，詔曰：「數州災水，飢饉荐臻，致有賣鬻男女者。天之所譴，在予一人，而百姓無辜，橫罹艱毒，朕用殷憂夕惕，忘食與寢。今自太和六年已來，買定、冀、幽、相四州飢民良口者，盡還所親，雖娉爲妻妾，遇之非理，情不樂者亦離之。」甲子，還宮。

冬十月丁未，詔曰：「朕承乾在位，十有五年。每覽先王之典，經綸百氏，儲畜既積，黎元永安。爰暨季葉，斯道陵替，富强者并兼山澤，貧弱者望絕一廛，致令地有遺利，民無餘財，或爭畝畔以亡身，或因飢饉以棄業，而欲天下太平，百姓豐足，安可得哉？今遣使者，循行州郡，與牧守均給天下之田，還受以生死爲斷，勸課農桑，興富民之本。」戊申，高麗、吐谷渾國並遣使朝貢。辛酉，侍中、司徒、魏郡王陳建薨。詔員外散騎常侍李彪、尚書郎公孫阿六頭使蕭賾。十有二月乙卯，侍中、淮南王他爲司徒。蠕蠕犯塞，詔任城王澄率衆討之。

是年，京師及州鎮十三水旱傷稼。宕昌、高麗、吐谷渾等國並遣使朝貢。

校勘記

〔一〕詔軍警給璽印傳符次給馬印　御覽卷六八四三〇五〇頁、册府卷六〇六六六八頁「璽印」作「雀印」。「雀印」「馬印」當指印紐，疑作「雀」是。

〔二〕詔州郡縣各遣二人才堪專對者赴九月講武當親問風俗　冊府卷六七七五二頁「赴」下有「行在所」三字。按「赴九月講武」，雖也可通，語較澀，疑脫「行在所」三字。

〔三〕乙亥　北史卷三殿本「乙亥」作「丁亥」，考證云：「據上文云『九月辛巳，車駕還宮』，下文云『己亥，詔囚死不得暴露』，則此十九日內，定應作『丁』。」按辛巳、己亥間不得有「乙亥」，定有誤，但也可能誤在「亥」字。

〔四〕武都王反攻仇池　通鑑卷一三三四一七五頁「武都王」作「武都氐」。按宋書卷五八氐胡傳，稱泰豫元年四七二，封楊文度爲武都王，卽魏延興二年，則此武都王應卽文度。但魏書稱「文度自立爲武興王，遣使歸順」，亦卽在延興二、三年間，不聞有攻仇池事。且魏書例不稱楊氏所受宋的封爵，下文太和元年止稱文度爲「劉準葭蘆戍主」可證。（卽使破例稱宋封爵，此時也應稱劉昱武都王。）通鑑作「武都氐」，考異無文，則傳本「王」字可能爲「氐」之訛。

〔五〕羣官卿士下及吏民　冊府卷一〇二一二二一頁「官」作「公」。按「羣公卿士」是成語，上文八月詔卽有「羣公卿士其各勉厥心」句。這裏「官」字當訛。

〔六〕推上本部丞　北史卷三、通鑑卷一三四四二〇〇頁「推上」作「唯止」。殿本依北史改。百衲、南、北、汲、局本都作「推上」。按作「唯止」語意較明，但「推上」亦可通，今從百衲等本。

〔七〕京師旱　百衲本「旱」字空格，諸本都作「蝗」，北史卷三、御覽卷一〇三四九二頁、冊府卷一六二七七頁和本書卷一〇八天象志一都作「旱」。御覽、册府採自魏書，却和北史同，知魏書本也作「旱」。今據作「旱」。

〔八〕不惟氏族下與非類婚偶　諸本和北史卷三「下」上有「高」字，百衲本無。按册府卷六二一六九七頁、通鑑卷一三〇四二一七頁也沒有「高」字，諸本當是據北史增。今從百衲本，「下」字連下讀。

〔九〕壬寅乾象六合殿成　按這條和四年正月癸卯條重複。北史卷三本年不書，只記于四年，疑這裏是衍文。

〔一〇〕四月己卯　諸本「己卯」作「乙卯」。按上文三月已有「乙卯」，不應四月又有此日。本年四月丙寅朔，無「乙卯」，下文見「辛巳」，則「乙卯」乃「己卯」之訛，今改正。又「四月」上當脫「夏」字。

〔一一〕將軍封匹三將出角城　按通鑑卷一三五四二三九頁、本書卷九八蕭道成傳「封匹」都作「封延」，疑「匹」字訛，但册府卷一二一一四四九頁也作「封匹」，今不改。

〔一二〕蘭陵民桓富至張和顏等　按南齊書卷二七李安民傳記此事云：「徐州民桓標之、兗州人徐猛子等合義衆數萬，柴險求援。」通鑑卷一三五四二四一頁考異認爲「桓富卽標之」。

〔一三〕且矜愚重命　北史卷三、册府卷一五〇一八一二頁「且」作「但」。按文義當作「但」。

〔一四〕中山王叡薨　按王叡，卷九三恩幸傳有傳，太和三年封中山王，異姓王公例當書姓，這裏「王」下當脫一「王」字。

〔一五〕貧儉不自存者　册府卷一〇五一二五四頁「不」下有「能」字。按文義當有「能」字，上文四月和下文七年四月都作「不能自存者」可證。

〔一六〕詔靑齊光東徐四州之民戶運倉粟二十石　諸本及北史卷三「石」上有「萬」字，百衲本無。按册府卷四九〇五八五八頁也沒有「萬」字。這裏是指每一民戶的運粟量，今從百衲本。又册府「光」作「兗」。據本書卷一〇五中地形志中光州條，稱延興五年四七五已改爲鎭，至景明元年五〇〇始復。太和七年四八三不應有「光州」，似作「兗州」是。但下太和十九年四九五十月又見「光州」，地形志以爲景明元年始復，未必是。今仍之。參卷一〇五中校記〔一六〕。

〔一七〕均預調爲二匹之賦　卷一一〇食貨志此句作「後通典卷五作「復」增調外帛滿二匹」。

魏書卷七下

高祖紀第七下

十年春正月癸亥朔，帝始服袞冕，朝饗萬國。壬午，蠕蠕犯塞。二月甲戌，初立黨、里、隣三長，定民戶籍。三月丙申，蠕蠕國遣使朝貢。庚申，蕭賾遣使朝貢。夏四月辛酉朔，始制五等公服。甲子，帝初以法服御輦，祀於西郊。癸酉，幸靈泉池。戊寅，車駕還宮。是月，高麗、吐谷渾國並遣使朝貢。六月辛酉，幸方山。己卯，名皇子曰恂，大赦天下。

秋七月戊戌，幸方山。八月乙亥，給尚書五等品爵已上朱衣、玉珮、大小組綬。九月辛卯，詔起明堂、辟雍。

冬十月癸酉，有司議依故事，配始祖於南郊。十有一月，議定州郡縣官依戶給俸。十有二月壬申，蠕蠕犯塞。癸未，勿吉國遣使朝貢。乙酉，詔以汝南、潁川大飢，丐民田租，開倉賑恤。

十有一年春正月丁亥朔，詔定樂章，非雅者除之。二月甲子，詔以肆州之鴈門及代郡民飢，開倉賑恤。

夏四月己未，吐谷渾國遣使朝貢。五月壬辰，幸靈泉池，遂幸方山。癸巳，南平王渾薨。甲午，車駕還宮。詔復七廟子孫及外戚緦服已上，賦役無所與。詔南部尚書公孫文慶、上谷張伏千率衆南討舞陰。山闕高麗、吐谷渾國遣使朝貢。六月辛巳，秦州民飢，開倉賑恤。癸未，詔曰：「春旱至今，野無青草。上天致譴，實由匪德。百姓無辜，將罹飢饉。寤寐思求，罔知所益。公卿內外股肱之臣，謀猷所寄，其極言無隱，以救民瘼。」

秋七月己丑，詔曰：「今年穀不登，聽民出關就食，遣使者造籍，分遣去留，所在開倉賑恤。」八月壬申，蠕蠕犯塞，遣平原王陸叡討之。事具蠕蠕傳。庚辰，大議北伐，進策者百有餘人。辛巳，罷山北苑，以其地賜貧民。悉萬斤國遣使朝獻。九月庚戌，詔曰：「去夏以歲旱民飢，須遣就食，舊籍雜亂，難可分簡，故依局割民，閱戶造籍，欲令去留得實，賑貸平均。然乃者以來，猶有餓死衢路，無人收識。良由本部不明，籍貫未實，廩恤不周，以至於此。朕猥居民上，聞用慨然。可重遣精檢，勿令遺漏。」

冬十月辛未，詔罷起部無益之作，出宮人不執機杼者。甲戌，詔曰：「鄉飲禮廢，則長幼之叙亂。孟冬十月，民閑歲隙，宜於此時導以德義。可下諸州，黨里之內，推賢而長者，教其里人父慈、子孝、兄友、弟順、夫和、妻柔。不率長教者，具以名聞。」十有一月丁未，詔罷尙方錦繡綾羅之工，四民欲造，任之無禁。其御府衣服、金銀、珠玉、綾羅、錦繡，太官雜器，太僕乘具，內庫弓矢，出其太半，班賚百官及京師士庶，下至工商皂隸，逮於六鎭戍士，各有差。戊申，詔曰：「朕惟上政不明，令民陷身罪戾。今寒氣勁切，杖捶難任。自今月至來年孟夏，不聽拷問罪人。又歲旣不登，民多飢窘，輕繫之囚，宜速決了，無令薄罪久留獄犴。」十有二月，詔祕書丞李彪、著作郎崔光改析國記，依紀傳之體。

是歲大飢，詔所在開倉賑恤。

十有二年春正月辛巳朔，初建五牛旌旗。乙未，詔曰：「鎭戍流徙之人，年滿七十，孤單窮獨，雖有妻妾而無子孫，諸如此等，聽解名還本。諸犯死刑者，父母、祖父母年老，更無成人子孫，旁無期親者，具狀以聞。」二月壬戌，高麗國遣使朝貢。三月丁亥，宕昌國遣使朝獻。中散梁衆保等謀反，伏誅。

夏四月，高麗、吐谷渾國並遣使朝貢。蕭賾將陳顯達等寇邊。甲寅，詔豫州刺史元斤率衆禦之。甲子，大赦天下。乙丑，幸靈泉池；丁卯，遂幸方山。己巳，還宮。陳顯達攻陷醴陽，左僕射、長樂王穆亮率騎一萬討之。五月丁酉，詔六鎮、雲中、河西及關內六郡，各修水田，通渠溉灌。壬寅，增置彝器於太廟。六月甲寅，宕昌國遣使朝貢。

秋七月己丑，幸靈泉池，遂幸方山。己亥，還宮。八月甲子，勿吉國貢楛矢、石砮。九月，吐谷渾、宕昌國遣使朝貢。甲午，詔曰：「日月薄蝕，陰陽之恒度耳，聖人懼人君之放怠，因之以設誡，故稱『日蝕修德，月蝕修刑』。廼癸巳夜，月蝕盡。公卿已下，宜愼刑罰以答天意。」丁酉，起宣文堂、經武殿。癸卯，侍中、司徒、淮南王他薨。吐谷渾、宕昌、武興諸國各遣使朝貢。閏月甲子，帝觀築圓丘於南郊。乙丑，高麗國遣使朝貢。辛未，幸靈泉池。癸酉，還宮。

十有一月，詔以二雍、豫三州民飢，開倉賑恤。梁州刺史、臨淮王提坐貪縱，徙配北鎮。十有二月，蠕蠕伊吾戍主高羔子率衆三千以城內附。以侍中、安豐王猛爲開府儀同三司。

十有三年春正月辛亥，車駕有事於圓丘。於是初備大駕。乙丑，兗州民王伯恭聚衆勞山，自稱齊王。東萊鎭將孔伯孫討斬之。戊辰，蕭賾遣衆寇邊，淮陽太守王僧儁擊走之。二月壬午，高麗國遣使朝獻。庚子，引羣臣訪政道得失損益之宜。三月甲子，吐谷渾國遣使朝獻。夏州刺史章武王彬以貪賕削封。

夏四月丁丑，詔曰：「昇樓散物，以賚百姓，至使人馬騰踐，多有毀傷，今可斷之，以本所費之物，賜窮老貧獨者。」丁亥，幸靈泉池，遂幸方山。己丑，還宮。吐谷渾國遣使朝貢。州鎮十五大飢，詔所在開倉賑恤。五月庚戌，車駕有事於方澤。六月，汝陰王天賜、南安王楨並坐贓賄免爲庶人。高麗國遣使朝貢。

秋七月甲辰，陰平國遣使朝貢。丙寅，幸靈泉池，與羣臣御龍舟，賦詩而罷。立孔子廟於京師。八月乙亥，詔兼員外散騎常侍邢產、兼員外散騎侍郎侯靈紹使於蕭賾。戊子，詔諸州鎮有水田之處，各通溉灌，遣匠者所在指授。中尺國遣使朝貢。九月丁未，吐谷渾、武興、宕昌諸國各遣使朝獻。出宮人以賜北鎮人貧鰥無妻者。

冬十月甲申，高麗國遣使朝貢。十有一月己未，安豐王猛薨。十有二月丙子，侍中、司空、河東王苟頹薨。甲午，蕭賾遣使朝貢。己亥，以尚書令尉元爲司徒，左僕射穆亮爲司空。

是歲，蠕蠕別帥叱呂勤率衆內附。

十有四年春正月乙丑，行幸方山。二月辛未，行幸靈泉池。壬申，還宮。戊寅，初詔定起居注制。己卯，詔遣侍臣循行州郡，問民疾苦。三月壬申，吐谷渾、宕昌、武興、陰平諸國並遣使朝貢。

夏四月，地豆于頻犯塞，甲戌，征西大將軍、陽平王頤擊走之。〔一〕甲午，詔兼員外散騎常侍邢產、兼員外散騎侍郎蘇季連使於蕭賾。五月己酉，庫莫奚犯塞，安州都將樓龍兒擊走之。沙門司馬惠御自言聖王，〔二〕謀破平原郡。擒獲伏誅。

秋七月甲辰，詔罷都牧雜制。丙午，行幸方山；丙辰，遂幸靈泉池。高麗國遣使朝貢。八月丙寅朔，車駕還宮。辛卯，宕昌國遣使朝貢。詔議國之行次。九月癸丑，太皇太后馮氏崩。壬戌，高麗國遣使朝貢。詔聽蕃鎮曾經內侍者前後奔赴。

冬十月戊辰，詔曰：「自丁荼苦，奄踰晦朔。仰遵遺旨，祖奠有期。朕將親侍龍輿，奉訣陵隧。諸常從之具，悉可停之。其武衞之官，防侍如法。」癸酉，葬文明太皇太后於永固陵。甲戌，車駕謁永固陵。羣臣固請公除，帝不許。己卯，車駕謁永固陵。庚辰，帝居廬，引見羣僚於太和殿，太尉、東陽王丕等據權制固請，帝引古禮往復，羣臣乃止。語在禮志。京兆王太興有罪，免官削爵。

詔曰：「公卿屢依金冊遺旨，中代權式，請過葬卽吉。朕思遵遠古，終三年之制。依禮，既虞卒哭。此月二十一日授服，以葛易麻。既衰服在上，公卿不得獨釋於下，故於朕之授服，變從練禮，已下復爲節降，斟酌今古，以制厥衷，且取遺旨速除之一端，粗申臣子罔極之巨痛。」癸未，詔曰：「朕遠遵古式，欲終三年之禮。百辟羣官，據金册顧命，將奪朕心，從先朝之制。朕仰惟金册，俯自推省，取諸二夷，不許衆議，以衰服過期，終四節之慕。又奉聖訓，聿修誥旨，不敢闇默自居，以曠機政。庶不愆遺令之意，差展哀慕之情。普下州鎮，長至三元，絕告慶之禮。」甲申，車駕謁永固陵。辛卯，詔曰：「羣官以萬機事重，請求聽政。朕仰祗遺命，亦思無怠。但哀慕纏綿，心神迷塞，未堪自力以親政事。近侍先掌機衡者，皆謀猷所寄，且可任之，如有疑事，當時與論決。」十有一月甲寅，詔曰：「垂及至節，感慕崩摧，凡在臣列，誰不哽切。內外職人先朝班次及諸方雜客，冬至之日，盡聽入臨。三品已上衰服者至夕復臨，其餘，唯旦臨而已。其拜哭之節，一依別儀。」丁巳，蕭賾遣使朝貢。

十有二月壬午，詔依準丘井之式，遣使與州郡宣行條制，隱口漏丁，卽聽附實。若朋附豪勢，陵抑孤弱，罪有常刑。

十五年春正月丁卯，帝始聽政於皇信東室。初分置左右史官。吐谷渾國遣使朝貢。二月乙亥，枹罕鎮將長孫百年請討吐谷渾所置洮陽、泥和二戍，許之。己丑，蕭賾遣使朝貢。三月甲辰，車駕謁永固陵。己酉，悉萬斤等五國遣使朝貢。夏四月癸亥，帝始進蔬食。乙丑，謁永固陵。自正月不雨，至于癸酉。有司奏祈百神，詔曰：「昔成湯遇旱，齊景逢災，並不由祈山川而致雨，皆至誠發中，澍潤千里。萬方有罪，在予一人。今普天喪恃，幽顯同哀，神若有靈，猶應未忍安饗，何宜四氣未周，便欲祀事。唯當考躬責己，以待天譴。」甲戌，詔員外散騎常侍李彪、尚書郎公孫阿六頭使於蕭賾。己卯，經始明堂，改營太廟。〔三〕五月己亥，議改律令，於東明觀折疑獄。〔四〕乙卯，百年攻洮陽、泥和二戍，克之，俘獲三千餘人，詔悉免歸。高麗國遣使朝獻。丙辰，詔造五輅。六月丁未，濟陰王鬱以貪殘賜死。

秋七月乙丑，謁永固陵，規建壽陵。戊寅，吐谷渾國遣使朝貢。己卯，詔議祖宗，以道武爲太祖。乙酉，車駕巡省京邑，聽訟而還。八月壬辰，議養老，又議肆類上帝、禋于六宗之禮，帝親臨決。詔郡國有時物可以薦宗廟者，貢之。戊戌，移道壇於桑乾之陰，改曰崇虛寺。己亥，詔諸州舉秀才，先盡才學。乙巳，親定禘祫之禮。丁巳，議律令事，仍省雜祀。九月辛巳，蕭賾遣使朝貢。壬午，吐谷渾、高麗、宕昌、鄧至諸國並遣使朝獻。

冬十月庚寅，車駕謁永固陵。是月，明堂、太廟成。十有一月丁卯，遷七廟神主於新廟。乙亥，大定官品。戊寅，考諸牧守。詔假通直散騎常侍李彪、假散騎侍郎蔣少遊使蕭賾。丙戌，初罷小歲賀。丁亥，詔二千石考在上上者，假四品將軍，賜乘黃馬一匹；上中者，五品將軍；上下者，賜衣一襲。十有二月壬辰，遷社於內城之西。癸巳，頒賜刺史已下衣冠。以安定王休爲太傅，齊郡王簡爲太保。帝爲高麗王璉舉哀於城東行宮。己酉，車駕迎春於東郊。辛亥，詔簡選樂官。

十有六年春正月戊午朔，饗羣臣於太華殿。帝始爲王公興，懸而不樂。己未，宗祀顯祖獻文皇帝於明堂，以配上帝。遂升靈臺，以觀雲物；降居青陽左个，布政事。每朔，依以爲常。辛酉，始以太祖配南郊。壬戌，詔定行次，以水承金。甲子，詔罷祖禊。（疑）乙丑，制諸遠屬非太祖子孫及異姓爲王，皆降爲公，公爲侯，侯爲伯，子男仍舊，皆除將軍之號。戊辰，帝臨思義殿，策問秀孝。丙子，始以孟月祭廟。二月戊子，帝移御永樂宮。庚寅，壞太華殿，經始太極。辛卯，罷寒食饗。壬辰，幸北部曹，歷觀諸省，巡省京邑，聽理寃訟。甲午，初朝日于東郊，遂以爲常。丁酉，詔祀唐堯於平陽，虞舜於廣寧，夏禹於安邑，周文於洛陽。〔五〕丁未，改謚宣尼曰文聖尼父，告謚孔廟。三月丁卯，巡省京邑。癸酉，省西郊郊天雜事。乙亥，車駕初迎氣南郊，自此爲常。辛巳，以高麗王璉孫雲爲其國王。蕭賾遣使朝貢。是月，高麗、鄧至國並遣使朝貢。

四月丁亥朔，班新律令，大赦天下。癸巳，契齧國遣使朝貢。甲寅，幸皇宗學，親問博士經義。五月癸未，詔羣臣於皇信堂更定律條，流徒限制，帝親臨決之。六月己丑，高麗國遣使朝貢。甲辰，詔曰：「務農重穀，王政所先；勸率田疇，君人常事。今四氣休序，時澤滂潤，宜用天分地，悉力東畝。然京師之民，遊食者衆，不加督勸，或芸耨失時。可遣明使檢察勤惰以聞。」

秋七月庚申，吐谷渾世子賀虜頭來朝。壬戌，詔曰：「王者設官分職，垂拱責成，振網舉綱，衆目斯理。朕德謝知人，豈能一見鑒識，徒乖爲君委授之義。自今選舉，每以季月，本曹與吏部銓簡。」甲戌，詔兼員外散騎常侍宋弁、兼員外散騎侍郎房亮使於蕭賾。八月庚寅，車駕初夕月於西郊，遂以爲常。辛卯，高麗國遣使朝貢。乙未，詔陽平王頤、左僕射陸叡督十二將七萬騎北討蠕蠕。丙午，宕昌王梁彌承來朝。司徒尉元以老遜位。己酉，以尉元爲三老，游明根爲五更。又養國老、庶老。將行大射之禮，雨，不克成。

癸丑，詔曰：「文武之道，自古並行，威福之施，必也相藉。故三、五至仁，尚有征伐之事；夏殷明叡，未捨兵甲之行。然則天下雖平，忘戰者殆；不敎民戰，可謂棄之。是以周立司馬之官，漢置將軍之職，皆所以輔文强武，威肅四方者矣。國家雖崇文以懷九服，修武以寧八荒，然於習武之方，猶爲未盡。今則訓文有典，敎武闕然。將於馬射之前，先行講武之式，可敕有司豫修場埒。其列陣之儀，五戎之數，別俟後敕。」九月甲寅朔，大序昭穆於明堂，祀文明太皇太后於玄室。辛未，帝以文明太皇太后再周忌日，哭於陵左，絕膳二日，哭不輟聲。辛巳，武興王楊集始來朝。冬十月乙酉，鄧至國遣使朝獻。己亥，以太傅、安定王休爲大司馬，特進馮誕爲司徒。甲辰，詔以功臣配饗太廟。丙午，高麗國遣使朝獻。庚戌，太極殿成，大饗羣臣。十有一月乙卯，依古六寢，權制三室，以安昌殿爲內寢，皇信堂爲中寢，四下疑爲外寢。〔六〕十有二月，賜京邑老人鳩杖。是月，蕭賾遣使朝貢。

十有七年春正月壬子朔，帝饗百僚於太極殿。乙丑，詔曰：「夫駿奔入覲，臣下之常式；錫馬賜車，君人之恒惠。今諸邊君蕃胤，皆虔集象魏，趨鏘紫庭。貢饗旣畢，言旋無遠。各可依秩賜車旗衣馬，務令優厚。其武興、宕昌，各賜錦繒纊一千；吐谷渾世子八百；鄧至世子，雖因緣至都，亦宜賚及，可賜三百。命數之差，皆依別牒。」詔兼員外散騎侍郎劉承叔使於蕭賾。〔七〕乙亥，勿吉國遣使朝獻。丙子，以吐谷渾伏連籌爲其國王。庚辰，謁大司馬、安定王休，太保、齊郡王簡朔望之朝。二月乙酉，詔賜議律令之官各有差。己丑，車駕始籍田於都南。三月戊辰，改作後宮，帝幸永興園，徙御宣文堂。吐谷渾國遣使朝獻。夏四月戊戌，立皇后馮氏。是月，蕭賾征虜將軍、直閤將軍、蠻酋田益宗率部落四千餘戶內屬。五月乙卯，宕昌、陰平、契丹、庫莫奚諸國並遣使朝獻。壬戌，宴四廟子孫於宣文堂，帝親與之齒，行家人之禮。甲子，帝臨朝堂，引見公卿已下，決疑政，錄囚徒。丁丑，以旱撤膳。襄陽蠻酋雷婆思等率一千三百餘戶內徙，居於太和川。六月丙戌，帝將南伐，詔造河橋。己丑，詔免徐、南豫、陝、岐、東徐、洛、豫七州軍糧。丁未，講武。乙巳，詔曰：「六職備于周經，九列炳於漢晉，務必有恒，人守其職。比百秩雖陳，事典未敍。自八元樹位，躬加省覽，遠依往籍，近採時宜，作職員令二十一卷。事迫戎期，未善周悉。雖不足綱範萬度，永垂不朽，且可釋滯目前，釐整時務。須待軍回，更論所闕，權可付外施行。其有當局所疑而令文不載者，隨事以聞，當更附之。」立皇子恂爲皇太子。戊申，高麗國遣使朝獻。

秋七月癸丑，以皇太子立，詔賜民爲人後者爵一級，爲公士；曾爲吏屬者爵二級，爲上造；鰥寡孤獨不能自存者，人粟五斛。戊午，中外戒嚴。是月，蕭賾死，孫昭業僭立。八月乙酉，三老、山陽郡公尉元薨。丙戌，車駕類於上帝，遂臨尉元喪。丁亥，帝辭永固陵。己丑，車駕發京師，南伐，步騎百餘萬。太尉丕奏請以宮人從，詔曰：「臨戎不語內事，宜停來請。」壬寅，車駕至肆州，民年七十已上，賜爵一級。路見眇跛者，停駕親問，賜衣食終身。戊申，幸并州。親見高年，問所疾苦。九月壬子，詔兼員外散騎常侍高聰、兼員外散騎侍郎賈禎使於蕭昭業。丁巳，詔以車駕所經，傷民秋稼者，畝給穀五斛。戊辰，濟河。詔洛、懷、并、肆所過四州之民：百年以上假縣令，九十以上賜爵三級，八十以上賜爵二級，七十以上賜爵一級；鰥寡孤獨不能自存者，粟人五斛，帛二匹；孝悌廉義、文武應求者，皆以名聞。又詔廝養之戶不得與士民婚；有文武之才、積勞應進者同庶族例，聽之。庚午，幸洛陽，周巡故宮基趾。帝顧謂侍臣曰：「晉德不修，早傾宗祀，荒毁至此，用傷朕懷。」遂詠黍離之詩，爲之流涕。壬申，觀洛橋，幸太學，觀石經。乙亥，鄧至王像舒彭遣子舊詣闕朝貢，幷奉表，求以位授舊，詔許之。丙子，詔六軍發軫。丁丑，戎服執鞭，御馬而出，羣臣稽顙於馬前，請停南伐，帝乃止。仍定遷都之計。

冬十月戊寅朔，幸金墉城。詔徵司空穆亮與尚書李沖、將作大匠董爵經始洛京。己卯，幸河南城。乙酉，幸豫州。癸巳，次於石濟。乙未，解嚴，設壇於滑臺城東，告行廟以遷都之意。大赦天下。起滑臺宮。又詔京師及諸州從戎者賜爵一級，應募者加二級，主將加三級。癸卯，幸鄴城。乙巳，詔安定王休率從官迎家於代京，車駕送於漳水上。初，帝之南伐也，起宮殿於鄴西；十有一月癸亥，宮成，徙御焉。十有二月戊寅，巡省六軍。庚寅，陰平國遣使朝貢。乙未，詔隱恤軍士，死亡疾病務令優給。

十有八年春正月丁未朔，朝羣臣於鄴宮澄鸞殿。丁巳，高麗國遣使朝獻。癸亥，車駕南巡。詔相、兗、豫三州：百年以上假縣令，九十以上賜爵二級，七十以上賜爵一級；孤老鰥寡不能自存者，賜粟五石、帛二匹；孝悌廉義、文武應求者，皆以名聞。戊辰，經殷比干之墓，祭以太牢。乙亥，幸洛陽西宮。二月乙丑，行幸河陰，規建方澤之所。丙申，河南王幹徙封趙郡，潁川王雍徙封高陽。壬寅，車駕北巡。癸卯，濟河。蕭昭業遣使朝貢。甲辰，詔天下，喻以遷都之意。閏月癸亥，次句注陘南，皇太子朝于蒲池。壬申，至平城宮。癸酉，臨朝堂，部分遷留。甲戌，謁永固陵。三月庚辰，罷西郊祭天。壬辰，帝臨太極殿，諭在代羣臣以遷移之略。

夏五月乙亥，詔罷五月五日、七月七日饗。六月己巳，詔兼員外散騎常侍盧昶、兼員外散騎侍郎王清石使於蕭昭業。

秋七月乙亥，以宋王劉昶爲大將軍。壬午，侍中、大司馬、安定王休薨。辛卯，高麗國遣使朝貢。壬辰，車駕北巡。戊戌，謁金陵。辛丑，幸朔州。是月，島夷蕭鸞殺其主蕭昭業，立昭業弟昭文。八月癸卯，皇太子朝於行宮。甲辰，行幸陰山，觀雲川。丁未，幸閱武臺，臨觀講武。癸丑，幸懷朔鎮。己未，幸武川鎮。辛酉，幸撫冥鎮。甲子，幸柔玄鎮。乙丑，南還。所過皆親見高年，問民疾苦，貧窘孤老賜以粟帛。丙寅，詔六鎮及禦夷城人，年八十以上而無子孫兄弟，終身給其廩粟；七十以上家貧者，各賜粟十斛。又詔諸北城人，年滿七十以上及廢疾之徒，校其元犯，以準新律，事當從坐者，聽一身還鄉，又令一子扶養，終命之後，乃遣歸邊；自餘之處，如此之犯，年八十以上，皆聽還。戊辰，車駕次旋鴻池。庚午，謁永固陵。辛未，還平城宮。九月壬申朔，詔曰：「三載考績，自古通經；三考黜陟，以彰能否。今若待三考然後黜陟，可黜者不足爲遲，可進者大成賒緩。是以朕今三載一考，考卽黜陟，欲令愚滯無妨於賢者，才能不壅於下位。各令當曹考其優劣，爲三等。六品以下，尚書重問；五品以上，朕將親與公卿論其善惡。上上者遷之，下下者黜之，中中者守其本任。」壬午，帝臨朝堂，親加黜陟。壬辰，陰平王楊炅來朝。

冬十月甲辰，以太尉、東陽王丕爲太傅。〔八〕戊申，親告太廟，奉遷神主。辛亥，車駕發平城宮。壬戌，次於中山之唐湖。乙丑，分遣侍臣巡問民所疾苦。己巳，幸信都。庚午，詔曰：「比聞緣邊之蠻，多有竊掠，致有父子乖離，室家分絕，既虧和氣，有傷仁厚。方一區宇，子育萬姓，若苟如此，南人豈知朝德哉？可詔荆、郢、東荆三州勒敕蠻民，勿有侵暴。」是月，蕭鸞廢殺其主蕭昭文而僭立。十有一月辛未朔，詔冀、定二州民：百年以上假以縣令，九十以上賜爵三級，八十以上賜爵二級，七十以上賜爵一級；鰥寡孤獨不能自存者，賜以穀帛；孝義廉貞、文武應求者具以名聞。丁丑，車駕幸鄴。甲申，經比干之墓，傷其忠而獲戾，親爲弔文，樹碑而刊之。己丑，車駕至洛陽。蕭鸞雍州刺史曹虎據襄陽請降。十有二月辛丑朔，遣行征南將軍薛眞度督四將出襄陽，大將軍劉昶出義陽，徐州刺史元衍出鍾離，平南將軍劉藻出南鄭。壬寅，革衣服之制。癸卯，詔中外戒嚴。戊申，優復代遷之戶租賦三歲。己酉，詔王、公、侯、伯、子、男開國食邑者：王食半，公三分食一，侯伯四分食一，子男五分食一。辛亥，車駕南伐。丁卯，詔郢豫二州之民：百齡以上假縣令，九十以上賜爵三級，八十以上賜爵二級，七十以上賜爵一級；孤寡鰥老不能自存者，賜以穀帛；緣路之民復田租一歲；孝悌廉義、文武應求具以名聞。戊辰，車駕至懸瓠。己巳，詔壽陽、鍾離、馬頭之師所獲男女之口皆放還南。

十有九年春正月辛未朔，朝饗羣臣於懸瓠。癸酉，詔禁淮北之民不得侵掠，犯者以大辟論。甲戌，檄喻蕭鸞。丙子，鸞龍陽縣開國侯王朗自渦陽來降。壬午，講武於汝水之西，大賚六軍。丙申，平南將軍王肅頻破蕭鸞將，擒其寧州刺史董巒。己亥，車駕濟淮。二月甲辰，幸八公山。路中雨甚，詔去蓋；見軍士病者，親隱恤之。戊申，車駕巡淮而東，民皆安堵，租運屬路。壬子，高麗國遣使朝獻。丙辰，車駕至鍾離。戊午，軍士擒蕭鸞三千卒，帝曰：「在君爲君，其民何罪。」於是免歸。辛酉，車駕發鍾離，將臨江水。司徒馮誕薨。壬戌，乃詔班師。丁卯，遣使臨江數蕭鸞殺主自立之罪惡。三月戊寅，幸邵陽。戊子，太師馮熙薨。乙未，幸下邳。鄧至國遣使朝貢。

夏四月庚子，車駕幸彭城。辛丑，帝爲太師馮熙舉哀於行在所。丁未，曲赦徐豫二州，其運漕之士，復租賦三年。辛亥，詔賜百歲以上假縣令，九十以上賜爵三級，八十以上賜爵二級，七十以上賜爵一級；孤寡老疾不能自存者，賜以穀帛；德著丘園者具以名聞；蕭鸞民降者，給復十五年。癸丑，幸小沛，遣使以太牢祭漢高祖廟。己未，行幸瑕丘，遣使以太牢祠岱岳。詔宿衞武官增位一級。庚申，行幸魯城，親祠孔子廟。辛酉，詔拜孔氏四人、顏氏二人爲官。詔兗州刺史舉部內士人才堪軍國及守宰治行，具以名聞。又詔賜兗州民爵及粟帛如徐州。又詔選諸孔宗子一人，封崇聖侯，邑一百戶，以奉孔子之祀。又詔兗州爲孔子起園柏，修飾墳壠，更建碑銘，褒揚聖德。戊辰，行幸碻磝。太和廟成。五月己巳，城陽王鸞赭陽失利，降爲定襄縣王。廣川王諧薨。庚午，遷文成皇后馮氏神主于太和廟。甲戌，行幸滑臺。丙子，次于石濟。庚辰，皇太子朝於平桃城。高麗、吐谷渾國並遣使朝貢。癸未，車駕至自南伐，告于太廟。甲申，減閑官祿以裨軍國之用。乙酉，行飲至之禮，班賜有差。甲午，皇太子冠於廟。六月己亥，詔不得以北俗之語言於朝廷，若有違者，免所居官。辛丑，詔復軍士從駕渡淮者租賦三年。癸卯，詔皇太子赴平城宮。壬子，詔濟州、東郡、滎陽及河南諸縣車駕所經者，百年以上賜假縣令，九十以上賜爵三級，八十以上賜爵二級，七十以上賜爵一級；孤老鰥寡不能自存，賜以穀帛；孝悌廉義、文武應求者具以名聞。癸丑，詔求天下遺書，祕閣所無、有裨益時用者加以優賞。乙卯，曲赦梁州，復民田租三歲。丙辰，詔遷洛之民，死葬河南，不得還北。於是代人南遷者，悉爲河南洛陽人。戊午，詔改長尺大斗，依周禮制度，班之天下。

八月甲辰，幸西宮，路見壞冢露棺，駐輦殯之。乙巳，詔選天下武勇之士十五萬人爲羽林、虎賁，以充宿衞。丁巳，詔諸從兵從征被傷者皆聽還本。金墉宮成。甲子，引羣臣歷宴殿堂。九月庚午，六宮及文武盡遷洛陽。丙戌，行幸鄴。丁亥，詔曰：「諸有舊墓，銘記見存，昭然爲時人所知者，三公及位從公者去墓三十步，尙書令僕、九列十五步，黃門、五校十步，各不聽墾殖。」壬辰，遣黃門郎以太牢祭比干之墓。乙未，車駕還宮。

冬十月甲辰，曲赦相州。民百年以上假郡守，九十以上假縣令，八十以上賜爵三級，七十以上賜爵二級；孤老痼疾不能自存者，賜以穀帛。丙辰，車駕至自鄴。辛酉，詔州郡諸有士庶經行修敏、文思遒逸，才長吏治、堪幹政事者，以時發遣。壬戌，詔諸州牧精品屬官，考其得失，爲三等之科以聞，將親覽而升降焉。詔徐、兗、光、南青、荊、洛六州纂嚴戎備，應須赴集。十有一月，行幸委粟山。議定圓丘。甲申，有事於圓丘。丙戌，大赦天下。十有二月乙未朔，引見羣臣於光極堂，宣示品令，爲大選之始。辛酉，驃騎大將軍、司州牧、咸陽王禧爲長兼太尉，前南安王楨復本封，以特進、廣陵王羽爲征東大將軍、開府儀同三司、靑州刺史。甲子，引見羣臣於光極堂，班賜冠服。

二十年春正月丁卯，詔改姓爲元氏。壬辰，改封始平王勰爲彭城王，以定襄縣王鸞復封城陽王。二月辛丑，帝幸華林，聽訟於都亭。壬寅，詔自非金革，聽終三年喪。丙午，詔畿內七十以上暮春赴京師，將行養老之禮。庚戌，幸華林，聽訟於都亭。癸丑，詔介山之邑，聽爲寒食，自餘禁斷。三月丙寅，宴羣臣及國老、庶老於華林園。詔曰：「國老黃耇以上，假中散大夫、郡守；耆年以上，假給事中、縣令；庶老，直假郡縣。各賜鳩杖、衣裳。」丁丑，詔諸州中正各舉其鄉之民望，年五十以上守素衡門者，授以令長。

夏四月甲辰，廣州刺史薛法護南叛。五月丙子，詔曰：「農惟政首，稷實民先，澍雨豐洽，所宜敦勵。其令畿內嚴加課督，惰業者申以楚撻，力田者具以名聞。」丙戌，初營方澤於河陰。遣使者以太牢祭漢光武及明、章三帝陵。又詔漢、魏、晉諸帝陵，各禁方百步不得樵蘇踐蹋。丁亥，車駕有事於方澤。

七月，廢皇后馮氏。戊寅，帝以久旱，咸秩羣神；自癸未不食至于乙酉，是夜澍雨大洽。丁亥，詔曰：「炎陽爽節，秋零卷澍，在予之責，實深悚慄，故輟膳三晨，以命上訴。靈鑒誠款，曲流雲液。雖休勿休，寧敢愆怠。將有賢人湛德，高士凝棲，雖加銓採，未能招致。其精訪幽谷，舉兹賢彦，直言極諫，匡予不及。又邪佞毁朝，囙唯治蠹；貪夫竊位，大政以虧。主者彈劾不肖，明黜盜祿。又法爲治要，民命尤重，在京之囚，悉命條奏，朕將親案，以時議決。又疾苦六極，人神所矜，宜時訪恤，以拯窮廢。鰥寡困乏、不能自存者，明加矜恤，令得存濟。又輕徭薄賦，君人常理，歲中恒役，具以狀聞。又夫婦之道，生民所先，仲春奔會，禮有達式，男女失時者以禮會之。又京民始業，農桑爲本，田稼多少，課督以不，〔九〕具以狀言。」

八月壬辰朔，幸華林園，親錄囚徒，咸降本罪二等決遣之。戊戌，車駕幸嵩高。甲寅，還宮。丁巳，南安王楨薨。幸華林園聽訟。九月戊辰，車駕閱武於小平津。癸酉，還宮。丁亥，將通洛水入穀，帝親臨觀。

冬十月戊戌，以代遷之士皆爲羽林、虎賁，司州之民，十二夫調一吏，爲四年更卒，歲開番假，以供公私力役。己酉，曲赦京師。十有一月乙酉，復封前汝陰王天賜孫景和爲汝陰王，前京兆王太興爲西河王。閏月丙辰，右將軍元隆大破汾州叛胡。十有二月甲子，以西北州郡旱儉，〔一〇〕遣侍臣循察，開倉賑恤。乙丑，開鹽池之禁，與民共之。丙寅，廢皇太子恂爲庶人。丁卯，告太廟。戊辰，置常平倉。恒州刺史穆泰等在州謀反，遣行吏部尚書任城王澄案治之。樂陵王思譽坐知泰陰謀不告，削爵爲庶人。

二十有一年春正月丙申，立皇子恪爲皇太子，賜天下爲父後者爵一級。己亥，遣兼侍中張彝、崔光，兼散騎常侍劉藻，巡方省察，問民疾苦，黜陟守宰，宣揚風化。乙巳，車駕北巡。二月壬戌，次於太原。親見高年，問所不便。乙丑，詔并州士人年六十已上，假以郡守。先是，定州民王金鈎訛言惑衆，自稱應王。丙寅，州郡捕斬之。癸酉，車駕至平城。甲戌，謁永固陵。癸未，行幸雲中。三月庚寅，車駕至自雲中。辛卯，謁金陵。乙未，車駕南巡。己酉，次離石。叛胡歸罪，宥之。甲寅，詔汾州民百年以上假縣令，九十以上賜爵三級，八十以上賜爵二級，七十以上賜爵一級。丙辰，車駕次平陽，遣使者以太牢祭唐堯。夏四月庚申，幸龍門，遣使者以太牢祭夏禹。癸亥，行幸蒲坂，遣使者以太牢祭虞舜。戊辰，詔修堯、舜、夏禹廟。辛未，行幸長安。壬申，武興王楊集始來朝。乙亥，親見高年，問所疾苦。丙子，遣侍臣分省縣邑，賑賜穀帛。戊寅，幸未央殿、阿房宮，遂幸昆明池。癸未，大將軍、宋王劉昶薨。丙戌，遣使者以太牢祀漢帝諸陵。五月丁亥朔，衞大國遣使朝貢。己丑，車駕東旋，汎渭入河。庚寅，詔雍州士人百年以上假華郡太守，九十以上假荒郡，八十以上假華縣令，七十以上假荒縣；庶老以年各減一等，七十以上賜爵三級；其營船之夫，賜爵一級；孤寡鰥貧、窮痾廢疾，各賜帛二匹，穀五斛；其孝友德義、文學才幹，悉仰貢舉。壬辰，遣使者以太牢祭周文王於酆，祭武王於鎬。癸卯，遣使祭華嶽。六月庚申，車駕至自長安。壬戌，詔冀、定、瀛、相、濟五州發卒二十萬，將以南討。癸亥，司空穆亮遜位。丁卯，部分六師，以定行留。

秋七月甲午，立昭儀馮氏爲皇后。戊辰，以前司空穆亮爲征北大將軍、開府儀同三司、冀州刺史。甲寅，帝親爲羣臣講喪服於清徽堂。八月丙辰，詔中外戒嚴。壬戌，立皇子愉爲京兆王，懌爲清河王，懷爲廣平王。壬申，行幸河南城。甲戌，講武於華林園。庚辰，車駕南討。九月丙申，詔曰：「哀貧恤老，王者所先，鰥寡六疾，尤宜矜愍。可敕司州洛陽之民，年七十已上無子孫，六十以上無期親，貧不自存者，給以衣食；及不滿六十而有廢痼之疾，無大功之親，窮困無以自療者，皆於別坊遣醫救護，給醫師四人，豫請藥物以療之。」丁酉，詔河南尹李崇討梁州叛羌。〔二〕受征西源懷節度。辛丑，帝留諸將攻赭陽，引師而南。癸卯，至宛城，夜襲其郛，克之。丁未，車駕發南陽，留太尉咸陽王禧、前將軍元英攻之。己酉，車駕至新野。

冬十月丁巳，四面進攻，不克，詔左右軍築長圍以守之。乙亥，追廢貞皇后林氏爲庶人。十有一月甲午，蕭鸞前軍將軍韓秀方、弋陽太守王副之、後軍將軍趙祖悅等十五將來降。丁酉，大破賊軍於沔北，獲其將軍王伏保等。於是民皆復業，九十以上假以郡守，六十五以上假以縣令。新野民張睹柵萬餘家，拒守不下。十有二月庚申，破之，俘斬萬餘。丁卯，詔流徙之囚，皆勿決遣，有登城之際，令其先鋒自效。庚午，車駕臨沔，遂巡沔東還。戊寅，車駕還新野。己卯，親行營壘，隱恤六軍。蕭鸞將王曇紛等萬餘人寇南青州黄郭戍，戍主崔僧淵擊破之，悉虜其衆。以齊郡王子琛紹河間王若後。高昌國遣使朝貢。

二十有二年春正月癸未朔，朝饗羣臣於新野行宫。丁亥，拔新野，獲蕭鸞輔國將軍、新野太守劉忌，斬之於宛。戊子，鸞湖陽戍主蔡道福棄城遁走。辛卯，鸞赭陽戍主成公期、軍主胡松棄城遁走。壬辰，鸞輔國將軍、舞陰戍主黄瑤起及直閤將軍、臺軍主鮑舉，南鄉太守席謙相尋遁走，瑤起、鮑舉爲軍人所獲送。庚戌，行幸南陽。二月乙卯，進攻宛北城。甲子，拔之，鸞冠軍將軍、南陽太守房伯玉面縛出降。庚午，車駕幸新野。辛未，詔以穰民首歸大順終始若一者，給復三十年，標其所居曰「歸義鄉」；次降者給復十五年。三月壬午朔，大破鸞平北將軍崔惠景、黄門郎蕭衍軍於鄧城，斬獲首虜二萬有餘。庚寅，行幸樊城，觀兵襄沔，耀武而還。曲赦二荆、魯陽郡。鎮南將軍王肅攻鸞義陽。鸞遣將裴叔業寇渦陽。乙未，詔將軍鄭思明、嚴虚敬、宇文福等三軍繼援。辛丑，行幸湖陽。乙未，次比陽。戊申，詔荆州諸郡之民，初降次附，復同穰縣。辛亥，行幸懸瓠。

夏四月甲寅，從征武直之官進位三階，文官二級，外官一階。庚午，發州郡兵二十萬人，限八月中旬集懸瓠。趙郡王幹薨。五月丙午，詔在征身喪者，四品已下及卑兼之職給帛有差。六月庚申，詔諸王將士戰沒皆加優贈。

秋七月壬午，詔曰：「朕以寡德，屬茲靖亂，實賴羣英，凱淸南夏，宜約躬賞效，以勸茂績。后之私府，便可損半；六宮嬪御，五服男女，常恤恒供，亦令減半；在戎之親，三分省一。」是月，蕭鸞死，子寶卷僭立。八月辛亥，皇太子自京師來朝。壬子，蕭寶卷奉朝請鄧學擁其齊興郡內屬。敕勒樹者相率反叛。詔平北將軍、江陽王繼都督北討諸軍事以討之。壬午，高麗國遣使朝獻。九月己亥，帝以蕭鸞死，禮不伐喪，乃詔反旆。庚子，仍將北伐叛虜。丙午，車駕發懸瓠。

冬十月己酉朔，曲赦二豫殊死已下，復民田租一歲。十有一月辛巳，幸鄴。十有二月甲寅，以江陽王繼定敕勒，乃詔班師。

二十有三年春正月戊寅朔，朝羣臣，以帝疾瘳上壽，大饗於澄鸞殿。壬午，幸西門豹祠，遂歷漳水而還。蕭寶卷遣太尉陳顯達寇荆州。癸未，詔前將軍元英討之。乙酉，車駕發鄴，戊戌，至自鄴。庚子，告於廟社。癸卯，行飮至策勳之禮。甲辰，大赦天下。太保、齊郡王簡薨。二月辛亥，以長兼太尉、咸陽王禧爲正太尉。癸亥，以中軍大將軍、彭城王勰爲司徒，復樂陵王思譽本封。癸酉，顯達攻陷馬圈戍。三月庚辰，車駕南伐。癸未，次梁城。甲申，以順陽被圍危急，詔振武將軍慕容平城率騎五千赴之。丙戌，帝不豫，司徒、彭城王勰侍疾禁中，且攝百揆。丁酉，車駕至馬圈。詔鎭南大將軍、廣陽王嘉斷均口，邀顯達歸路。戊戌，頻戰破之，其夜，顯達及崔惠景、曹虎等宵遁。己亥，收其戎資億計，班賜六軍。諸將追奔及於漢水，斬獲及赴水而死者十八九，斬寶卷左軍將軍張于達等。〔三〕賊將蔡道福、成公期率數萬人棄順陽遁走。

庚子，帝疾甚，車駕北次穀塘原。甲辰，詔賜皇后馮氏死。詔司徒勰徵太子於魯陽踐阼。詔以侍中、護軍將軍、北海王詳爲司空公，鎭南將軍王肅爲尚書令，鎭南大將軍、廣陽王嘉爲尚書左僕射，尚書宋弁爲吏部尚書，與侍中、太尉公禧，尚書右僕射、任城王澄等六人輔政。顧命宰輔曰：「粤爾太尉、司空、尚書令、左右僕射、吏部尚書，惟我太祖丕丕之業，與四象齊茂，累聖重明，屬鴻曆於寡昧。兢兢業業，思纂乃聖之遺蹤。遷都嵩極，定鼎河瀍，庶南蕩甌吳，復禮萬國，以仰光七廟，俯濟蒼生。困窮早滅，不永乃志。〔三〕公卿其善毗繼子，隆我魏室，不亦善歟？可不勉之！」夏四月丙午朔，帝崩于穀塘原之行宮，時年三十三。祕諱，至魯陽發哀，還京師。上謚曰孝文皇帝，廟曰高祖。五月丙申，葬長陵。

帝幼有至性，年四歲，顯祖曾患癰，帝親自吮膿。五歲受禪，悲泣不能自勝。顯祖問帝，帝曰：「代親之感，內切於心。」顯祖甚歎異之。文明太后以帝聰聖，後或不利於馮氏，將謀廢帝。乃於寒月，單衣閉室，絕食三朝，召咸陽王禧，將立之，元丕、穆泰、李沖固諫，乃止。帝初不有憾，唯深德丕等。撫念諸弟，始終曾無纖介，惇睦九族，禮敬俱深。雖於大臣持法不縱，然性寬慈，每垂矜捨。進食者曾以熱羹傷帝手，又曾於食中得蟲穢之物，並笑而恕之。宦者先有譖帝於太后，太后大怒，杖帝數十，帝默然而受，不自申明。太后崩後，亦不以介意。

聽覽政事，莫不從善如流。哀矜百姓，恒思所以濟益。天地、五郊、宗廟二分之禮，常必躬親，不以寒暑爲倦。尚書奏案，多自尋省。百官大小，無不留心，務於周洽。每言：凡爲人君，患於不均，不能推誠御物，苟能均誠，胡越之人亦可親如兄弟。常從容謂史官曰：「直書時事，無諱國惡。人君威福自己，史復不書，將何所懼。」南北征巡，有司奏請治道，帝曰：「粗修橋梁，通輿馬便止，不須去草剗令平也。」凡所修造，不得已而爲之，不爲不急之事損民力也。巡幸淮南，如在內地，軍事須伐民樹者，必留絹以酬其直，民稻粟無所傷踐。諸有禁忌禳厭之方非典籍所載者，一皆除罷。

雅好讀書，手不釋卷。五經之義，覽之便講，學不師受，探其精奧。史傳百家，無不該涉。善談莊老，尤精釋義。才藻富贍，好爲文章，詩賦銘頌，任興而作。有大文筆，馬上口授，及其成也，不改一字。自太和十年已後詔册，皆帝之文也。自餘文章，百有餘篇。愛奇好士，情如飢渴。待納朝賢，隨才輕重，常寄以布素之意。悠然玄邁，不以世務嬰心。又少而善射，有膂力。年十餘歲，能以指彈碎羊髆骨。及射禽獸，莫不隨所志斃之。至年十五，便不復殺生，射獵之事悉止。性儉素，常服澣濯之衣，鞍勒鐵木而已。帝之雅志，皆此類也。

史臣曰：有魏始基代朔，廓平南夏，闢壤經世，咸以威武爲業，文教之事，所未遑也。高祖幼承洪緒，早著叡聖之風。時以文明攝事，優游恭己，玄覽獨得，著自不言，神契所標，固以符於冥化。及躬總大政，一日萬機，十許年間，曾不暇給，殊途同歸，百慮一致，至夫生民所難行，人倫之高迹，雖尊居黃屋，盡蹈之矣。若乃欽明稽古，協御天人，帝王制作，朝野軌度，斟酌用捨，煥乎其有文章，海內生民咸受耳目之賜。加以雄才大略，愛奇好士，視下如傷，役己利物，亦無得而稱之。其經緯天地，豈虛謚也。

校勘記

〔一〕陽平王頤擊走之　諸本「頤」都作「熙」。殿本考證云：「按熙本傳卷一六泰常六年薨，距太和十四年已五六十年矣。考天象志卷一〇五之二『地豆于頻犯塞，詔征西大將軍、陽平王頤擊走之』。蓋熙與頤俱稱陽平王，音復相近，是以訛也。」按通鑑卷一三七四二九二頁正作「頤」。考異云：「帝紀作『熙』，又作『賾』，今從本傳。」當時陽平王只有頤，今據改。下文十六年八月訛作「賾」，逕改，不再出校記。

〔二〕沙門司馬惠御自言聖王　北史卷三「惠御」作「御惠」。

〔三〕改營太廟　諸本無「營」字，北史卷三魏紀三、本書卷一〇八之一禮志一有。按文義當有「營」字，今據補。

〔四〕於東明觀折疑獄　御覽卷一〇三四九二頁「於」上有「上」字。按若無此字，不知誰在東明觀折疑獄。通鑑卷一三七四三〇九頁作「親決疑獄」，也指元宏親自斷決。這裏當脫「上」字。

〔五〕詔祀至周文於洛陽　錢大昕廿二史考異後簡稱錢氏考異卷二八云：「『周文』當爲『周公』之訛。」按卷一〇八之一禮志一記此事，云：「周文公制禮作樂，垂範萬葉，可祀於洛陽。」這裏「周文」下脫「公」字。

〔六〕四下疑爲外寢　册府卷一三一四八頁「四下」作「四合殿」。按上文太和三年，坤德六合殿成；次年，乾象六合殿成。不見「四合殿」之名。然「四下」二字必爲殿名之訛脫。

〔七〕詔兼員外散騎侍郎劉承叔使於蕭賾　北史卷三作「兼員外散騎常侍邢巒使於齊」。通鑑卷一三八四三二六頁也作「邢巒」，而官却同魏書。趙翼陔餘叢考卷八云：「按遣使必兩人，魏書遣使皆兩人並書，北史止書正使一人，此次魏書只書劉承叔，蓋脫落正使邢巒也。」按邢巒出使事見卷六五本傳。魏遣使南朝，通例正使兼散騎常侍，副使兼散騎侍郎。劉承叔官銜就說明他是副使。又南齊書卷五七魏虜傳載太和十七年鹿樹生移文也有「會前使人邢巒等至」的話。這裏「詔」下脫去「兼員外散騎常侍邢巒」九字。

〔八〕以太尉東陽王丕爲太傅　按上文十六年正月已云「諸遠族非太祖子孫及異姓爲王者皆降爲公」。元丕是遠族，卷一四本傳補說「後例降王爵，封平陽郡公」，此時不應仍稱「東陽王」。

〔九〕課督以不　諸本「課督」下無「以」字，今據册府卷七〇七八八頁補。

〔一〇〕以西北州郡旱儉　卷一〇五之二天象志二「西北」作「南北」。按「久旱」見上文七月，洛陽也遭受旱災，不應止稱「西北」，「西」字當爲「南」之訛。

〔一一〕詔河南尹李崇討梁州叛羌　按卷六六李崇傳，這次李崇出去鎭壓的是仇池氐楊靈珍，這裏「羌」當作「氐」。

〔一二〕斬寶卷左軍將軍張于達等　南齊書卷二六陳顯達傳「張于達」作「張千」。通鑑卷一四二四四三八頁本條考異云：「魏書作『張千達』，今從齊書。」則司馬光所據魏書「于」作「千」。按「千達」作「千」乃雙名單稱，疑傳本魏書「于」乃「千」之訛。

〔一三〕不永乃志　册府卷一〇一〇八頁「永」作「果」。按文義作「果」較長。

魏書卷八

世宗紀第八

世宗宣武皇帝，諱恪，高祖孝文皇帝第二子。母曰高夫人，初，夢爲日所逐，避於牀下，日化爲龍，繞己數匝，寤而驚悸，既而有娠。太和七年閏四月，生帝於平城宮。二十一年正月甲午，立爲皇太子。

二十三年夏四月丁巳，卽皇帝位于魯陽，大赦天下。帝居諒闇，委政宰輔。五月丙子朔，高麗國遣使朝貢。六月乙卯，分遣侍臣巡行郡國，問民疾苦，考察守令，黜陟幽明，文武應求、道著丘園者，皆加褒禮。戊辰，追尊皇妣曰文昭皇后。

秋八月戊申，遵遺詔，高祖三夫人已下悉歸家。癸丑，宮臣增位一級。癸亥，南徐州刺史沈陵南叛。

冬十月辛未，鄧至國王像舒彭來朝。丙戌，車駕謁長陵。丁酉，有事於太廟。十有一月，幽州民王惠定聚衆反，自稱明法皇帝，刺史李肅捕斬之。

是歲，州鎮十八水，民飢，分遣使者開倉賑恤。高麗國遣使朝獻。

景明元年春正月壬寅，車駕謁長陵。乙巳，大赦，改年。丁未，蕭寶卷豫州刺史裴叔業以壽春內屬，驃騎大將軍、彭城王勰帥車騎十萬赴之。二月戊戌，復以彭城王勰爲司徒。寶卷將胡松、李居士率衆萬餘屯宛，〔一〕陳伯之水軍泝淮而上，以逼壽春。

夏四月丙申，彭城王勰、車騎將軍王肅大破之，斬首萬數。己亥，皇弟恌薨。五月甲寅，以北鎮大飢，遣兼侍中楊播巡撫賑恤。六月丙子，司徒、彭城王勰進位大司馬，車騎將軍王肅加開府儀同三司。癸未，大陽蠻酋田育丘等率戶內附。

秋七月，寶卷又遣陳伯之寇淮南。庚子，吐谷渾國遣使朝獻。八月乙酉，彭城王勰破伯之於肥口。乙未，高麗國遣使朝貢。九月乙丑，東豫州刺史田益宗破寶卷將吳子陽、鄧元起於長風。齊州民柳世明聚衆反。

冬十月丁卯朔，車駕謁長陵。庚寅，齊、兗二州討世明，平之。丁亥，改授彭城王勰爲司徒、錄尚書事。甲午，詔壽春置兵四萬人。十有一月己亥，荆州刺史桓道進攻寶卷下筰戍，拔之，降者二千餘戶。丁巳，陽平王頤薨。

是歲，十七州大飢，分遣使者開倉賑恤。是冬，島夷蕭衍起兵東下，伐其主蕭寶卷。

二年春正月丙申朔，車駕謁長陵。庚戌，帝始親政。遵遺詔，聽司徒、彭城王勰以王歸第。太尉、咸陽王禧進位太保，司空、北海王詳爲大將軍、錄尙書事。丁巳，引見羣臣於太極前殿，告以覽政之意。辛酉，高麗國遣使朝獻。壬戌，以太保、咸陽王禧領太尉，大將軍、廣陵王羽爲司徒。〔二〕詔曰：「朕幼承寶曆，鞠憂在疚，庶事不親，風化未洽。今始覽政務，義協惟新，思使四方風從率善，可分遣大使，黜陟幽明。」二月庚午，宿衞之官進位一級。甲戌，大赦天下。三月乙未朔，詔曰：「比年以來，連有軍旅，役務既多，百姓彫弊。宜時矜量，以拯民瘼。正調之外，諸妨害損民一時蠲罷。」〔三〕辛亥，詔曰：「諸州刺史，不親民事，緩於督察，郡縣稽逋，旬月之間，纔一覽決。淹獄久訟，動延時序，百姓怨嗟，方成困弊。尙書可明條制，申下四方，令日親庶事，嚴勒守宰，不得因循，寬怠虧政。」壬戌，詔曰：「治尙簡靜，任貴應事。州府佐史，除板稍多，方成損弊，無益政道。又京師百司，僚局殷雜，官有閑長者，亦同此例。苟非稱要，悉從蠲省。」靑、齊、徐、兗四州大飢，民死者萬餘口。是月，蕭衍立寶卷弟南康王寶融爲主，年號中興，東赴建業。

夏五月壬子，廣陵王羽薨。壬戌，太保、咸陽王禧謀反，賜死。六月丁亥，考諸州刺史，加以黜陟。

秋七月乙巳，蠕蠕犯塞。乙未，東豫州刺史田益宗破蕭寶卷將黃天賜於赤亭。辛酉，大赦天下。壬戌，車騎將軍、儀同三司王肅薨。九月丁酉，發畿內夫五萬人築京師三百二十三坊，〔四〕四旬而罷。己亥，立皇后于氏。乙卯，免壽春營戶爲揚州民。

冬十月丁卯，吐谷渾國遣使朝獻。辛未，蕭寶卷零陵戍主華候率戶內屬。十有一月丙申，以驃騎大將軍穆亮爲司空。丁酉，大將軍、北海王詳爲太傅，領司徒。壬寅，改築圓丘於伊水之陽。乙卯，仍有事焉。十二月，高麗國遣使朝貢。是月，寶卷直後張齊殺其主寶卷降蕭衍，衍克建業。

三年春二月戊寅，詔曰：「自比陽旱積時，農民廢殖，寤言增愧，在予良多。申下州郡，有骸骨暴露者，悉可埋瘞。」三月，魯陽蠻反。蕭寶卷弟建安王寶夤來降。

夏四月，詔撫軍將軍李崇討魯陽反蠻。是月，蕭衍又廢其主寶融而僭立，自稱曰梁。閏月丁巳，司空穆亮薨。五月，揚州小峴戍主党法宗襲蕭衍大峴戍，破之，擒其龍驤將軍邾菩薩，送之京師。

秋七月癸酉，于闐國遣使朝獻。詔加文官從征顯達宿衞者二階，閑散者一階。八月癸卯，蕭寶融鎭南大將軍、江州刺史陳伯之遣使請降。乙卯，以前太傅、平陽公丕爲三老。九月丁巳，車駕行幸鄴。丁卯，詔使者弔殷比干墓。戊寅，閱武於鄴南。庚辰，武興國世子楊紹先遣使朝獻。

冬十月庚子，帝親射，遠及一里五十步，羣臣勒銘於射所。甲辰，車駕還宮。十有一月己卯，詔：「京洛兵蕪，歲踰十紀。先皇定鼎舊都，惟新魏曆，翦掃榛荒，創茲雲構，鴻功茂績，規模長遠。今廟社乃建，宮極斯崇，便當以來月中旬，蠲吉徙御。仰尋遺意，感慶交衷。既禮盛周宣斯干之制，事高漢祖壯麗之儀，可依典故，備茲考告，以稱遐邇人臣之望。」十有二月戊子，詔曰：「民本農桑，國重蠶籍，粢盛所憑，冕織攸寄。比京邑初基，耕桑暫缺，遺規往旨，宜必祗修。今寢殿顯成，移御維始，春郊無遠，拂羽有辰。便可表營千畝，開設宮壇，秉耒援筐，躬勸億兆。」壬寅，饗羣臣于太極前殿，賜布帛有差，以初成也。甲辰，揚州破蕭衍將張囂之，斬級二千。

是歲，疏勒、罽賓、婆羅捺、烏萇、阿喻陁、羅婆、不崙、陁拔羅、弗波女提、斯羅、噠舍、伏耆奚那太、羅槃、烏稽、悉萬斤、朱居槃、訶盤陁、撥斤、厭味、朱沴洛、南天竺、持沙那斯頭諸國並遣使朝貢。〔三〕河州大飢，死者二千餘口。

四年春正月乙亥，車駕籍田於千畝。梁州氐楊會反。詔行梁州事楊椿、左將軍羊祉討

千級。〔六〕

之。三月己巳，皇后先蠶於北郊。庚辰，揚州破蕭衍將於陰山，斬其龍驤將軍吳道爽等數千級。〔六〕

夏四月癸未朔，以蕭寶夤爲鎮東將軍、東揚州刺史，封丹陽郡開國公、齊王。庚寅，南天竺國獻辟支佛牙。戊戌，詔曰：「酷吏爲禍，綿古同患；孝婦淫刑，東海燋壤。今不雨十旬，意者其有寃獄乎？尙書鞫京師見囚，務盡聽察之理。」己亥，帝以旱減膳徹懸。辛丑，澍雨大洽。五月甲戌，楊椿、羊祉大破反氐，斬首數千級。六月壬午朔，封皇弟悅爲汝南王。丙戌，發冀、定、瀛、相、幷、濟六州二萬人、馬千匹，增配壽春。

秋七月乙卯，三老、平陽公丕薨。庚午，詔還收鹽池利以入公。辛未，以彭城王勰爲太師。八月庚子，以吏部尙書元英假鎮南將軍，攻蕭衍義陽。勿吉國貢楛矢。辛丑，行幸河南城離宮。

冬十有一月壬子，揚州大破蕭衍軍，斬其徐州刺史潘伷憐，擒司馬明素。〔七〕己未，以武興國世子楊紹先爲其國王。癸亥，詔尙書左僕射源懷撫勞代都、北鎮，隨方拯恤。乙亥，鎮南將軍元英大破蕭衍將吳子陽於白沙，擒斬千數。十有二月庚寅，詔鎮南將軍李崇討東荆反蠻。丙申，詔曰：「先朝制立軌式，庶事惟允。但歲積人移，物情乖惰。比或擅有增損，廢墜不行；或守舊遺宜，時有舛妨；或職分錯亂，互相推委。其下百司，列其疑闕，速以奏聞。」

癸卯，蕭衍梁州刺史平陽縣開國侯翟遠、徐州刺史永昌縣開國侯陳虎牙降。〔八〕

正始元年春正月庚戌，江州刺史曲江公陳伯之破蕭衍將趙祖悅於東關。丙辰，東荊州刺史楊大眼大破羣蠻樊季安等。丙寅，大赦，改年。二月戊子，蕭衍將姜慶眞襲陷壽春外郭，州軍擊走之。丁酉，揚州統軍劉思祖大破衍衆於邵陽，擒其冠軍將軍、邵陽縣開國侯張惠紹，驍騎將軍、祁陽縣開國男趙景悅等十將，斬獲數千級。三月壬申，元英破衍將王僧炳於樊城。

夏四月辛卯，高麗國遣使朝獻。五月丁未朔，太傅、北海王詳以罪廢爲庶人。六月，以旱徹樂減膳。癸巳，詔曰：「朕以匪德，政刑多舛，陽旱歷旬，京甸枯瘁，在予之責，夙宵疚懷。有司可循案舊典，祗行六事：囹圄寃滯，平處決之；庶尹廢職，量加修舉；鰥寡困窮，在所存恤；役賦殷煩，咸加蠲省；賢良讜直，以禮進之；貪殘佞諛，時加屏黜；男女怨曠，務令媾會。稱朕意焉。」甲午，帝以旱親薦享於太廟。戊戌，詔立周旦、夷齊廟於首陽山。庚子，以旱見公卿已下，引咎責躬。又錄京師見囚，殊死已下皆減一等，鞭杖之坐悉皆原之。

秋七月癸丑，蕭衍角城戍主柴慶宗以城來降。李崇大破諸蠻帥樊素安。八月丙子，元英破蕭衍將馬仙琕於義陽。詔洛陽令有大事聽面敷奏。乙酉，元英攻義陽，拔之，擒送蕭衍冠軍將軍蔡靈恩等十餘將。辛卯，英又大破衍將，仍淸三關。丁酉，封元英爲中山王。戊戌，西羌宋萬率戶四千內附。九月丙午，詔緣淮南北所在鎭戍，皆令及秋播麥，春種粟稻，隨其土宜，水陸兼用，必使地無遺利，兵無餘力，比及來稔，令公私俱濟也。又詔諸州蠲停徭役，不得橫有徵發。甲子，詔中山王英所執蕭衍冠軍將軍、監司州事蔡靈恩等隨才擢敍。乙丑，蕭衍霍州刺史田道龍、義州刺史張宗之遣使內附。蠕蠕犯塞，詔左僕射源懷討之。

冬十月乙未，詔斷羣官白衣募吏。十有一月戊午，詔曰：「古之哲王，創業垂統，安民立化，莫不崇建膠序，開訓國冑，昭宣三禮，崇明四術，使道暢羣邦，風流萬宇。自皇基徙構，光宅中區，軍國務殷，未遑經建，靖言思之，有慚古烈。可敕有司依漢魏舊章，營繕國學。」十有二月丙子，以苑牧公田分賜代遷之戶。己卯，詔羣臣議定律令。己亥，行幸伊闕。閏月癸卯朔，蕭衍行梁州事夏侯道遷據漢中來降，假尚書邢巒鎭西將軍，率衆以赴之。乙丑，驃騎大將軍、高陽王雍爲司空，尚書令、廣陽王嘉加儀同三司。

二年春正月丙子，以宕昌國世子梁彌博爲其國王。鄧至國遣使朝貢。二月，梁州氐反，絕漢中運路。刺史邢巒頻大破之。

夏四月己未，城陽王鸞薨。乙丑，詔曰：「任賢明治，自昔通規，宣風贊務，實惟多士。

而中正所銓，但存門第，吏部彝倫，仍不才舉。遂使英德罕昇，司務多滯。不精厥選，將何考陟？八座可審議往代貢士之方，擢賢之體，必令才學並申，資望兼致。」丙寅，以仇池氏叛，詔光祿大夫楊椿假平西將軍，率衆以討之。

邢巒遣統軍王足西伐，頻破蕭衍諸軍，遂入劍閣，執衍輔國將軍范始男送京師。五月辛巳，氐賊□虎率衆降。

六月己丑，詔曰：「先朝勳臣，或身罹譴黜，子孫沉滯；或宦途失次，有替舊流，因而弗採，何以奬勸？言念前績，情有親疏。宗及庶族，祖曾功績可紀而無朝官，有官而才堪優引者，隨才銓授。」

甲寅，蕭衍冠軍將軍李畋等置營始平郡東，〔九〕涪水之北。王足逆擊敗之，斬衍冠軍將軍張湯，輔國將軍馬市，寧朔將軍李當、姜見祖，輔國將軍馮文豪，龍驤將軍何營之等。甲子，詔尚書李崇、太府卿于忠、散騎常侍游肇、諫議大夫鄧羨，崇、忠使持節並兼侍中，羨兼黃門，俱爲大使，糾斷外州畿內，其守令之徒咎失彰露者，即便施決，州鎮重職，聽爲表聞。

乙丑，蕭衍冠軍將軍王景胤、輔國將軍魯方達等攻竹亭，王足大破之，斬其輔國將軍王明達、龍驤將軍張方熾。

丁卯，揚州刺史薛眞度大破蕭衍將王超宗，俘斬三千級。

戊辰，蕭衍將魯方達屯戍新城，足又遣統軍盧祖遷等擊敗之，斬衍冠軍將軍楊伯仁、寧朔將軍任安定。

秋七月甲戌，詔曰：「朕纂馭寶曆，於今七載，德澤未敷，鑒不燭遠，人之寃瘼，所在猶滋，而糾察之獄未暢于下，賢愚靡分，皂白均貫，非所以革民耳目，使善惡勵心。今分遣大使，省方巡檢，隨其愆負與風響相符者，卽加糾黜，以明雷霆之威，以申旄軒之舉，因以觀風辨俗，採訪功過，褒賞賢者，糾罰淫慝，理窮恤弊，以稱朕心。」

戊子，王足擊破蕭衍軍，斬其龍驤將軍喩增暉、寧朔將軍庫保壽、輔國將軍魯天惠、建武將軍王文標。王足逼涪城，壬辰，蕭衍巴西太守庾域，冠軍將軍、統軍主李畂等逆戰，足擊破之，俘斬千數。

八月壬寅，詔中山王英南討襄、沔。

庚戌，王足遣統軍紀洪雅、盧祖遷等攻破衍軍，斬其秦梁二州刺史魯方達等十五人。壬子，王足又遣統軍盧祖遷等擊破衍軍，斬其都督、冠軍將軍、梓潼縣開國子王景胤，劉達等二十四將軍。

甲寅，揚州擊衍將姜慶眞於羊石，破之。是月，衍汭東太守田青喜率郡七、縣三十一、戶萬九十內附。九月己巳，揚州刺史元嵩擊破衍湘州刺史楊公則等，斬獲數千。

冬十有一月戊辰朔，武興國王楊紹先叔父集起謀反，詔光祿大夫楊椿討之。

王足圍涪城，益州諸郡戍降者十二三，民送編籍者五萬餘戶。既而足引軍而退。十有二月庚申，又詔驃騎大將軍源懷愼，〔一〇〕令討武興反氐。

三年春正月丁卯朔，皇子生，大赦天下。壬申，梁秦二州刺史邢巒連破氐賊，克武興。蕭衍冀州刺史桓和入寇南青州，州軍擊走之。

秦州民王智等聚衆二千自號王公，尋推秦州主簿呂苟兒爲主，年號建明。己卯，楊集起兄弟相率降。二月丙辰，詔曰：「昔虞戒面從，昌言屢進；周任諫輔，王闕必箴。朕仰纘鴻基，伏膺寶曆，思康庶績，一日萬幾，是以側望忠言，虛求讜直。而良策弗進，規畫無聞，豈所謂弼諧元首，匡救不逮者乎？可詔王公已下，其有嘉謀深圖、直言忠諫、利國便民、矯時厲俗者，咸令指事陳奏，無或依違。」戊午，詔右衞將軍元麗等討呂苟兒。乙丑，平南將軍陳伯之破蕭衍徐州刺史昌義之於梁城。是月，衍將蕭昞率衆五萬寇淮陽。三月己巳，以戎旅大興，詔罷諸作。己卯，詔荆州刺史趙怡、平南將軍奚康生赴淮陽。樂良王長命坐殺人賜死，國除。戊子，名皇子曰昌。庚寅，平南將軍、曲江縣開國公陳伯之自梁城南奔。

夏四月乙未，〔一〕詔罷鹽池禁。甲辰，詔遣使者巡慰北邊酋庶。庚戌，以中山王英爲征南將軍、都督揚徐二道諸軍事，指授邊將。蕭衍江州刺史王茂先寇荆州，屯於河南城，詔平南將軍楊大眼討之。辛酉，大破之，斬其輔國將軍王花，首虜二千餘。進攻河南城，茂先逃潰，追奔至於漢水，拔其五城。將軍宇文福略衍司州，俘獲千餘口而還。五月乙丑朔，詔尚書拯義陽初附之戶。丙寅，詔曰：「掩骼埋胔，古之令典，順辰修令，朝之恒式。今時澤未降，春稼已旱。或有孤老餒疾，無人贍救，因以致死，暴露溝塹者，洛陽部尉依法棺埋。」壬申，蕭衍將張惠紹入寇，陷宿豫。乙亥，衍將蕭容陷梁城。〔二〕辛巳，衍將韋叡陷合肥城。壬午，詔尚書元遙率衆南討。

癸未，以秦隴未平，詔征西將軍于勁節度諸軍。

己丑，衍將又陷羊石、霍丘二城。六月辛丑，又陷小峴戍。

乙巳，安西將軍元麗大破秦賊，斬賊帥王智五人，梟首六千。

丁未，假平南將軍奚康生破蕭衍將張惠紹，斬其徐州刺史宋黑。丁巳，詔尚書邢巒出討徐兗。

秋七月丙寅，衍將桓和寇孤山，陷固城。

庚辰，元麗大破秦賊，降呂苟兒及其王公三十餘人，秦涇二州平。

戊子，中山王英大破衍徐州刺史王伯敖於陰陵，斬其將二十五人，首虜五千有餘。己丑，詔發定、冀、瀛、相、幷、肆六州十萬人以濟南軍。八月壬寅，安東將軍邢巒破蕭衍將桓和於孤山，斬首萬餘級。將軍元恒別克固城，斬衍冠軍將軍桓方慶。統軍畢祖朽別克蒙山，斬衍龍驤將軍矯道儀等，斬賊及赴沂死者四千餘人。兗州平。己酉，詔平南將軍、安樂王詮督後發諸軍以赴淮南。壬戌，曲赦涇、秦、岐、凉、河五州。九月癸酉，邢巒大破衍軍於宿豫，斬其大將藍懷恭等四十餘人。張惠紹棄宿豫，蕭昞棄淮陽南走，追斬數萬級。徐州平。己丑，中山王英大破衍軍於淮南，衍中軍大將軍、臨川王蕭宏，尚書右僕射柳惔，徐州刺史昌義之等棄梁城沿淮東走。追奔次於馬頭，衍冠軍將軍、戍主朱思遠棄城宵遁，擒送衍將四十餘人，斬獲士卒五萬有餘。英遂攻鍾離。高麗國遣使朝貢。蕭衍遣將士卒三萬寇義陽。丁酉，夜遁走，郢州刺史婁悅追擊，破之。戊申，蠕蠕國遣使朝貢。己未，征虜將軍趙遐大破衍衆於灈城桑坪。

十有一月甲子，帝爲京兆王愉、清河王懌、廣平王懷、汝南王悅講孝經於式乾殿。庚寅，詔曰：「往歲隴右扇逆，合境不民。其中猶有卒能自守，無豫釁亂。疾風知勁，良在可嘉。尚書可甄量報賞，以表誠義。」是月，梁州再破反獠。

四年春二月丙午，吐谷渾、宕昌國並遣使朝獻。己未，勿吉國貢楛矢。三月丙子，疊伏羅國遣使朝貢。

夏四月戊戌，鍾離大水。中山王英敗績而還。壬寅，吐谷渾、鳩磨羅、阿拔磨拔切磨勒、悉萬斤諸國並遣使朝獻。六月己丑朔，詔曰：「高祖德格兩儀，明並日月，播文教以懷遠人，調禮學以旌儁造，徙縣中區，光宅天邑，總霜露之所均，一姬卜於洛涘，戎繕兼興，未遑儒教。朕纂承鴻緒，君臨寶曆，思模聖規，述遵先志。今天平地寧，方隅無事，可敕有司準訪前式，置國子，立太學，樹小學於四門。」丙午，蕭衍龍驤將軍、馮翊太守宇文子生等七郡相率內附。丁未，社蘭達那羅、舍彌、比羅直諸國並遣使朝獻。

秋八月辛卯，契丹國遣使朝獻。己亥，中山王英、齊王蕭寶夤坐鍾離敗退，並除名爲民。庚子，庫莫奚、宕昌、吐谷渾諸國遣使朝獻。辛丑，敦煌民飢，開倉賑恤。九月己未，詔曰：「朕秉曆承天，履年將紀，徙正宮極，歲浹歸餘。台懿茂親，祗勤已久；列司英彥，庸績未酬。非所謂有功見知，賞以時及。其以司空、高陽王雍爲太尉，尚書令、廣陽王嘉爲司空，百官悉進位一級。」庚申，夏州長史曹明謀反，伏誅。甲子，開斜谷舊道。疏勒、車勒阿駒、南天竺、婆羅等諸國遣使朝獻。丙戌，司州民飢，開倉賑恤。閏月甲午，禁大司馬門不得車馬出入。

冬十月丁巳，高麗、半社、悉萬斤、可流伽、比沙、疏勒、于闐等諸國並遣使朝獻。丁卯，皇后于氏崩。戊辰，疏勒國遣使朝貢。庚午，淮陽太守安樂以城南叛。辛未，嚈噠、波斯、渴槃陁、渴文提不那杖忸杖提等諸國，〔三〕並遣使朝獻。乙酉，葬順皇后於永泰陵。十有一月丁未，禁河南畜牧馬。自碣石至於劍閣，東西七千里，置二十二都尉。己酉，阿與陁、呵羅槃、陁跋吐羅諸國並遣使朝獻。十有二月戊午，詔兵士鍾離沒落者，復一房田租三年。辛酉，特那杖提莎鉢離阿失勒摩致鉢諸國遣使朝貢。甲子，蠕蠕、高車民他莫孤率部來降。丁丑，鉢崙、波利伏佛冑善、乾達諸國遣使朝貢。

永平元年春正月戊戌，潁川太守王神念奔於蕭衍。二月辛未，勿吉、南天竺國並遣使朝獻。三月戊子，皇子昌薨。己亥，斯羅、阿陁、比羅、阿夷义多、婆那伽、伽師達、于闐諸國並遣使朝獻。丙午，以去年旱儉，遣使者所在賙恤。

夏四月，阿伏至羅國遣使朝貢。五月癸未，高麗國遣使朝獻。辛卯，帝以旱故，減膳撤懸。六月壬申，詔曰：「愼獄重刑，著於往誥。朕御茲寶曆，明鑒未遠，斷決煩疑，實有攸愧。可依洛陽舊圖，修聽訟觀，農隙起功，及冬令就。當與王公卿士親臨錄問。」癸酉，高車國遣使朝貢。

秋七月辛卯，高車、契丹、汗畔、罽賓諸國並遣使朝獻。甲午，以夫人高氏爲皇后。乙未，詔曰：「察獄以情，審之五聽，枷杖小大，各宜定準。然比廷尉、司州、河南、洛陽、河陰及諸獄官，鞫訊之理，未盡矜恕，掠拷之苦，每多切酷，非所以祗憲量衷、愼刑重命者也。推濫究枉，良軫於懷。可付尚書精檢枷杖違制之由，斷罪聞奏。」八月癸亥，冀州刺史、京兆王愉據州反。乙丑，假尚書李平鎭北將軍、行冀州事以討之。丁卯，大赦，改年。庚午，吐谷渾、庫莫奚國並遣使朝貢。九月辛巳朔，李平大破元愉於草橋。丙戌，復前中山王英本封。壬辰，蠕蠕國遣使朝貢。定州刺史、安樂王詮大破元愉於信都北。戊戌，殺侍中、太師、彭城王勰。辛丑，詔赦冀州民雜工役爲元愉所詿誤者，其能斬獲逆黨，別加優賞。癸卯，李平克信都，元愉北走，斬其所署冀州牧韋超、右衞將軍睦雅、〔一四〕尚書僕射劉子直、吏部尚書崔朏等。統軍叔孫頭執愉送信都。羣臣請誅愉，帝弗許，詔送京師。冀州平。庚子，郢州司馬彭珍、治中督榮祖等謀叛，潛引蕭衍衆入義陽，郢州刺史婁悅擊走之。詔將軍胡季智、屈祖等南赴義陽。三關戍主侯登、陽鳳省等以城南叛，婁悅嬰城固守。遣中山王英督步騎三萬以赴之。

冬十月丁巳，詔復故北海王詳本封，葬以王禮。豫州彭城人白早生殺刺史司馬悅，〔一五〕

據城南叛，蕭衍遣將齊苟仁等四將以助之。詔尚書邢巒行豫州事，督將軍崔暹率騎討之。丙子，邢巒大破早生及苟仁軍於鮑口。丁丑，前宿豫戍主成安樂子景儁殺宿豫戍主嚴仲賢，以城南叛。十有一月庚寅，詔安東將軍楊椿率衆四萬攻宿豫。十有二月己未，邢巒克懸瓠，斬白早生，擒齊苟仁等，俘蕭衍卒三千餘人，分賜王公已下。癸亥，中山王英破衍將於楚城，擒衍寧朔將軍張疑等。〔六〕郢州刺史婁悅破衍將馬仙琕於金山。壬申，漢東蠻民一萬七千戶相率內附。丙子，高麗國遣使朝獻。

是歲，高昌國王麴嘉遣其兄子私署左衞將軍孝亮奉表來朝，因求內徙，乞師迎接。

二年春正月，蕭衍遣王神念寇南兗。詔輔國將軍長孫稚假平南將軍爲都督，率統軍邴虬等五軍以討之。丁亥，胡密、步就磨、忸密、槃是、悉萬斤、辛豆那、越拔忸諸國並遣使朝獻。壬辰，嚈噠、薄知國遣使來朝，貢白象一。乙未，高昌國遣使朝貢。丙申，中山王英進逼蕭衍長薄戍，戊戌，胥潰，殺傷千數。丁酉，拔武陽關，擒衍雲騎將軍、松滋縣開國侯馬廣，冠軍將軍、遷陵縣開國子彭甕生，驍騎將軍、當陽縣開國伯徐元季等二十六將，俘獲七千餘人。進攻黃峴、西關。衍將馬仙琕棄西關，李元履棄黃峴遁走。是月，涇州沙門劉慧汪聚衆反。詔華州刺史奚康生討之。二月乙卯，詔曰：「比軍役頻興，仗多毀敗，在庫戎器，見有無幾。安不忘危，古人所戒，五兵之器，事須充積，經造既殷，非衆莫舉。今可量造四萬人雜仗。」三月癸未，磨豆羅、阿曜社蘇突闍、地伏羅諸國並遣使朝獻。夏四月己酉，詔以武川鎮飢，開倉賑恤。甲子，詔曰：「聖人濟世，隨物汙隆，或正或權，理無恒在。先朝以雲駕甫遷，嵩基始構，河洛民庶，徙舊未安，代來新宅，尚不能就。伊西南，羣蠻塡聚；沔陽賊城，連邑作戍；蠢爾愚巴，心未純款。故暫抑造育之仁，權緩肅姦之法。今京師天固，與昔不同。楊郢荆益，皆悉我有；保險諸蠻，罔不歸附；商洛民情，誠倍往日。唯樊襄已南，仁乖道政，被拘隔化，非民之咎。而無賴之徒，輕相劫掠，屠害良善，離人父兄。衍之爲酷，實亦深矣。便可放彼掠民，示其大惠，捨此殘賊，未令之愆。并敕緣邊州鎮，自今已後，不聽境外寇盜，犯者罪同境內。若州鎮主將，知容不糾，坐之如律。」五月，高麗國遣使朝獻。辛丑，帝以旱故，減膳徹懸，禁斷屠殺。甲辰，幸華林都亭，親錄囚徒，犯死罪已下降一等。六月，高昌國遣使朝獻。辛亥，詔曰：「江海方同，車書宜一，諸州軌轍南北不等。今可申敕四方，使遠近無二。」秋七月癸未，契丹國遣使朝獻。八月丁未，鄧至國遣使朝獻。戊申，以鄧至國世子像覽蹄爲其國王。高昌、勿吉、庫莫奚諸國並遣使朝獻。九月辛巳，封故北海王子顥爲北海王。壬午，詔定諸門闥名。

冬十月癸丑，以司空、廣陽王嘉爲司徒。庚午，郢州獻七寶牀，詔不納。十有一月甲申，詔禁屠殺含孕，以爲永制。己丑，帝於式乾殿爲諸僧、朝臣講維摩詰經。十有二月，詔曰：「五等諸侯，比無選式。其同姓者出身：公正六下，侯從六上，伯從六下，子正七上，男正七下。異族出身：公從七上，侯從七下，伯正八上，子正八下，男從八上。清修出身：公從八下，侯正九上，伯正九下，子從九上，男從九下。可依此敍之。」疊伏羅、弗菩提、朝陁咤、波羅諸國並遣使朝獻。

三年春二月丙午，高昌、鄧至國並遣使朝獻。壬子，秦州沙門劉光秀謀反。州郡捕斬之。癸亥，秦州隴西羌殺鎭將趙儁，阻兵反叛。州軍討平之。三月丙戌，皇子生，大赦天下。高麗、吐谷渾、宕昌諸國並遣使朝獻。

夏四月，平陽郡之禽昌、襄陵二縣大疫，自正月至此月，死者二千七百三十人。五月丁亥，詔以冀定二州旱儉，開倉賑恤。六月壬寅，詔重求遺書於天下。丁卯，名皇子曰詡。閏月己亥，吐谷渾、高麗、契丹諸國各遣使朝貢。

秋七月己未，吐谷渾國遣使朝貢。八月己卯，勿吉國遣使朝貢。九月壬寅，烏萇、伽秀沙尼諸國並遣使朝獻。丙辰，高車別帥可略汗等率衆一千七百內屬。

冬十月辛卯，中山王英薨。丙申，詔曰：「朕乘乾御曆，年周一紀，而道謝擊壤，教慚刑厝。至於下民之煢鰥疾苦，心常愍之，此而不恤，豈爲民父母之意也。可敕太常於閑敞之處，別立一館，使京畿內外疾病之徒，咸令居處。嚴敕醫署，分師療治，考其能否，而行賞罰。雖齡數有期，修短分定，然三疾不同，〔一七〕或賴針石，庶秦扁之言，理驗今日。又經方浩博，流傳處廣，應病投藥，卒難窮究。更令有司，集諸醫工，尋篇推簡，務存精要，取三十餘卷，以班九服，郡縣備寫，布下鄉邑，使知救患之術耳。」戊戌，高車、龜茲、難地、那竭、庫莫奚等諸國並遣使朝獻。十有二月己卯，高麗、比沙杖國遣使朝獻。辛巳，江陽王繼坐事除名。甲申，詔於青州立高祖廟。殿中侍御史王敞謀反伏誅。

四年春正月丁巳，汾州劉龍駒聚衆反。詔諫議大夫薛和率衆討之。甲子，阿悅陁、不數羅國並遣使朝獻。二月壬午，青、齊、徐、兗四州民飢甚，遣使賑恤。三月癸卯，婆比幡彌、烏萇、比地、〔一八〕乾達諸國並遣使朝獻。壬戌，司徒、廣陽王嘉薨。

夏四月，琅邪民王萬壽斬蕭衍輔國將軍、琅邪東莞二郡太守劉晣首，以朐山來降。徐州刺史盧昶遣琅邪戍主傅文驥率衆據之。甲戌，薛和大破山胡。蕭衍遣其鎮北將軍張稷及馬仙琕寇朐山。詔盧昶率衆赴之。五月己亥，遷代京銅龍置天淵池。〔一九〕丙辰，詔禁天文之學。六月乙亥，乾達、阿婆羅、達舍、越伽使密、不流沙諸國並遣使朝獻。

秋七月辛酉，吐谷渾、契丹國並遣使朝獻。八月辛未，阿婆羅、達舍、越伽使密、不流沙等諸國並遣使朝獻。癸巳，勿吉國獻楛矢。九月甲寅，蕭衍九山戍主荀仁以戍來降。〔二〇〕嚈噠、朱居槃、波羅、莫伽陁、移婆僕羅、俱薩羅、舍彌、羅樂陁等諸國並遣使朝獻。

冬十月丁丑，婆比幡彌、烏萇、比地、乾達等諸國並遣使朝獻。十有一月甲午，宕昌國遣使朝獻。己亥，詔李崇、奚康生等治兵壽春，以分朐山之寇。戊申，難地、伏羅國並遣使朝獻。朐城陷，盧昶大敗而還。十有二月壬申，詔曰：「進善退惡，治之通規，三載考察，政之明典。正始二年以來，于今未考，功過難齊，寧無昇降？從景明二年至永平四年，通考以聞。」戊子，大羅汗、婆來伽國遣使朝獻。

延昌元年春正月乙巳，以頻水旱，百姓饑弊，分遣使者開倉賑恤。戊申，疏勒國遣使朝獻。丙辰，以車騎大將軍、尚書令高肇爲司徒公，光祿大夫、清河王懌爲司空，司州牧、廣平王懷進號驃騎大將軍、儀同三司。三月辛卯朔，〔二一〕渴槃陁國遣使朝獻。甲午，州郡十一大水，詔開倉賑恤。以京師穀貴，出倉粟八十萬石以賑貧者。己未，安樂王詮薨。

夏四月，詔以旱故，食粟之畜皆斷之。丁卯，詔曰：「遷京、嵩縣，年將二紀，虎闈闕唱演之音，四門絕講誦之業，博士端然，虛祿歲祀，貴遊之冑，歎同子衿，靖言念之，有兼愧慨。可嚴敕有司，國子學孟冬使成，太學、四門明年暮春令就。」戊辰，以旱，詔尚書與羣司鞫理獄訟，詔河北民就穀燕恒二州。辛未，詔饑民就穀六鎮。丁丑，帝以旱故，減膳撤懸。癸未，詔曰：「肆州地震陷裂，死傷甚多，言念毀沒，有酸懷抱。亡者不可復追，生病之徒宜加療救。可遣太醫、折傷醫，幷給所須之藥，就治之。」乙酉，大赦，改年。詔立理訴殿、申訟車，以盡冤窮之理。五月辛卯，疏勒及高麗國並遣使朝獻。丙午，詔天下有粟之家，供年之外，悉貸饑民。自二月不雨至於是晦。六月壬申，澍雨大洽。戊寅，通河南牝馬之禁。己卯，詔曰：「去歲水災，今春炎旱，百姓饑餒，救命靡寄，雖經蠶月，不能養績。今秋輸將及，郡縣期於責辦，尚書可嚴勒諸州，量民資產，明加檢校，以救艱弊。」庚辰，詔出太倉粟五十萬石，以賑京師及州郡饑民。

秋七月，吐谷渾、契丹國並遣朝獻。八月壬戌，吐谷渾國遣使朝貢。丁亥，勿吉國貢楛矢。

冬十月乙亥，立皇子詡爲皇太子。是月，嚈噠、于闐、高昌及庫莫奚諸國並遣使朝獻。十有一月丙申，詔曰：「朕運承天休，統御宸宇，太子體藉靈明，肇建宮華，明兩旣孚，三善方洽，宜澤均率壤，縈汎庶胤。其賜天下爲父後者爵一級，孝子、順孫、廉夫、節婦旌表門閭，量給粟帛。」十有二月己巳，詔守宰爲御史所彈遇赦免者、及考在中第，皆代之。

二年春正月戊戌，帝御申訟車，親理寃訟。高麗國遣使朝獻。二月丙辰朔，賑恤京師貧民。甲戌，以六鎭大饑，開倉賑贍。己卯，太尉、高陽王雍進位太保。庚辰，蕭衍郁州民徐玄明等斬送衍鎭北將軍、青冀二州刺史張稷首，以州內附，詔前南兗州刺史樊魯率衆赴之。閏二月辛丑，以苑牧之地賜代遷民無田者。癸卯，定奴良之制，以景明爲斷。三月丙寅，高昌國遣使朝獻。是春，民饑，餓死者數萬口。〔三〕

夏四月庚子，以絹十五萬匹賑恤河南郡饑民。五月，壽春大水，遣平東將軍奚康生等步騎數千赴之。高麗國遣使朝獻。六月乙酉，青州民饑，詔使者開倉賑恤。甲午，曲赦揚州。辛亥，帝御申訟車，親理寃訟。是夏，州郡十三大水。

秋八月辛卯，詔曰：「頃水旱互侵，頻年饑儉，百姓窘弊，多陷罪辜，煩刑之愧，朕用懼矣。其殺人、掠賣人、羣强盜首，及雖非首而殺傷財主，曾經再犯公斷道路劫奪行人者，依法行決；自餘恕死。徒流已下各準減降。」庚戌，嚈噠、于闐、槃陁及契丹、庫莫奚諸國並遣使朝獻。九月丙辰，以貴族豪門崇習奢侈，詔尚書嚴立限級，節其流宕。是月，勿吉、吐谷渾、鄧至國並遣使朝貢。

冬十月，詔以恒、肆地震，民多死傷，蠲兩河一年租賦。十有二月丙戌，丐洛陽、河陰二縣租賦。乙巳，詔以恒、肆地震，民多離災，其有課丁沒盡、老幼單辛、家無受復者，各賜廩以接來稔。高麗國遣使朝獻。

三年春二月乙未，詔曰：「肆州秀容郡敷城縣、鴈門郡原平縣，並自去年四月以來，山鳴地震，于今不已，告譴彰咎，朕甚懼焉，祗畏兢兢，若臨淵谷，可恤瘼寬刑，以答災譴。」三月，三關別將李世哲大破羣蠻，斬蕭衍龍驤將軍文思之、文天生。

夏四月，青州民饑，辛巳，開倉賑恤。乙巳，上御申訟車，親理冤訟。六月，南荆州刺史桓叔興大破蕭衍軍於九山，斬其虎旅將軍、新豐縣開國子蔡令孫，冠軍將軍席世興，貞義將軍藍次孫。

秋七月丙子，勿吉國遣使朝貢。八月甲申，帝臨朝堂，考百司而加黜陟。九月，吐谷渾、契丹、勿吉諸國並遣使朝貢。

冬十月庚辰，詔驍騎將軍馬義舒慰諭蠕蠕。庫莫奚國遣使朝貢。十有一月庚戌，南天竺、佐越費實諸國並遣使朝獻。辛亥，詔司徒高肇爲大將軍、平蜀大都督，步騎十萬西伐。益州刺史傅豎眼出巴北，〔三〕平南將軍羊祉出涪城，安西將軍奚康生出綿竹，撫軍將軍甄琛出劍閣。乙卯，以中護軍元遙爲征南將軍、東道都督，鎮遏梁楚。丁巳，幽州沙門劉僧紹聚衆反，自號淨居國明法王。州郡捕斬之。甲戌，高麗國遣使朝獻。十有二月庚寅，詔立明堂。

四年春正月甲寅，帝不豫，丁巳，崩于式乾殿，時年三十三。二月甲戌朔，上尊謚曰宣武皇帝，廟號世宗。甲午，葬景陵。

帝幼有大度，喜怒不形於色。雅性儉素。初，高祖欲觀諸子志尚，乃大陳寶物，任其所取，京兆王愉等皆競取珍玩，帝唯取骨如意而已。高祖大奇之。庶人恂失德，高祖謂彭城王勰曰：「吾固疑此兒有非常志相，今果然矣。」乃立爲儲貳。雅愛經史，尤長釋氏之義，每至講論，連夜忘疲。善風儀，美容貌，臨朝淵默，端嚴若神，有人君之量矣。

史臣曰：世宗承聖考德業，天下想望風化，垂拱無爲，邊徼稽服。而寬以攝下，從容不斷，太和之風替矣。比夫漢世，元、成、安、順之儔歟？

校勘記

〔一〕寶卷將胡松李居士率衆萬餘屯宛　卷六三王肅傳「宛」作「死虎」。按「死虎塘」「死虎亭」，見水經注卷三二肥水篇。戴震校本云：「案『虎』，原本及近刻並訛作『雩』。考死虎壘在今壽州東四十餘里。」宋書卷八六劉緬傳劉順等東據宛唐，築四壘。通典云：「宛唐，死虎之訛也。」宛唐、死雩當是唐人避李虎諱改。這裏本也同王肅傳作「死虎」，唐人改作「宛唐」，後來又脫「唐」字。

〔二〕大將軍廣陵王羽爲司徒　北史卷四魏紀四「司徒」作「司空」。按上文稱「以北海王詳爲大將軍」，卷二一廣陵王羽傳稱羽爲車騎大將軍，授司徒，不受，請爲司空，許之。知「大將軍」上脫「車騎」二字，「司徒」是記初授官，未必誤。

〔三〕正調之外諸妨害損民一時蠲罷　册府卷一〇六一七七三頁「妨害」作「坊調」。按「妨害損民」，語意重複。「坊」當是「旁」之訛，「旁調」和「正調」對文，即橫調、雜調。

〔四〕發畿內夫五萬人築京師三百二十三坊　南、北、殿三本和北史卷四「五萬」下有「五千」二字。又北史作「三百二十坊」。按卷一八廣陽王嘉傳也作「三百二十坊」，「坊」上「三」字當衍。

〔五〕是歲疏勒罽賓婆羅捺烏萇阿喻陁羅婆不崙陁拔羅弗波女提斯羅噠舍伏耆奚那太羅槃烏稽悉萬斤朱居槃訶盤陁撥斤厭味朱沴洛南天竺持沙那斯頭諸國並遣使朝貢　按以上「諸國」，除見於史籍西域傳外，很難確知，今比對見於此紀他處和西域傳「諸國」，凡可以推知者加標線。「婆羅捺」當即見於永平二年十二月及四年九月之「波羅」，亦即御覽卷七九七三五四二頁之「波羅奈」。「阿喻陁」當即見於正始四年十一月之「阿與陁」，永平四年正月之「阿悅陁」。「不崙」即見於正始四年十二月之「鉢崙」。「陁拔羅」當卽正始四年十一月之「陁跋吐羅」。「斯羅」又見於永平元年三月，位與「諸國」之首，知此處不與上「提」字連。「嗟舍」卽見於永平四年六月之「達舍」。「羅槃」疑卽見於正始四年十一月之「呵羅槃」，這裏脫「呵」字或省譯。「朱居槃」卽西域傳之「悉居半」及「朱居」。「訶盤陁」當卽西域傳之「渴槃陁」，洛陽伽藍記載宋雲行記之「漢盤陁」。「撥斤」疑卽見於隋書卷八三西域傳之「鏺汗」，「汗」訛「斤」。「厭味」疑是「嚈噠」之訛。「羅婆」、「烏稽」、「朱沴洛」雖無從比對，由于各自介於二者之間，亦加標斷。其他「弗波女提」、「伏耆奚那太」、「持沙那斯頭」，四五個字連在一起，不知是一地或二地名，無從加標，姑從闕疑。此紀及下肅宗紀尚有多處列舉「諸國」，均從此例，可以比對推知的加標線，不能標斷的從闕。除册府有異文和疑有訛脫之外，不一一出校記。

〔六〕揚州破蕭衍將於陰山斬其龍驤將軍吳道爽等數千級　按卷一九中任城王雲附元澄傳稱：「攻蕭衍陰山戍破之，斬其戍主龍驤將軍、都亭侯梅興祖。仍引攻白稾戍，又破之，斬其寧朔將軍、關內侯吳道爽。」卷九八蕭衍傳同。則龍驤將軍乃梅興祖，吳道爽乃寧朔將軍。這裏「龍驤將軍」下當有脫文。

〔七〕斬其徐州刺史潘佃憐擒司馬明素　按卷一九中元澄傳、卷九八蕭衍傳作「徐州刺史司馬明素」，「徐州長史潘伯憐」。這裏不記司馬明素官位，又以潘佃憐爲刺史，疑有脫訛。「佃」「伯」不知孰是。

〔八〕徐州刺史永昌縣開國侯陳虎牙降　按陳虎牙是陳伯之子。他爲徐州刺史，見於本書卷六一田益宗附陳伯之傳及南齊書卷八和帝紀中興元年五〇一四月。伯之傳明言：「景明三年五〇二，伯之遣使密表請降，并遣其子冠軍將軍、徐州刺史、永昌縣開國侯虎牙爲質。」本年五〇三不得又有徐州刺史陳虎牙降魏事。不知何以致誤。

〔九〕蕭衍冠軍將軍李畋等置營始平郡東　通鑑卷一四六四五五一頁「李畋」作「李畎」。按卷六五邢巒傳稱「蕭衍輔國將軍李畎戍石同」。卷七一李苗傳稱苗叔父略爲蕭衍寧州刺史，曾拒王足於涪。北史卷四五李苗傳「略」作「畎」。「畋」「畎」「略」官位，雖諸傳所載各異，其人却均爲在涪城一帶拒敵王足的梁將，必是一人。通鑑此條作「冠軍將軍李畎」，知本此紀，考異無文，則司馬光所見此紀，本亦作「畎」。此人當名「畎」，「畋」「略」都是形近而訛。

〔一〇〕又詔驃騎大將軍源懷愼　按卷四一源懷傳云本名思禮，「後賜名懷」，此作「懷愼」，疑衍「愼」字。但當時雙名常單稱，所見北魏墓誌中名與史傳不合者此類甚多，也可能源懷實雙名「懷愼」，今仍之。

〔一一〕夏四月乙未　北史卷四魏紀四「乙未」作「丁未」。按是年四月乙未朔，丁未乃十一日。若是乙未，例當下有「朔」字。若非「乙」爲「丁」字之訛，則下脫「朔」字。

〔一二〕衍將蕭容陷梁城　卷六五邢巒傳、卷九八蕭衍傳「容」作「密」。按梁書卷二武帝紀天監五年五月乙亥稱「臨川王宏前軍克梁城」，「容」或「密」當是避元宏諱改。

〔一三〕渴文提不那杖忸杖提等諸國　以上諸國無考，「那」下「杖」字册府卷九六九一一三九一頁作「伏」。

〔一四〕右衞將軍睦雅　按「睦」非姓。本書卷九〇逸士傳有眭夸，北齊書卷四五文苑傳有眭豫。史籍「眭」常訛作「睦」，北齊書諸本「眭豫」即訛作「睦豫」，疑這裏「睦」也是「眭」之訛。

〔一五〕豫州彭城人白早生殺刺史司馬悅　册府卷一二一一四五〇頁無「彭」字。按彭城不屬豫州。卷三七司馬悅傳、卷八七劉侯仁傳稱「城人白早生」，卷六五邢巒傳作「豫州城民白早生」，卷九八蕭衍傳作「懸瓠城民白早生」。「城人」或「城民」是當時州鎮屯戍軍所屬人口的專稱。這裏「彭」字疑衍文。

〔一六〕擒衍寧朔將軍張疑等　卷一九下南安王楨附元英傳「張疑」作「張道凝」，又稱「斬道凝」。這裏「疑」當作「凝」，雙名單稱。「擒」「斬」未知孰是。

〔一七〕然三疾不同　御覽卷一〇三四九五頁「三」作「六」。按「三疾」見論語陽貨，指狂、矜、愚，與詔書所說疾病不同。「六疾」見左傳成元年醫和語，疑作「六」是。

〔一八〕比地　册府卷九六九一一三九一頁「比」作「北」。

〔一九〕遷代京銅龍置天淵池　北史卷四、册府卷一一三一五〇頁「池」下有「西」字，疑脫。

〔二〇〕蕭衍九山戍主苟仁以戍來降　百衲本「仁」字空格，南本以下諸本都作「仁」，或因上文見齊苟仁而補。今姑從諸本。

〔二一〕三月辛卯朔　諸本「三月」作「二月」。按是年二月丙辰朔，三月辛卯朔。下記「甲午」「癸未」，乃三月四日及二十九日。下文己未稱安樂王詮死，卷一〇五之二天象志二正作「延昌元年三月己未」，知「二」乃「三」之訛，今改正。

〔二二〕民饑餓死者數萬口　卷一〇五之一天象志一稱延昌二年春，「京師民饑，餓死者數萬口」。按下文卽記「以絹十五萬匹賑恤河南郡饑民」，河南郡是畿郡，亦卽「京師」。天象志記事一般卽出於本紀，疑這裏「民饑」上脫「京師」二字。

〔二三〕益州刺史傅豎眼出巴北　卷七〇傅豎眼傳、卷一〇五之四天象志四延昌元年條作「北巴」。按隋書卷二九地理志上巴西郡下稱「梁置南梁、北巴州」。州在今閬中縣一帶。天象志所云卽出此紀，知原亦當作「北巴」，傳本誤倒，但作「巴北」亦可通，今不改。

魏書卷九

肅宗紀第九

肅宗孝明皇帝，諱詡，世宗宣武皇帝之第二子，母曰胡充華。永平三年三月丙戌，帝生于宣光殿之東北，有光照于庭中。延昌元年十月乙亥，立爲皇太子。

四年春正月丁巳夜，卽皇帝位。戊午，大赦天下。己未，徵下西討東防諸軍。庚申，詔太保、高陽王雍入居西栢堂，決庶政，又詔任城王澄爲尙書令，百官總己以聽於二王。己巳，勿吉、逵槃、地豆和、尼步伽、拔但、佐越費實等諸國遣使朝獻。二月庚辰，尊皇后高氏爲皇太后。辛巳，司徒高肇至京師，以罪賜死。蕭衍寧州刺史任太洪率衆寇關城，益州長史成興孫擊破之。癸未，太保、高陽王雍進位太傅、領太尉，司空、淸河王懌爲司徒，驃騎大將軍、廣平王懷爲司空。己亥，尊胡充華爲皇太妃。宕昌國遣使朝獻。三月甲辰朔，皇太后出俗爲尼，徙御金墉。丙辰，詔進宮臣位一級。先是，蕭衍於浮山堰淮，規爲揚徐之害，詔平南將軍楊大眼討之。乙丑，進文武羣官位一級。

夏四月，梁州刺史薛懷古破反氐於沮水。五月甲寅，南秦州刺史崔暹擊破氐賊，解武興圍。

六月，沙門法慶聚衆反於冀州，殺阜城令，自稱大乘。

秋七月癸卯，蠕蠕國遣使朝獻。丁未，詔假右光祿大夫元遙征北大將軍，攻討法慶。宕昌國遣使朝獻。八月乙亥，領軍于忠矯詔殺左僕射郭祚、尚書裴植，免太傅、領太尉、高陽王雍官，以王還第。丙子，尊皇太妃爲皇太后。己卯，吐谷渾國遣使朝獻。庚辰，蕭衍定州刺史田超秀率衆三千請降。戊子，帝朝皇太后於宣光殿，大赦天下。己丑，司徒、淸河王懌進位太傅，領太尉；司空、廣平王懷爲太保，領司徒；驃騎大將軍、任城王澄爲司空。庚寅，車騎大將軍于忠爲尙書令，特進崔光爲車騎大將軍，並儀同三司。壬辰，復前江陽王繼本國；以濟南王彧復先封，爲臨淮王。羣臣奏請皇太后臨朝稱制。

九月乙巳，皇太后親覽萬機，詔曰：「高祖革禮成治，遺澤在民。世宗纂承丕業，聖德昭遠。朕以沖孺，屬當寶圖，洪基至重，若履冰薄。王公百辟羣牧庶官，皆受遇先朝，寵榮自昔，宜各勉崇，共康世道，勠力竭誠，以匡輔不逮。其有懷道丘園、味跡板築、山栖谷飲、舒卷從時者，宜廣戔帛，緝和鼎飪。有能讜言直諫、濟世益時者，在所以聞，當待以不次之位。孝子、順孫、義夫、節婦，表其門閭，以彰厥美。高年孤獨不能自存者，賜以粟帛。若因饑失業、天屬流離，或賣鬻男女以爲僕隸者，各聽歸還。比冀方未肅，徐城寇擾，將統久勞，士卒疲弊，並遣撫慰，賜以衣馬。緣邊州鎮，固捍之勞，朔方畲庶，北面所委，亦令勞賚，以副其心。其有先朝舊事寢而不舉、頃來便習不依軌式者，並可疏聞，當加覽裁。若益時利治、不拘常制者，自依別例。其明相申約，稱朕意焉。」

甲寅，征北元遙破斬法慶及渠帥百餘人，傳首京師。安定王燮薨。庚申，高昌、庫莫奚、契丹諸國並遣使朝獻。蕭衍將趙祖悅襲據硤石。癸亥，詔定州刺史崔亮假鎮南將軍，率諸將討之；冀州刺史蕭寶夤爲鎮東將軍，次淮堰。戊辰，鄧至國遣使朝貢。

冬十月庚午朔，勿吉國貢楛矢。壬午，高麗、吐谷渾國並遣使朝獻。乙酉，以安定公胡國珍爲中書監、儀同三司。甲午，蕭衍弘化太守杜桂舉郡內屬。十有二月辛丑，以高陽王雍爲太師。己酉，鎮南崔亮破祖悅，遂圍硤石。丁卯，帝、皇太后謁景陵。高車國遣使朝獻。

熙平元年春正月戊辰朔，大赦，改年。荆沔都督元志大破蕭衍軍，斬其恒農太守王世定等。以吏部尚書李平爲鎮軍大將軍兼尚書右僕射，爲行臺，節度討硤石諸軍。二月乙巳，鎮東蕭寶夤大破衍將於淮北。癸亥，初聽秀才對策，第居中上已上，敍之。乙丑，鎮南崔亮、鎮軍李平等克硤石，斬衍豫州刺史趙祖悅，傳首京師，盡俘其衆。是月，吐谷渾、宕昌、鄧至諸國並遣朝貢。三月辛未，以揚州刺史李崇爲驃騎將軍、儀同三司。壬辰，以硤石俘虜分賜百僚。

夏四月戊戌，以瀛州民饑，開倉賑恤。高昌、陰平國並遣使朝獻。五月丁卯朔，詔曰：「炎旱積辰，苗稼萎悴，比雖微澍，猶未霑洽，晚種不納，企望憂勞，在予之責，思自兢厲。尙書可釐恤獄犴，察其淹枉，簡量輕重，隨事以聞，無使一人怨嗟，增傷和氣。土木作役，權皆休罷，勸農省務，肆力田疇。庶嘉澤近降，豐年可必。」蕭衍衡州刺史張齊寇益州，〔一〕復以傅豎眼爲刺史以討之，頻破賊軍，斬其將任太洪首。庚午，詔放華林野獸於山澤。丙戌，吐谷渾遣使朝獻。

秋七月庚午，重申殺牛之禁。丙子，詔兵士征硤石者復租賦一年。傅豎眼大破張齊，齊遁走。乙酉，高昌國遣使朝獻。八月乙巳，以侍中、中書監、儀同三司、安定郡開國公胡國珍爲都督雍涇岐華東秦豳六州諸軍事、驃騎大將軍、開府儀同三司、雍州刺史。丙午，詔曰：「先賢列聖，道冠生民，仁風盛德，煥乎圖史。暨曆數永終，迹隨物變，陵壍杳藹，鞠爲茂草，古帝諸陵，多見踐藉。可明敕所在，諸有帝王墳陵，四面各五十步勿聽耕稼。」宕昌國遣使朝貢。九月丁丑，淮堰破，蕭衍緣淮城戍村落十餘萬口，皆漂入于海。

十有二月癸巳，詔洛陽、河陰及諸曹雜人年七十已上、鰥寡貧困不能自存，及年雖少而痼疾長廢、窮苦不濟者，研實具列以聞。

二年春正月，大乘餘賊復相聚結，攻瀛州。刺史宇文福討平之。甲戌，大赦天下。戊子，勿吉國遣使朝貢。庚寅，詔遣大使巡行四方，問疾苦，恤孤寡，黜陟幽明。又詔：「選曹用人，務在得才，廣求栖遁，共康治道。州鎮城隍，各令嚴固。齋會聚集，糾執妖諠。囹圄皆令造屋，桎梏務存輕小。工巧浮迸，不得隱藏。絹布繒綵，長短合式。偷竊軍階，亦悉沙汰。籍貫不實，普使糾案，聽自歸首，逋違加罪。」詔中尉元匡考定權衡。癸丑，地伏羅、罽賓國並遣使朝獻。二月庚子，契丹、鄧至、宕昌諸國並遣使朝獻。丁未，封御史中尉元匡爲東平王。三月甲戌，吐谷渾國遣使朝獻。丁亥，太保、領司徒、廣平王懷薨。

夏四月甲午，高麗、波斯、疏勒、嚈噠諸國並遣使朝獻。丁酉，詔京尹所統，百年以上賜大郡板，九十以上賜小郡板。戊申，以中書監、開府儀同三司胡國珍爲司徒公，特進、汝南王悅爲中書監、儀同三司。乙卯，皇太后幸伊闕石窟寺，卽日還宮。安定王超改封北平王。

五月辛酉，詔曰：「揚州硤石、荆山、新淮、酇城兵士戰没者，追給斂財，復一房五年；若無妻子，復其家一人二年。身被三創，賞一階；雖一創而四體廢落者，亦同此賞。」庚辰，重中天文之禁，犯者以大辟論。乙酉，鄧至國遣使朝貢。

秋七月乙丑，地伏羅、罽賓國並遣使朝獻。乙亥，中書監、儀同三司、汝南王悅坐殺人免官，以王還第。己巳，車駕有事於太廟。八月戊戌，宴太祖以來宗室年十五以上於顯陽殿，申家人之禮。己亥，詔庶族子弟年未十五不聽入仕。詔曰：「皇魏開基，道邁周漢，蟬連二都，德盛百祀，雖帝胤蕃衍，親賢並茂，而猶沉屈素履，巾褐衡門，非所謂廣命戚族，翼屏王室者也。今可依世近遠，敍之列位。」庚子，詔咸陽、京兆二王子女還附屬籍。壬寅，吐谷渾國遣使朝獻。丁未，詔侍中、太師、高陽王雍入居門下，參決尚書奏事。己酉，契丹國遣使朝貢。九月辛酉，吐谷渾國遣使朝貢。丙寅，詔曰：「察訟理冤，實維政首，躬親聽覽，民信所由。比日諒闇之中，治綱未振，獄犴繁廣，嗟訴驟聞，雖曰司存，每多誣壅。曾是寡德，實深矜慨。自今月望，當暫出城闉，親納滯枉。主者可宣諸近遠，咸使聞知。」是月，城青、齊、兗、涇、平、營、肆七州所治東陽、歷城、瑕丘、平涼、肥如、和龍、九原七城。

冬十月庚寅，以幽、冀、滄、瀛四州大饑，遣尚書長孫稚、兼尚書鄧羨、元纂等巡撫百姓，開倉賑恤。丁酉，勿吉國貢楛矢。〔三〕戊戌，以光州饑弊，遣使賑恤。乙卯，詔曰：「北京根舊，帝業所基，南遷二紀，猶有留住。懷本樂故，未能自遣，若未遷者，悉可聽其仍停，安堵永業。門才術藝、應於時求者，自別徵引，不在斯例。周之子孫，漢之劉族，遍於海內，咸致蕃衍，豈拘南北千里而已哉。」十有一月甲子，蕭衍平西將軍、巴州刺史牟漢寵遣使請降。十有二月丁未，蠕蠕國遣使朝貢。

神龜元年春正月甲子，詔以氐酋楊定爲陰平王。丙寅，以特進、江陽王繼爲驃騎大將軍、儀同三司。壬申，詔曰：「朕沖昧撫運，政道未康，民之疾苦，弗遑紀恤，夙宵矜慨，鑒寐深懷，眷彼百齡，悼茲六極。京畿百年以上給大郡板，九十以上給小郡板，八十以上給大縣板，七十以上給小縣板；諸州百姓，百歲以上給小郡板，九十以上給上縣板，八十以上給中縣板；鰥寡孤獨不能自存者，賜粟五斛、帛二匹。」庚辰，詔以雜役之戶或冒入清流，所在職人皆五人相保，無人任保者奪官還役。乙酉，加特進、汝南王悅儀同三司。秦州羌反。幽州大饑，民死者三千七百九十九人，詔刺史趙邕開倉賑恤。二月戊申，嚈噠、高麗、勿吉、吐谷渾、宕昌、疏勒、久末陁、末久半諸國，〔三〕並遣使朝獻。己酉，詔以神龜表瑞，大赦改年。東益州氐反。蠕蠕國遣使朝貢。三月辛酉，以尚書右僕射于忠爲儀同三司。辛巳，儀同三司、尚書右僕射于忠薨。南秦州氐反，遣龍驤將軍崔襲持節喻之。吐谷渾國遣使朝貢。

夏四月丁酉，司徒胡國珍薨。甲辰，江陽王繼改封京兆王。辛亥，舍摩國遣使朝獻。五月，高麗、高車、高昌諸國並遣使朝貢。自正月不雨至于六月辛卯，澍雨乃降。

秋七月，河州民却鐵忽聚衆反，自稱水池王。詔行臺源子恭討之。閏月戊戌，吐谷渾國遣使朝貢。甲辰，開恒州銀山之禁，與民共之。丁未，波斯、疏勒、烏萇、龜茲諸國並遣使朝獻。八月癸丑朔，詔曰：「朕沖昧纂曆，未閑政道，皇太后殷憂在疚，始覽萬幾。故獄犴淹枉，百姓寃弊，言念繁刑，思存降省，京師見囚，殊死以下可悉減一等。」丁巳，詔曰：「頃年以來，戎車頻動，服制未終，奪哀從役。罔極之痛弗申，鞠育之恩靡報，非所謂敦崇至道者也。自今雖金革之事，皆不得請起居喪。」甲子，勿吉國遣使朝貢。鐵忽相率降於行臺源子恭。九月癸未朔，以右光祿大夫劉騰爲衞將軍、儀同三司。戊申，皇太后高氏崩于瑤光寺。冬十月丁卯，以尼禮葬於北邙。

十有二月辛未，詔曰：「民生有終，下歸兆域，京邑隱賑，口盈億萬，貴賤攸憑，未有定所，爲民父母，尤宜存恤。今制乾脯山以西，擬爲九原。」

二年春正月丁亥，詔曰：「朕以沖眇，纂承寶位，夙夜惟寅，若涉淵海。賴皇太后慈仁，被以夙訓。自臨朝踐極，歲將半紀，天平地成，四海寧乂。天道高遠，巍巍難名，猶以撝挹自居，稱號弗備，非所以崇奉坤元，允協億兆者也。宜遵舊典，稱詔宇內，以副黎蒸元元之望。」是月，改葬文昭皇太后高氏。二月乙丑，齊郡王祐薨。庚午，羽林千餘人焚征西將軍張彝第，毆傷彝，燒殺其子始均。吐谷渾、宕昌國並遣使朝貢。乙亥，大赦天下。丁丑，詔求直言，諸有上書者聽密封通奏。壬寅，詔曰：「農要之月，時澤弗應，嘉穀未納，三麥枯悴。德之無感，歎懼兼懷。可敕內外，依舊雩祈，率從祀典。察獄理寃，掩胔埋骼。冀瀛之境，往經寇暴，死者既多，白骨橫道，可遣專令收葬。賑窮恤寡，救疾存老，準訪前式，務令周備。」三月甲辰，澍雨大洽。

夏四月乙丑，嚈噠國遣使朝貢。五月戊戌，以司空、任城王澄爲司徒，驃騎大將軍、儀同三司、京兆王繼爲司空。

秋八月己未，御史中尉、東平王匡坐事削除官爵。辛未，以左光祿大夫皇甫集爲征西將軍、儀同三司。九月庚寅，皇太后幸嵩高山；癸巳，還宮。瀛州民劉宣明謀反，事覺伏誅。

冬十有一月乙酉，蠕蠕莫緣梁賀侯豆率男女七百人來降。十有二月癸丑，司徒、任城王澄薨。庚申，大赦天下。詔除淫祀，焚諸雜神。

是歲，高麗王雲死，以世子安爲其國王。

正光元年春正月乙酉，詔曰：「建國緯民，立教爲本，尊師崇道，茲典自昔。來歲仲陽，節和氣潤，釋奠孔顏，乃其時也。有司可豫繕國學，圖飾聖賢，置官簡牲，擇吉備禮。」

夏四月丙辰，詔尚書長孫稚巡撫北藩，觀察風俗。五月辛巳，詔曰：「朕以寡薄，運膺寶圖，雖未明求衣，愓懼終日，而闇昧多闕，炎旱爲災，在予之愧，無忘寢食。今刑獄繁多，囹圄尙積，宜敷仁惠，以濟斯民。八座可推鞫見囚，務申枉濫。」癸未，詔曰：「攘災招應，修政爲本，民乃神主，實宜率先。刺史守令與朕共治天下，宜哀矜勿喜，視民如傷。況今炎旱歷時，萬姓彫弊，而不撫恤窮寃，理決庶獄。可嚴勑州郡，善加綏隱，務盡聰明，加之祗肅，必使事允人神，時致靈應。其賦役不便於民者，具以狀聞，便當蠲罷。」

秋七月丙子，侍中元叉、中侍中劉騰奉帝幸前殿，[四]矯皇太后詔曰：「魏有天下，奕葉重光。高祖孝文皇帝，以英聖馭天，徙京定鼎。世宗宣武皇帝，以睿明承業，廓寧區夏，而鴻勳未半，早已登遐。乃令車書弗同，鯨寇尙熾。幼主稚弱，夙纂寶曆，曾是宗祏，莫克祗奉，朕所以敬順羣請，臨朝總政。帝年以長，久思退身，所以往歲殷勤，具陳情旨，百官內外，已照此懷。而僉爾衆意，苦見勤奪，僶俛從事，以迄于茲。自此春來，先疾屢發，藥石攝療，莫能善瘳，夏首及今，數加動劇，便不堪日釐萬務，巨細兼省。帝齒周星紀，識學逾躋，日就月將，人君道茂，足以撫緝萬邦，諧決百揆。朕當率前志，敬遜別宮，遠惟復子明辟之義，以自綏養，實望羣公逮于黎庶，深鑒斯理。如此，則上下休嘉，天地清晏，魏道熙隆，人神慶悅，不其善歟？」乃幽皇太后於北宮，殺太傅、領太尉、清河王懌，總勒禁旅，決事殿中。辛卯，帝加元服，大赦，改年，內外百官進位一等。八月甲寅，相州刺史、中山王熙舉兵欲誅叉、騰，不果見殺。九月壬辰，蠕蠕主阿那瓌來奔。戊戌，以太師、高陽王雍爲丞相，加後部羽葆、鼓吹、班劍四十人。

冬十月乙卯，〔五〕以驃騎大將軍、儀同三司、汝南王悅爲太尉公。

十有一月己亥，詔曰：「蠕蠕世雄朔方，擅制漠裔，隣通上國，百有餘載。自神鼎南底，累紀于茲，虔貢雖違，邊燧靜息，憑心象魏，潛款彌純。今其主阿那瓌屬離時難，邦分親析，萬里遠馳，庇命有道。悲同申、伍，忠孝足矜。方存興滅之師，以隆繼絕之舉，宜且優以賓禮，期之立功，疏爵胙土，大啓河岳，可封朔方郡開國公、蠕蠕王，食邑一千戶，錫以衣冕，加以軺車，祿恤儀衞，同乎戚蕃。」十有二月壬子，詔曰：「蠕蠕王阿那瓌，遭離寇禍，遠來投庇，邦分衆析，猶無定主，而永懷北風，思還綏集。啓訴情切，良用愍然。夫存亡恤敗，自古通典。可差國使及彼前後三介，與阿那瓌相隨；幷敕懷朔都督，簡銳騎二千，躬自率護，送達境首，令觀機招納。若彼候迎，宜錫筐篚車馬之屬，務使優隆，禮餞而返；如不容受，任聽還闕。其行裝資遣，付尙書量給。」辛酉，以司空、京兆王繼爲司徒公。

二年春正月，南秦州氐反。二月庚戌，假光祿大夫邴虬撫軍將軍以討之。癸亥，車駕幸國子學，講孝經。三月庚午，帝幸國子學祠孔子，以顏淵配。甲午，右衞將軍奚康生於禁內將殺元叉，不果，爲叉矯害。以儀同三司劉騰爲司空公。

夏四月庚子，司徒、京兆王繼進位太保。壬寅，車騎大將軍、儀同三司崔光爲司徒公。蕭衍義州刺史文僧明率衆內屬。五月辛巳，南荊州刺史桓叔興自安昌南叛。乙酉，烏萇國遣使朝貢。閏月丁巳，居密、波斯國並遣使朝貢。六月己巳，高昌國遣使朝貢。癸巳，勿吉國遣使朝貢。

秋七月癸丑，詔曰：「時澤弗降，禾稼形損，在予之責，夙宵震懼，雖克躬撤降，仍無招感。有司可修案舊典，祗行六事：囹犴淹枉，隨速鞫決；庶尹廢職，量加修厲；鰥獨困窮，在所存恤；役賦煩民，咸加蠲省；賢良讜直，以時升進；貪殘邪佞，即就屛黜；男女怨曠，務令會偶。庶革止懲違，有弭災沴。」八月己巳，伏羅國遣使朝貢。蠕蠕後主郁久閭侯匿伐來奔懷朔鎭。〔六〕

十有一月乙未朔，高昌國遣使朝貢。戊申，衞大將軍、儀同三司皇甫集薨。癸丑，侍中、車騎大將軍侯剛加儀同三司。十有二月甲戌，詔司徒崔光、安豐王延明等議定服章。庚辰，以東益、南秦氐反，詔中軍將軍、河間王琛討之，失利。

三年春正月辛亥，帝耕籍田。

夏四月庚辰，以高車國主覆羅伊匐爲鎭西將軍、西海郡開國公、高車王。六月己巳，詔曰：「朕以沖昧，夙纂寶歷，不能祗奉上靈，感延和氣，致令炎旱頻歲，嘉雨弗洽，百稼燋萎，晚種未下，將成災年，秋稔莫覬。在予之責，憂懼震懷。今可依舊分遣有司，馳祈嶽瀆及諸山川百神能興雲雨者，盡其虔肅，必令感降，玉帛牲牢，隨應薦享。上下群官，側躬自厲，理冤獄，止土功，減膳撤懸，禁止屠殺。」

秋七月壬子，波斯、不漢、龜茲諸國遣使朝貢。

冬十月己巳，吐谷渾國遣使朝貢。十有一月乙巳，車駕有事於圓丘。丙午，詔曰：「治歷明時，前王茂軌，考辰正律，奕代通規。是以北平革定於漢年，楊偉草算於魏世。自皇運肇基，典章猶缺，推步晷曜，未盡厥理。先朝仍世，每所慨然。至神龜中，始命儒官，改創疏蹐，回度易憲，〔七〕始會琁衡。今天正斯始，陽煦將開，品物初萌，宜變耳目，所謂魏雖舊邦，其曆維新者也。便可班宣內外，號曰正光曆。又首節嘉辰，獲展丘禘，神人交和，理契幽顯，思與億兆共此維新，可大赦天下。」十有二月癸酉，以左光祿大夫皇甫度爲儀同三司。乙酉，以車騎大將軍、尙書右僕射元欽爲儀同三司，太保、京兆王繼爲太傅，司徒崔光爲太保。丁亥，以牧守妄立碑頌，輒興寺塔，第宅豐侈，店肆商販，詔中尉端衡，肅厲威風，以見事糾劾，七品、六品，祿足代耕，亦不聽錮貼店肆，爭利城市。

四年春二月壬辰，追封故咸陽王禧爲敷城王，京兆王愉爲臨洮王，清河王懌爲范陽王，以禮加葬。丁丑，河間王琛、章武王融，並以貪汙削爵除名。己卯，以蠕蠕主阿那瓌率衆犯塞，遣尚書左丞元孚兼尚書，爲北道行臺，持節喻之。蠕蠕後主俟匿伐來朝京師。宕昌國遣使朝貢。司空劉騰薨。

夏四月，阿那瓌執元孚，驅掠畜牧北遁。甲申，詔驃騎大將軍、尚書令李崇，中軍將軍、兼尚書右僕射元纂率騎十萬討蠕蠕，出塞三千餘里，不及而還。

秋七月辛亥，詔曰：「達尊斯在，齒預一焉，崇敬黃耇，先代通訓。故方叔以元老處位，充國緣自强見留。雖七十致仕，明乎典故，然以德尚壯，許其縶維。今庶僚之中，或年迫懸車，循禮宜退。但少收其力，老棄其身，言念勤舊，眷然未忍。或戴白在朝，未當外任；或停私歷紀，甫受考級；如此之徒，雖滿七十，聽其莅民，以終常限。或新解郡縣，或外佐始停，已滿七十，方求更敍者，吏部可依令不奏。其有高名俊德、老成髦士、灼然顯達、爲時所知者，不拘斯例。若才非秀異，見在朝官，依令合解者，可給本官半祿，以終其身。使辭朝之叟，不恨歸於閭巷矣。」

八月己巳，詔曰：「狂蠢肆暴，陵竊北垂，雖軍威時接，賊徒懾遁，然獯虐所過，多離其禍，言念斯弊，有軫深懷。可敕北道行臺，遣使巡檢，遭寇之處，饑餒不粒者，厚加賑恤，務令存濟。」戊寅，詔曰：「朕以眇闇，忝承鴻緒，因祖宗之基，託王公之上，每鑒寐屬慮，思康億兆。比雨旱愆時，星運舛錯，政理闕和，靈祇表異，永尋夕惕，載惡于懷。宜詔百司各勤厥職，諸有鰥寡窮疾冤滯不申者，並加釐恤。若孝子順孫、廉貞義節、才學超異、獨行高時者，具以言上，朕將親覽，加以旌命。」癸未，追復故范陽王懌爲淸河王。九月丁酉，庫莫奚國遣使朝獻。詔侍中、太尉、汝南王悅入居門下，與丞相、高陽王雍參決尚書奏事。

冬十有一月丙申，趙郡王謐薨。丁酉，太保崔光薨。十有二月，蕭衍遣將寇邊，詔假征南將軍崔延伯討之。以太尉、汝南王悅爲太保。徐州刺史、北海王顥坐貪污削除官爵。

五年春正月辛丑，車駕有事於南郊。閏二月癸巳，嚈噠國遣使朝貢。

三月，沃野鎭人破落汗拔陵聚衆反，〔八〕殺鎭將，號眞王元年。詔臨淮王彧爲鎭軍將軍，假征北將軍，都督北征諸軍事以討之。

夏四月，高平酋長胡琛反，自稱高平王，攻鎭以應拔陵。別將盧祖遷擊破之，琛北遁。五月，臨淮王彧敗於五原，削除官爵。壬申，詔尚書令李崇爲大都督，率廣陽王淵等北討。

六月，秦州城人莫折太提據城反，自稱秦王，殺刺史李彥。詔雍州刺史元志討之。南秦州城人孫掩、〔九〕張長命、韓祖香據城反，殺刺史崔遊以應太提。太提遣城人卜朝襲克高平，〔一〇〕殺鎮將赫連略、行臺高元榮。太提尋死，子念生代立，僭稱天子，號年天建，置立百官。丁酉，大赦。

秋七月甲寅，詔吏部尚書元脩義兼尚書僕射，爲西道行臺，率諸將西討。戊午，復河間王琛、臨淮王彧本封。

都督崔暹失利于白道，大都督李崇率衆還平城，坐長史祖瑩截沒軍資，免除官爵。

丁丑，念生遣其都督楊伯年、樊元、張朗等攻仇鳩、河池二戍，東益州刺史魏子建遣將尹祥、黎叔和擊破之，斬樊元首，殺賊千餘人。

是月，涼州幢帥于菩提、呼延雄執刺史宋穎據州反。

念生遣其兄高陽王天生下隴東寇。

八月甲午，元志大敗於隴東，退守岐州。丙申，詔曰：「賞貴宿勞，明主恒德；恩沾舊績，哲后常範。太祖道武皇帝應期撥亂，大造區夏；世祖太武皇帝纂戎丕緒，光闡王業，躬率六師，掃清逋穢；諸州鎮城人，本充牙爪，服勤征旅，契闊行間，備嘗勞劇。逮顯祖獻文皇帝，自北被南，淮海思乂，便差割强族，分衞方鎮。高祖孝文皇帝，遠遵盤庚，將遷嵩洛，規遏北疆，蕩闢南境，選良家酋胕，增戍朔垂，戎捍所寄，實惟斯等。先帝以其誠效旣亮，方加酬錫，會宛郢馳烽，朐泗告警，軍旗頻動，兵連積歲，玆恩仍寢，用迄于今，怨叛之興，頗由於此。朕叨承乾曆，撫馭宇宙，調風布政，思廣惠液，宜追述前恩，敷玆後施。諸州鎮軍貫，元非犯配者，悉免爲民，鎮改爲州，依舊立稱。此等世習干戈，率多勁勇，今旣甄拔，應思報效。可三五簡發，討彼沙隴。當使人齊其力，奮擊先驅，妖黨狂醜，必可蕩滌。衝鋒斬級，自依恒賞。」丁酉，南秀容牧子于乞眞反，殺太僕卿陸延。別將尒朱榮討平之。

戊戌，莫折念生遣都督竇雙攻盤頭郡。東益州刺史魏子建遣將竇念祖討之，斬雙，擒斬千餘人。

九月壬申，詔尙書左僕射、齊王蕭寶夤爲西道行臺大都督，率征西將軍、都督崔延伯，又詔復撫軍將軍、北海王顥官爵，爲都督，並率諸將西討。乙亥，帝幸明堂，餞寶夤等。

是月，蕭衍遣將裴邃、虞鴻襲據壽春外城，刺史長孫稚擊走之，邃退屯黎漿。詔河間王琛總衆援之。衍又遣將寇淮陽，詔祕書監、安樂王鑒率衆討之。吐谷渾主伏連籌兵討涼州，〔二〕于菩提棄城走，追斬之，城民趙天安復推宋穎爲刺史。

冬十月，營州城人劉安定、就德興據城反，執刺史李仲遵。城人王惡兒斬安定以降。德興東走，自號燕王。

胡琛遣其將宿勤明達寇豳、夏、北華三州。壬午，詔都督、北海王顥率諸將討之。

十有一月戊申，莫折天生攻陷岐州，執都督元志及刺史裴芬之。高平人攻殺卜朝，共迎胡琛。

十有二月壬辰，詔太傅、京兆王繼爲太師、大將軍，率諸將討之。嚈噠、契丹、地豆于、庫莫奚諸國並遣使朝貢。

汾州正平、平陽山胡叛逆。詔復征東將軍、章武王融封爵，爲大都督，率衆討之。

山南行臺、東益州刺史魏子建招降南秦氐民，復六郡十二戍，又斬賊王韓祖香。南秦賊王張長命畏逼，乃告降於蕭寶夤。

是月，莫折念生遣兵攻涼州，城人趙天安復執刺史以應之。

孝昌元年春正月庚申，徐州刺史元法僧據城反，害行臺高諒，自稱宋王，號年天啓，遣其子景仲歸於蕭衍。衍遣其將胡龍牙、成景儁、元略等率衆赴彭城。詔祕書監、安樂王鑒回師以討之，鑒於彭城南擊元略，大破之，盡俘其衆，既而不備，爲法僧所敗。衍遣其豫章王綜入守彭城，法僧擁其僚屬、守令、兵戍及郭邑士女萬餘口南入。詔鎮軍將軍、臨淮王彧，尚書李憲爲都督，衞將軍、國子祭酒、安豐王延明爲東道行臺，復儀同三司李崇官爵，爲東道大都督，俱討徐州。崇以疾不行。

癸亥，蕭寶夤、崔延伯大破秦賊於黑水，斬獲數萬，天生退走入隴西，涇、岐及隴東悉平。以太師、大將軍、京兆王繼爲太尉，餘官如故。

二月，以領軍將軍元叉爲驃騎大將軍、儀同三司。詔追復樂良王長命本爵，以其子忠紹之。侍中、特進、衞大將軍穆紹爲儀同三司。戊戌，大赦。

壬辰，莫折念生遣都督楊鮓、梁下辯、姜齊等攻仇池郡城，行臺、東益州刺史魏子建遣將盛遷擊破之，斬下辯、齊等首。壬寅，詔曰：「勸善黜惡，經國茂典。其令每歲一終，郡守列令長，刺史列守相，以定考課，辯其能否。若有濫謬，以考功失吏論。」是月，齊州魏郡民房伯和聚衆反。會赦，乃散。

三月己巳，詔太尉、西道都督、京兆王繼班師。壬申，詔曰：「丞相高陽王，道德淵廣，明允篤誠，儀形太階，垂風下國，實所以予違汝弼，致治責成，宜班新制，宣之遐邇。其州郡先上司徒公文，悉可改上相府施行，符告皆亦如之。」甲戌，詔曰：「選衆而舉，其來自昔。朕纘承大業，綜理萬幾，求賢致治，心焉若渴。知人則哲，振古所難，宜博訪公卿，採兹聲實。可令第一品以下五品以上，人各薦其所知，不限素身居職。必使精辯器藝，具注所能，然後依牒簡擢，隨才收敍，庶濟濟之美，無替往時，謇謇之直，有申茲歲。」蕭衍遣其北梁州長史錫休儒、司馬魚和、上庸太守姜平洛等入寇直城，梁州刺史傅豎眼遣息敬紹率衆拒擊，大破之，擒斬三千餘人；休儒等走還魏興。是月，齊州清河民崔畜殺太守董遵，廣川民傅堆執太守劉莽反。青州刺史、安樂王鑒討平之。

是月，破落汗拔陵別帥王也不盧等攻陷懷朔鎮。

夏四月，蕭衍益州刺史蕭淵猷遣將樊文熾、蕭世澄等率衆圍小劍戍。益州刺史邴虬遣子子達、行臺魏子建遣別將淳于誕拒擊之。

辛卯，皇太后復臨朝攝政，引羣臣面陳得失。詔曰：「朕以寡昧，夙承天歷，茫若涉海，罔知所濟，實憑宗社降祐之靈，庶勉幼志，以康世道。而神龜之末，權臣擅命，元叉、劉騰陰相影響，遂使皇太后幽隔後宮，太傅、清河王無辜致害，相州刺史、中山王熙橫被夷滅，右衞將軍奚康生仍見誅翦。從此已後，無所畏忌，恣諸侵求，任所與奪。無君之心，積習稍久；不臣之迹，緣事彌彰。蔽耳目之明，專生殺之柄，天下爲之不康，四郊由茲多壘。此而可忍，孰不可懷！雖屢經赦宥，未容致之于法，猶宜辨正，以谢朝野。騰身既往，可追削爵位。叉之罪狀，誠合徽纆，但以宗枝舅戚，特加全貸，可除名爲民。」

壬辰，征西將軍、都督崔延伯大敗於涇川，戰歿。

五月戊辰，淳于誕等大破蕭衍軍，俘斬萬計，擒蕭世澄等十一將，文熾僅以身免，走成都。戊子，〔一二〕驃騎大將軍、儀同三司李崇薨。

六月癸未，大赦，改年。詔文武之官，從軍二百日，文官優一級，武官優二級。蠕蠕主阿那瓌率衆大破拔陵，斬其將孔雀等。諸將逼彭城，蕭綜夜潛出降，蕭衍諸將奔退，衆軍追躡，免者十一二。

秋八月癸酉，詔斷遠近貢獻珍麗，違者免官。

柔玄鎮人杜洛周率衆反於上谷，號年眞王，攻沒郡縣，南圍燕州。

戊子，莫折念生遣都督杜黑兒、杜光等攻仇池郡。行臺魏子建遣將成遷擊破之，斬杜光首。

九月乙卯，詔減天下諸調之半。〔一三〕丙辰，詔左將軍、幽州刺史常景爲行臺，征虜將軍元譚爲都督，以討洛周。辛酉，詔曰：「追功表德，爲善者勸。祖宗功臣，勒銘王府，而子孫廢替，淪於凡民，爵位無聞，遷流有失。潁川名守，重泉令宰，惠風美政，結於民心，而猶同常品，未蒙褒陟，非所謂愛及甘棠，彝倫攸敍者也。其功臣名將爲先朝所知，子孫屈塞不見齒敍，牧守令長聲稱卓然者，皆仰有司具以名聞。朕將振彼幽滯，用闡治風。」壬戌，詔百官五品已上，各舉所知。辛未，曲赦南、北兩秦州。

冬十月，蠕蠕國主阿那瓌遣使朝貢。是月，吐谷渾國復討趙天安，降之。河州長史元永平、治中孟賓等推嚈噠使主高徽行州事，而前刺史梁釗子景進攻殺之，景進又自行州事。

十有一月辛亥，詔曰：「大孝榮親，著之昔典，故安平耄耋，諸子滿朝。自今諸有父母年八十以上者，皆聽居官祿養，溫凊朝夕。」時四方多事，諸蠻復反。

十有二月壬午，詔曰：「高祖以大明定功，世宗以下武寧亂，聲溢朔南，化清中宇，業盛隆周，祚延七百。朕幼齡纂曆，夙馭鴻基，戰戰兢兢，若臨淵谷。闇於治道，政刑未孚，權臣擅命，亂我朝式。致使西秦跋扈，朔漠構妖，蠢爾荆蠻，氛埃不息。孔熾甚於涇陽，出軍切於細柳。而師旅盤桓，留滯不進，北清懸危，南陽告急，將虧荆沔之地，以致蹙國之憂。今茅轂扼腕，爪牙歎憤，並欲摧挫封豕，剿截長蛇，使人神兩泰，幽明獻吉。朕將躬馭六師，掃蕩逋穢。其配衣六軍，分隸熊虎，前驅後隊，左翼右師，必令將帥雄果，軍吏明濟，糧仗車馬，速度時須。其有失律亡軍、兵戍逃叛、盜賊劫掠伏竄山澤者，免其往咎，錄其後効，別立募格，聽其自新，廣下州郡，令赴軍所。今先討荆蠻，疆理南服；戈旗東指，掃平淮外。然後奮七萃於西戎，騰五牛於北狄；躬撫亂離之苦，面恤饑寒之患。爾乃還蹕嵩宇，飲至廟庭，沉璧河洛，告成泰岱，豈不盛歟！百官內外、牧守軍宰，宜各肅勤，用明爾職。」山胡劉蠡升反，自稱天子，置官僚。是月，以臨淮王彧為征南大將軍，率衆討魯陽蠻。

二年春正月庚戌，封廣平王懷庶長子、太常少卿誨爲范陽王。壬子，以太保、汝南王悅領太尉。是月，都督元譚次於軍都，爲洛周所敗。

五原降户鮮于脩禮反於定州，號魯興元年。詔左光禄大夫長孫稚爲使持節、假驃騎將軍、大都督、北討諸軍事，與都督河間王琛率將討之。

二月甲申，帝、皇太后臨大夏門，親覽寃訟。是月，疊伏羅國遣使朝貢。

三月庚子，以驃騎大將軍、徐州刺史、安豐王延明爲儀同三司。追復中山王熙本爵，子叔仁紹之。甲寅，西部敕勒斛律洛陽反於桑乾，西與河西牧子通連。别將尒朱榮擊破之。

夏四月，大赦天下。癸巳，以侍中、車騎大將軍、城陽王徽爲儀同三司。朔州城人鮮于阿胡、厙狄豐樂據城反。丁未，都督李琚次於薊城之北，又爲洛周所敗，琚戰没。戊申，以驃騎大將軍、開府、齊王寶夤爲儀同三司。北討都督河間王琛、長孫稚失利奔還，詔免琛、稚官爵。厙莫奚國遣使朝貢。

五月丁未，車駕將北討，内外戒嚴。前給事黄門侍郎元略自蕭衍還朝，封義陽王。以丞相、高陽王雍爲大司馬；吏部尚書、廣陽王淵爲驃騎大將軍、儀同三司，尋爲大都督，率都督章武王融北討脩禮。戊申，燕州刺史崔秉率衆棄城南走中山。乙丑，以安西將軍、光禄大夫宗正珍孫爲都督，討汾州反胡。

六月己巳，曲赦齊州。絳蜀陳雙熾聚衆反，自號始建王。曲赦平陽、建興、正平三郡。詔假鎮西將軍、都督長孫稚討雙熾，平之。丙子，義陽王略改封東平王。衞大將軍、西道都督元恒芝爲車騎大將軍、儀同三司。戊寅，詔復京兆王繼本封江陽王。戊子，詔曰：「自運屬艱棘，歷載於茲，烽驛交馳，旌鼓不息，祖宗盛業，危若綴旒，社稷鴻基，殆將淪墜。朕威德不能遐被，經略無以及遠，俾令蒼生罹此塗炭，何以苟安黃屋，無愧黔黎。今便避居正殿，蔬餐素服。當親自招募，收集忠勇。其有直言正諫之士，敢決徇義之夫，二十五日悉集華林東門，人別引見，共論得失。班告內外，咸使聞知。」乙未，以衞將軍、東平王略爲左光祿大夫、儀同三司。

秋七月丙午，杜洛周遣其別帥曹紇眞寇掠幽州。行臺常景遣都督于榮邀于栗園，〔一四〕大破之，斬紇眞，獲三十餘級，牛驢二萬餘頭。戊申，恒州陷，行臺元纂奔冀州。甲子，蕭衍將元樹、湛僧珍等寇壽春。

八月丙子，進封廣川縣開國公元丕爲常山王。〔一五〕以驃騎大將軍、東道行臺、臨淮王彧爲儀同三司。戊寅，帝幸南石窟寺，卽日還宮。戊子，進散騎常侍、御史中尉、武城縣開國公子攸爲長樂王。都督伊瓫生討巴，失利戰歿。癸巳，賊帥元洪業斬鮮于脩禮，請降，爲賊黨葛榮所殺。都督尒朱榮於肆州執刺史尉慶賓，令其從叔羽生統州事。

九月辛亥，葛榮敗都督廣陽王淵、章武王融於博野白牛邏，融歿於陣。榮自稱天子，號曰齊國，年稱廣安。甲申，常景又破洛周，斬其武川王賀拔文興、別帥侯莫陳升，生擒男女四百口，牛驢五千餘頭。就德興攻陷平州，殺刺史王買奴。

是月，莫折天生請降，蕭寶夤使行臺左丞崔士和入據秦州。天生復叛，送士和於胡琛，殺之。

冬十有一月戊戌，杜洛周攻陷幽州，執刺史王延年及行臺常景。丙午，稅京師田租，畝五升；借賃公田者，畝一斗。〔一六〕閏月，稅市人出入者各一錢，店舍爲五等。齊州平原民劉樹、劉蒼生聚衆反，州軍破走之，劉樹奔蕭衍。衍將元樹逼壽春，〔一七〕揚州刺史李憲力屈，以城降之。初留州、郡、縣及長史、司馬、戍主副質子於京師。衍又遣將攻逼新野，詔都督魏承祖討之。詔曰：「頃舊京淪覆，中原喪亂，宗室子女，屬籍在七廟之內，爲雜戶濫門所拘辱者，悉聽離絕。」

三年春正月甲戌，以司空公皇甫度爲司徒，儀同三司蕭寶夤爲司空，車騎將軍、北海王顥爲車騎大將軍、儀同三司。徐州民任道棱聚衆反，襲據蕭城以叛。州軍討平之。

辛巳，葛榮陷殷州，刺史崔楷固節死之，遂東圍冀州。甲申，詔峻鑄錢之制。蕭寶夤、元恒芝大敗于涇州，大隴都督、南平王仲冏，小隴都督高聿並相尋退散，東秦州刺史潘義淵以汧城降賊。

高平虜賊逼岐州，城人執刺史魏蘭根，以城應之。豳州刺史畢祖暉、行臺羊深並奔退，祖暉於陣歿。北海王顥尋亦敗走。賊帥胡引祖據北華州以應之。賊帥叱干騏驎入據豳州。〔一八〕曲赦關西及正平、平陽、建興。戊子，以司徒皇甫度爲太尉。己丑，以四方未平，詔內外戒嚴，將親出討。辛卯，蕭衍將湛僧珍圍東豫州，〔一九〕詔散騎常侍元暐爲都督以討之。是月，衍又遣將彭羣、王辯等率衆數萬逼琅邪，詔青州、南青二州討之。

二月丁酉，詔曰：「關隴遭罹寇難，燕趙賊逆憑陵，蒼生波流，耕農靡業，加諸轉運，勞役已甚，州倉儲實，無宜懸匱，自非開輸賞之格，何以息漕運之煩。凡有能輸粟入瀛、定、岐、雍四州者，官斗二百斛賞一階；入二華州者，五百石賞一階。不限多少，粟畢授官。」虜賊據潼關。丁未，追復故東平王匡爵，改封濟南王。庚申，東郡民趙顯德反，殺太守裴烟，自號都督，立其兄子爲太守，詔都督李叔仁討之。是月，蕭衍將成景儁寇彭城，詔員外常侍崔孝芬爲行臺，率將擊走之。

三月甲子，詔將西討，中外戒嚴。虜賊走，復潼關。戊辰，詔將回駕北討，詔金紫光祿大夫源子邕爲大都督，討葛榮。辛未，齊州廣川民劉鈞執清河太守邵懷，聚衆反，自署大行臺。清河民房須自署大都督，〔二〇〕屯據昌國城。

夏四月，別將元斌之討東郡，斬顯德。己酉，蠕蠕國遣使朝貢。

六月，蠕蠕國遣使朝貢。是月，詔都督李叔仁討劉鈞，平之。

秋七月，陳郡民劉獲、鄭辯反於西華，號年天授，州軍討平之。相州刺史、安樂王鑒據州反。己丑，大赦天下。是月，青州刺史、彭城王劭，南青州刺史胡平，遣將斬蕭衍將彭羣首，俘獲二千餘人。

八月，都督源子邕、李軌、裴衍攻鄴。丁未，斬鑒，相州平。仍令子邕等討葛榮。

九月辛卯，〔二一〕東豫州刺史元慶和以城南叛。戊子，蠕蠕國遣使朝貢。秦州城民杜粲殺莫折念生，自行州事。南秦州城民辛琛自行州事，遣使歸罪。

冬十月戊申，曲赦恒農已西，河北、正平、平陽、邵郡及關西諸州。辛亥，以衞將軍、討虜大都督尒朱榮爲車騎將軍、儀同三司。甲寅，雍州刺史蕭寶夤據州反，自號曰齊，年稱隆緒。詔尚書右僕射長孫稚討之。

十有一月己丑，葛榮攻陷冀州，執刺史元孚，逐出居民，凍死者十六七。

十有二月戊申，都督源子邕、裴衍與葛榮戰，敗於陽平東北漳水曲，並戰殁。是月，杜粲爲駱超所殺，超遣使歸罪。

武泰元年春正月癸亥，以北海王顥爲驃騎大將軍、開府儀同三司、相州刺史。乙丑，定州爲杜洛周所陷，執刺史楊津。瀛州刺史元寧以城降於洛周。皇女生，祕言皇子。丙寅，大赦，改元。丙子，長孫稚平潼關。丁丑，雍州城人侯終德相率攻寶夤，寶夤攜南陽公主及子，與百餘騎渡渭而走，雍州平。

二月，以長孫稚爲車騎大將軍、開府儀同三司、雍州刺史、兼尙書僕射、西道行臺。群盜燒劫鞏縣以西，關口以東，公路澗以南。詔武衞將軍李神軌爲都督，討平之。

癸丑，帝崩於顯陽殿，時年十九。甲寅，皇子卽位，大赦天下。皇太后詔曰：「皇家握曆受圖，年將二百，祖宗累聖，社稷載安。高祖以文思先天，世宗以下武經世，股肱惟良，元首穆穆。及大行在御，重以寬仁，奉養率由，溫明恭順。朕以寡昧，親臨萬國，識謝塗山，德慚文母。屬妖逆遞興，四郊多故。實望穹靈降祜，麟趾衆繁。自潘充華有孕椒宮，冀誕儲兩，而熊羆無兆，維虺遂彰。于時直以國步未康，假稱統胤，欲以底定物情，係仰宸極。何圖一旦，弓劍莫追，國道中微，大行絕祀。皇曾孫故臨洮王寶暉世子釗，體自高祖，天表卓異，大行平日養愛特深，義齊若子，事符當璧。及翊日弗愈，大漸彌留，乃延入青蒲，受命玉几。曁陳衣在庭，登策靡及，允膺大寶，即日踐阼。朕是用惶懼忸怩，心焉靡洎。今喪君有君，宗祏惟固，宜崇賞卿士，爰及百辟，凡厥在位，並加陟叙。內外百官文武、督將征人，遭艱解府，普加軍功二階；其禁衛武官，直閣以下直從以上及主帥，可軍功三階；其亡官失爵，聽復封位。謀反大逆削除者，不在斯限。清議禁錮，亦悉蠲除。若二品以上不能自受者，任授兒弟。可班宣遠邇，咸使知之。」乙卯，幼主即位。儀同三司、大都督尒朱榮抗表請入奔赴，勒兵而南。是月，杜洛周爲葛榮所幷。

三月癸未，葛榮攻陷滄州，執刺史薛慶之，居民死者十八九。甲申，上尊謚曰孝明皇帝，乙酉，葬於定陵，廟號肅宗。

夏四月戊戌，尒朱榮濟河。庚子，皇太后、幼主崩。

史臣曰：魏自宣武已後，政綱不張。肅宗沖齡統業，靈后婦人專制，委用非人，賞罰乖舛。於是釁起四方，禍延畿甸，卒於享國不長。抑亦淪胥之始也，嗚呼！

校勘記

〔一〕蕭衍衡州刺史張齊寇益州　按梁書卷一七張齊傳，他從未當過衡州刺史，這時是益州的巴西、梓潼二郡太守。梁衡州在含洭，今廣東英德和益州遠不相及，魏書此紀和卷七〇傅豎眼傳、卷九八蕭衍傳幷稱「衡州刺史」，疑皆誤。

〔二〕勿吉國貢楛矢　諸本「勿吉」訛「年呂」，據册府卷九六九一一三九二頁改。

〔三〕末久半諸國　按「末久半」當卽見於卷一〇二西域傳補之「悉居半」，也卽西域傳末引宋雲行記之「朱居」、上卷世宗紀景明三年之「朱居槃」。「末」當是「悉」或「朱」之訛。

〔四〕侍中元叉中侍中劉騰奉帝幸前殿　諸本「叉」下無「中」字。北史卷四作「中常侍」。按卷九四劉騰傳，騰在元恪時已官中常侍，胡太后臨朝，「除崇訓太僕、中侍中」。中侍中是閹人充當的官，見魏書卷一一三官氏志所載太和前品令和隋書卷二七百官志中。後人妄删「中」字，今補正。

〔五〕冬十月乙卯　册府卷一六一一九四四頁載「正光元年冬十月，遣侍中持節分適四方，觀風俗、勞士民、察寃枉失職者」。此紀無。

〔六〕蠕蠕後主郁久閭侯匿伐來奔懷朔鎭　諸本「伐」訛「代」。據卷一〇三蠕蠕傳補、北史卷四、通鑑卷一四九四六六九頁改。又蠕蠕傳和通鑑「侯」作「俟」，疑是，但北史也作「侯」，今不改。下四年二月「侯匿代」條同改，不再出校記。

〔七〕回度易憲　御覽卷一〇三四九六頁「回」作「改」。按「改度」見書蔡仲之命，疑作「改」是。

〔八〕三月沃野鎭人破落汗拔陵聚衆反　北史卷四「汗」作「韓」。他處「落」或作「六」作「洛」，譯音無定字。又，本書將此事繫於正光五年三月，通鑑卷一四九四六七四—七五頁考異云：「魏帝紀正光五年五二四破落汗拔陵反，詔臨淮王彧討之。五月，彧敗，削官。按令狐德棻周書賀拔勝傳卷一四，衞可孤圍懷朔鎮經年，勝乃告急於彧。然則拔陵反當在四年五二三。蓋帝紀因詔彧討拔陵而言之，非拔陵於時始反也。」按拔陵起義當在四年冬。

〔九〕南秦州城人孫掩　御覽卷一〇三四九六頁「孫掩」作「孫獠」，下注「張絞切」。按卷五七崔挺附崔遊傳作「孫獠」。御覽有注音，似非字訛。但注音是宋人所加。「獠」字也音力弔切，非張絞切，和「獠」同音，當時奏報只是據所聞之音，故紀、傳微異。但却可證「掩」字之訛。

〔一〇〕太提遣城人卜朝襲克高平　通鑑卷一五四四六八〇頁「朝」作「胡」。

〔一一〕吐谷渾主伏連籌兵討涼州　北史卷四「兵」上有「遣」字。按文義當有此字。

〔一二〕戊子　按孝昌元年五月乙巳朔，無「戊子」，當有訛字。

〔一三〕詔減天下諸調之半　御覽卷一〇三四九六頁、册府卷四九〇五八五九頁「諸調」作「租調」。

〔一四〕行臺常景遣都督于榮邀于粟園　通鑑卷一五一四七一四頁「粟園」作「栗園」。胡注：「栗園當在范陽固安縣界，固安之栗，天下稱之。」按水經注卷二一汝水篇，有「栗園」，在懸瓠，與此異地，但注云：「栗小，殊不並固安之實也。」則魏末固安仍以產栗著稱。胡說不爲無據。

〔一五〕進封廣川縣開國公元卲爲常山王　諸本「卲」作「邵」。按新出常山文恭王墓誌云：「王諱卲，字子開」，乃清河王懌第二子。卷九四閹官劉思逸傳見「清河王息邵」，知魏書之「常山王邵」，卽墓誌之「常山王劭」。「劭」字見集韵卷三宵韵下，卽昭穆之「昭」。梁書卷二八韋放傳、卷三二陳慶之傳敍梁攻圍渦陽大通元年卽魏正光三年（五二七），並云魏遣「常山王元昭」等統兵救援，爲梁所敗，亦卽墓誌之「元劭」。墓誌不載劭援渦陽事，當因戰敗而諱之。本卷則於梁攻渦陽一字不及，元劭領兵救援就也失載。當時「常山王」唯此一人，「邵」乃「劭」形近而訛，今據墓誌改。卷一〇莊帝紀建義元年四月庚子、卷一二靜帝紀興和元年三月甲寅及上引劉思逸傳同訛，逕改，不再出校記。

〔一六〕借賃公田者畝一斗　諸本「斗」作「升」，據本書卷一一〇食貨志、北史卷四、册府卷四八七五八二七頁、通典卷五改。

〔一七〕衍將元樹逼壽春　諸本「元」訛「原」。據上文本年七月甲子條、卷九八蕭衍傳、梁書卷三武帝紀普通七年十一月辛巳條改。

〔一八〕叱干騏驎入據豳州　諸本「叱干」訛「比干」。據卷二一北海王顥傳、卷一一三官氏志「叱干氏」條改。

〔一九〕蕭衍將湛僧珍圍東豫州　通鑑卷一五一四七二一—二二頁「僧珍」作「僧智」。考異云：「魏帝紀及曹世表傳作『湛僧』，今從梁夏侯夔傳。」按今此紀及卷七二曹世表傳並作「僧珍」，唯册府卷一

二一　一四五一頁作「僧」，知通鑑、册府所據魏書此紀，本無「珍」字。然上文孝昌二年七月甲子條、卷九八蕭衍傳及北齊書卷一九王懷傳都見「湛僧珍」，則其人雖實名「僧智」，而北人當時自呼作「僧珍」，或單稱作「僧」，今不改。

〔二〇〕清河民房須自署大都督　卷二一下彭城王勰傳、册府卷一二一一　一四五一頁「須」作「頊」，通鑑卷一五一　四七二四頁作「項」。不知孰是。

〔二一〕九月辛卯　北史卷四「辛卯」作「己未」。按是年九月辛酉朔，既無「己未」，亦無「辛卯」。

魏書卷十

孝莊紀第十

孝莊皇帝，諱子攸，彭城王勰之第三子，母曰李妃。肅宗初，以勰有魯陽翼衞之勳，封武城縣開國公。幼侍肅宗書於禁內。及長，風神秀慧，姿貌甚美。拜中書侍郎、城門校尉、兼給事黃門侍郎，雅爲肅宗所親待，長直禁中。遷散騎常侍、御史中尉。孝昌二年八月，進封長樂王。轉侍中、中軍將軍。三年十月，以兄彭城王劭事，轉爲衞將軍、左光祿大夫、中書監，實見出也。

及武泰元年春二月，肅宗崩，大都督尒朱榮將向京師，謀欲廢立。以帝家有忠勳，且兼民望，陰與帝通，榮乃率衆來赴。

夏四月丙申，帝與兄弟夜北渡河；丁酉，會榮於河陽。戊戌，南濟河，卽帝位。以兄彭城王劭爲無上王，弟霸城公子正爲始平王。以榮爲使持節、侍中、都督中外諸軍事、大將軍、尙書令、領軍將軍、領左右，封太原王。己亥，百僚相率，有司奉璽紱，備法駕，奉迎於河梁。庚子，車駕巡河，西至陶渚。榮以兵權在己，遂有異志，乃害靈太后及幼主，次害無上王劭、始平王子正，又害丞相高陽王雍、司空公元欽、儀同三司元恒芝、儀同三司東平王略、廣平王悌、常山王邵、北平王超、任城王彝、趙郡王毓、〔二〕中山王叔仁、齊郡王溫，公卿已下二千餘人。列騎衞帝，遷於便幕。既而榮悔，稽顙謝罪。語在榮傳。

辛丑，車駕入宮，御太極殿，詔曰：「太祖誕命應期，龍飛燕代，累世重光，載隆帝緒。冀欲闡兹洪業，永在無窮。豈圖多難，遘兹百六，致使妖悖四起，內外競侵，朝無恤政之臣，野多怨酷之士，實由女主專朝，致兹顛覆。孝明皇帝大情沖順，深存隱忍，奄棄萬國，衆用疑焉。苟求胡出，入守神器，凡厥有心，莫不解體。太原王榮，世抱忠孝，功格古今，赴義晉陽，大會河洛，乃推翼朕躬，應兹大命。德謝少康，道愧前緒，猥以眇身，君臨萬國，如涉淵海，罔知所濟。可大赦天下，改武泰爲建義元年。從太原王督將軍士，普加五階；在京文官兩階，武官三級。復天下租役三年。」

壬寅，太原王尒朱榮上表，請追謚無上王爲皇帝。餘死於河陰者，諸王、刺史贈三司，三品者令僕，五品者刺史，七品以下及民郡、鎭。諸死者子孫，聽立後，授封爵。詔從之。癸卯，以前太尉公、江陽王繼爲太師、司州牧；驃騎大將軍、開府、儀同三司、相州刺史、北海王顥爲太傅、開府，仍刺史；平東將軍、光祿大夫、清淵縣開國侯李延寔爲太保，進封陽平王，尋轉太傅；安南將軍、并州刺史元天穆爲太尉公，封上黨王；侍中、車騎大將軍、儀同三司楊椿爲司徒公；車騎大將軍、儀同三司、頓丘郡開國公穆紹爲司空公，領尚書令，進爵爲王；使持節、車騎大將軍、雍州刺史、上黨公長孫稚爲驃騎大將軍、開府儀同三司，進爵爲王，尋改封馮翊王；中軍將軍、殿中尚書元諶爲儀同三司、尚書左僕射，封魏郡王；中軍將軍、給事黃門侍郎元頊爲東海王；金紫光祿大夫、廣陵王恭爲儀同三司。甲辰，追復故廣陽王淵、故安樂王鑒爵。通直散騎常侍、敷城王坦爲咸陽王，諫議大夫元貴平爲東萊王，直閣將軍元肅爲魯郡王，祕書郎中元曄爲長廣王，馮翊郡開國公源紹景復先爵隴西王，扶風郡開國公馮冏、東郡公陸子彰、北平公長孫悅並復其先王爵，以北平王超還復爲安定王。丁未，詔內外解嚴。

庚戌，封大將軍尒朱榮次子叉羅爲梁郡王。詔蠕蠕主阿那瓌贊拜不名，上書不稱臣。

是月，汝南王悅、北海王顥、臨淮王彧前後奔蕭衍，郢州刺史元願達據城南叛。

五月丁巳朔，加大將軍尒朱榮北道大行臺。以尚書右僕射元羅爲東道大使，征東將軍、光祿勳元欣副之，巡方黜陟，先行後聞。辛酉，大將軍尒朱榮還晉陽，帝餞於邙陰。丙寅，詔曰：「自孝昌之季，法令昏泯，懷忠守素，擁隔莫申，深怨宿憾，控告靡所。其有事在通途，橫被疑異，名例無爽，枉見排抑，或選舉不平，或賦役煩苛，諸如此者不可具說。其有訴人經公車注不合者，悉集華林東門，朕當親理冤獄，以申積滯。」己巳，齊州郡民賈皓聚衆反，夜襲州城，會明退走。乙亥，晉州刺史樊子鵠克唐州，斬刺史崔元珍、行臺酈惲，傳首京師。壬午，詔求德行、文藝、政事强直者，縣令、太守、刺史皆敍其志業，具以表聞。得三人以上，縣令、太守、刺史賞一階；舉非其人，亦黜一階。又以舊敍軍勳不過征虜，自今以後宜依前式以上，餘階積而爲品。其從輿駕北來之徒，不在此例。悉不聽破品受階，破階請帛。

先是，蕭衍遣其將曹義宗寇荆州。癸未，以中軍將軍、吏部尚書費穆爲使持節、都督南征諸軍事，節度荆州刺史王羆以討之。

六月丁亥朔，追封兄眞定縣開國公子直爲陳留王。庚寅，以鎮軍將軍、金紫光祿大夫李虔爲車騎大將軍、儀同三司、特進。辛卯，南荆州刺史李志據城南叛。通直散騎常侍高乾邕及弟等，率合流民、起兵於齊州之平原，頻破州軍，詔東道大使元欣喻旨，乃降。

是月，葛榮飢，使其僕射任褒率車三萬餘乘南寇，至沁水。癸卯，以高昌王世子光爲平西將軍、瓜州刺史，襲爵泰臨縣開國伯、〔三〕高昌王。太尉公、上黨王天穆爲大都督、東北道諸軍事，率都督宗正珍孫、奚毅、賀拔勝、尒朱陽都等討任褒。帝以寇難未夷，避正殿，責躬撤膳。又班募格，收集忠勇。其有直言正諫之士、敢決徇義之夫、陳國家利害之謀、赴君親危難之節者，集華林園，面論事。

幽州平北府主簿河間邢杲，率河北流民十餘萬戶反於青州之北海，自署漢王，號年天統。戊申，以征東將軍、金紫光祿大夫李叔仁爲車騎大將軍、儀同三司，率衆討之。詔直寢紀業持節募新免牧戶，有投名効力者授九品官。己酉，詔諸有私馬仗從戎者，職人，優兩大階，亦授實官；白民，出身外優兩階，亦授實官。若武藝超倫者，雖無私馬，亦依前條；雖不超倫，但射槊翹關一藝而膽略有施者，依第出身外，特優一大階，授實官。若無姓第者，從八品出身，階依前加，特授實官。辛亥，詔曰：「朕當親御六戎，埽靜燕代，大將軍、太原王尒朱榮率精甲十萬爲左軍，上黨王天穆總衆八萬爲前軍，司徒公楊椿勒兵十萬爲右軍，司空公穆紹統卒八萬爲後軍。」

是月，葛榮衆退屯相州之北。

秋七月丁巳，詔從四品以上從征者不得優階，正四品者優一階。軍級從三品以上從征，四品者優一大階。〔三〕正五品以下，還依前格，若有征階十餘，計入四品、三品。限授五階。己未，詔前試守東郡太守唐景宣爲持節、都督，於東郡召募僑居流民二千人，渡河隨便爲柵，準望臺軍。是月，齊獻武王於鄴西北慰喻葛榮別帥稱王者七人，衆萬餘，降之。乙丑，加大將軍尒朱榮柱國大將軍、錄尙書事。辛巳，尙書奏斷百官公給衣冠、劍佩、綬舄。壬子，光州人劉舉聚衆數千反於濮陽，自稱皇武大將軍。是月，高平鎭人万俟醜奴僭稱大位，署置百官。是月，〔四〕臨淮王彧自江南還朝。

八月，太山太守羊侃據郡引蕭衍將軍王辯攻兗州。〔五〕甲辰，詔大都督宗正珍孫率南廣州刺史、都督鄭先護討劉舉於濮陽，破平之。以侍中、驃騎大將軍、臨淮王彧爲儀同三司。

是月，葛榮率衆圍相州。九月乙丑，詔太尉公、上黨王天穆討葛榮，次於朝歌之南。己巳，以征東將軍、齊州刺史元欣爲沛郡王。壬申，柱國大將軍尒朱榮率騎七萬討葛榮於滏口，〔六〕破擒之，餘衆悉降。冀、定、滄、瀛、殷五州平。乙亥，以平葛榮，大赦天下，改爲永安元年。辛巳，以柱國大將軍、太原王尒朱榮爲大丞相、都督河北畿外諸軍事，以榮子平昌郡開國公文殊、昌樂郡公文暢並進爵爲王，以司徒公楊椿爲太保，城陽王徽爲司徒。

冬十月丁亥，尒朱榮檻送葛榮於京師。帝臨閶闔門，榮稽顙謝罪，斬於都市。丙申，以撫軍將軍、太常卿、太原王世子菩提爲使持節、驃騎大將軍、開府儀同三司。丁酉，以冀州之長樂、相州之南趙、定州之博陵、滄州之浮陽、平州之遼西、燕州之上谷、幽州之漁陽七郡，各萬戶，增封太原王尒朱榮爲太原國。戊戌，又加榮太師。庚戌，以侍中、鎮南將軍、太原郡開國公于暉兼尚書左僕射，爲行臺，與齊獻武王討羊侃。壬子，太師、江陽王繼薨。癸丑，以膠東縣開國侯李侃希復其祖爵南郡王。

是月，車騎大將軍、儀同三司李叔仁討邢杲於濰水，失利而還。大都督費穆大破蕭衍軍，擒其將曹義宗，檻送京師。蕭衍以北海王顥爲魏主，號年孝基，入據南兗之銍城。

十有一月戊午，以無上王世子韶爲彭城王，陳留王子寬爲陳留王，寬弟剛爲浮陽王，剛弟質爲林慮王。癸亥，齊獻武王、行臺于暉，與徐兗行臺崔孝芬、大都督刁宣大破羊侃於瑕丘，侃奔蕭衍。兗州平。戊寅，以上黨王天穆爲大將軍、開府，世襲并州刺史。封前將軍、太中大夫元凝爲東安王。

十有二月庚子，詔行臺于暉回師討邢杲，次於歷下。

是歲，葛榮餘黨韓樓復據幽州反。

二年春正月甲寅，于暉所部都督彭樂率二千餘騎北走於韓樓，乃班師。

二月癸未朔，詔諸禁衞之官從戎有功及傷夷者，赴選先敍。甲午，尊皇考爲文穆皇帝，廟號肅祖，皇妣爲文穆皇后。燕州民王慶祖聚衆於上黨，自稱爲王。柱國大將軍尒朱榮討擒之。壬寅，詔散騎常侍、濟陰王暉業兼行臺尚書，督都督李德龍、丘大千鎮梁國。

三月壬戌，詔大將軍、上黨王天穆與齊獻武王討邢杲。

夏四月癸未，遷肅祖文穆皇帝及文穆皇后神主于太廟，內外百僚普汎加一級。曲赦畿內，死罪至流人減一等，徒刑以下悉免。庚子，詔太原王尒朱榮下將士並汎加二級。辛丑，上黨王天穆、齊獻武王大破邢杲於齊州之濟南，杲降，送京師，斬於都市。元顥攻陷考城，執行臺元暉業、都督丘大千。

五月壬子朔，元顥克梁國。丁巳，以撫軍將軍、前徐州刺史楊昱爲使持節、鎮東將軍、東南道大都督，率衆鎮滎陽；尙書僕射尒朱世隆鎮虎牢；侍中尒朱世承鎮崿岅。辛酉，詔私馬仗從戎優階授官。壬戌，又詔募士一依征葛榮。甲子，又詔職人及民出馬，優階各有差。乙丑，內外戒嚴。癸酉，元顥陷滎陽，執楊昱。尒朱世隆棄虎牢遁還。甲戌，車駕北巡，乙亥，幸河內。丙子，元顥入洛。丁丑，進封城陽縣開國公元祉爲平原王，安昌縣開國侯元鷙爲華山王，並加儀同三司。戊寅，行臺崔孝芬、大都督刁宣破元顥後軍都督侯暄於梁國，斬之，擒其卒三千人。以侍中、車騎將軍、尙書右僕射尒朱世隆爲使持節、行臺僕射、本將軍、相州刺史，鎮鄴城，以便宜從事。又詔上黨百年以下九十以上板三品郡，八十以上四品郡，七十以上五品郡。太原王尒朱榮會車駕於長子，卽日反旆。上黨王天穆北渡，會車駕於河內。

六月己丑，儀同三司費穆爲顥所害。壬寅，克河內，斬太守元襲、都督宗正珍孫。

秋七月戊辰，都督尒朱兆、賀拔勝從硤石夜濟，破顥子冠受及安豐王延明軍，元顥敗走。庚午，車駕入居華林園，昇大夏門，大赦天下。以使持節、車騎將軍、都督、潁川郡開國公尒朱兆爲車騎大將軍、儀同三司。詔以前朝勳書多竊冒，宜一切焚棄之，若立效灼然爲時所知者，別加科賞。蕃客及邊酋翻城降，有勳未叙者，不在焚斷之限。北來軍士及隨駕文武、馬渚立義，〔七〕加汎五級；河北執事之官，二級；河南立義及迎駕之官，幷中途扈從，亦二級。壬申，以柱國大將軍、太原王尒朱榮爲天柱大將軍，加前後部羽葆、鼓吹。癸酉，臨潁縣卒江豐斬元顥，傳首京師。甲戌，以大將軍、上黨王天穆爲太宰，司徒公、城陽王徽爲大司馬、太尉公。乙亥，宴勞天柱大將軍尒朱榮、上黨王天穆及北來督將於都亭，出宮人三百、繒錦雜綵數萬匹，班賜有差。又諸州郡遣使奉表行宮者，並加一大階。丁丑，獲元顥弟項，〔八〕斬於都市。詔受元顥爵賞、階級，悉追奪之。己卯，以鎭東將軍、南青州刺史元旭爲襄城王，平南將軍、南兗州刺史元暹爲汝陽王。

閏月辛巳，帝始居宮內。辛卯，以車騎將軍、兼吏部尚書楊津爲司空。巴州刺史嚴始欣據州南叛，蕭衍遣其將蕭玩、張鴻、江茂達等率衆赴援。

八月庚戌朔，詔諸有公私債負，一錢以上巨萬以還，悉皆禁斷，不得徵責。己未，以侍中、太傅李延寔爲司徒公。丁卯，封瓜州刺史元太榮爲東陽王。甲戌，侍中、太保楊椿致仕。乙亥，詔車騎將軍、右光祿大夫奚毅板授天柱大將軍尒朱榮、太宰天穆下勳及祖父叔伯者年者牧守有差。

九月，大都督侯淵討韓樓於薊，破斬之。幽州平。万俟醜奴攻東秦城，陷之，殺刺史高子朗。

冬十月丁丑，以前司空公、丹陽王蕭贊爲司徒公。

十有一月己卯，就德興自營州遣使請降。丁亥，詔羣官休停在外者皆令赴闕，程會有差。丙午，以大司馬、太尉公、城陽王徽爲太保，司徒公、丹陽王蕭贊爲太尉公，開府儀同三司、雍州刺史長孫稚爲司徒公。

十有二月辛亥，蕭衍兗州刺史張景邕、荆州刺史李靈起、雄信將軍蕭進明來降。

三年春正月己丑，益州刺史長孫壽、梁州刺史元儁等，遣將與征巴州都督元景夏討嚴始欣，斬之。蕭衍都督蕭玩、何難尉、陳愁敗走，斬玩首，俘獲萬餘人。辛丑，東徐州城民呂文欣、王赦等殺刺史元太賓，據城反。以撫軍將軍、都官尙書樊子鵠兼右僕射，爲行臺，督征南將軍、都督賈顯智，征東將軍、徐州刺史嚴思達以討之。二月甲寅，克之。東徐平。

三月，醜奴大行臺尉遲菩薩寇岐州，大都督賀拔岳、可朱渾道元大破之。

夏四月丁巳，以侍中、太尉公、丹陽王蕭贊爲使持節、都督齊濟兗三州諸軍事、驃騎大將軍、開府儀同三司、齊州刺史。丁卯，雍州刺史尒朱天光討醜奴、蕭寶夤於安定，破擒之，囚送京師。甲戌，以關中平，大赦天下。醜奴斬於都市，寶夤賜死於駝牛署。

六月戊午，詔胡氏親屬受爵於朝者黜附編民。〔九〕嚈達國獻師子一。

是月，白馬龍涸胡王慶雲僭稱大位於水洛城，〔一〇〕署置百官。

秋七月丙子，天光平水洛城，擒慶雲，坑其城民一萬七千。癸巳，蕭衍民革虬、卜湯世率堡聚內附。庚子，車騎大將軍、儀同三司李叔仁坐事除名爲民。

九月辛卯，天柱大將軍尒朱榮、上黨王天穆自晉陽來朝。戊戌，帝殺榮、天穆於明光殿，及榮子儀同三司菩提。乃昇閶闔門，詔曰：

蓋天道忌盈，人倫嫉惡，疏而不漏，刑之無捨。是以呂霍之門，禍譴所伏；梁董之家，咎徵斯在。頃孝昌之末，天步孔艱，女主亂政，監國無主。尒朱榮爰自晉陽，同憂王室，義旗之建，大會盟津，與世樂推，共成鴻業。論其始圖，非無勞效。但致遠恐泥，終之實難，曾未崇朝，豺聲已露。河陰之役，安忍無親。王公卿士，一朝塗地，宗戚靡遺，內外俱盡。假弄天威，殆危神器。時事倉卒，未追問罪。尋以葛賊橫行，馬首南向，捨過責成，用平醜虜。及元顥問鼎，大駕北巡，復致勤王，展力行所。以此論功，且可補過。

既位極宰衡，地踰齊、魯，容養之至，豈復是過？但心如猛火，山林無以供其暴；意等漏卮，江河無以充其溢。既見金革稍寧，方隅漸泰，不推天功，專爲己力，與奪任情，臧否肆意，無君之跡，日月以甚。拔髮數罪，蓋不足稱；斬竹書愆，豈云能盡。方復託名朝宗，陰圖釁逆，睥睨天居，窺覦聖曆。乃有裂冠毁冕之心，將爲拔本塞源之事。天旣厭亂，人亦悔禍，同惡之臣，密來投告。將而必誅，罪無容捨。

又元天穆宗室末屬，名望素微，遭逢際會，頗參義舉。不能竭其忠誠以奉家國，乃復棄本逐末，背同卽異，爲之謀主，成彼禍心。是而可忍，孰不可恕！並以伏辜，自貽伊戚。元惡旣除，人神慶泰，便可大赦天下。

遣武衞將軍奚毅、前燕州刺史崔淵率兵鎭北中。〔一〕是夜，僕射尒朱世隆、榮妻鄉郡長公主，率榮部曲焚西陽門，出屯河陰。己亥，攻河橋，擒毅等於途，害之，據北中城，南逼京邑。詔以驃騎大將軍、雍州刺史、廣宗郡開國公尒朱天光爲侍中、儀同三司，以侍中、司空公楊津爲使持節、督幷肆燕恒雲朔顯汾蔚九州諸軍事、驃騎大將軍、幷州刺史、兼尙書令、北道大行臺，經略幷肆。庚子，詔諸舊代人赴華林園，帝將親簡叙。以撫軍將軍、金紫光祿大夫高乾邕爲侍中、河北大使，招集驍勇。

冬十月癸卯朔，封安南將軍、大鴻臚卿元寶炬爲南陽王，大宗正卿、汝陽縣開國公元脩爲平陽王，通直散騎常侍、龍驤將軍、新陽縣開國伯元誕爲昌樂王。復通直散騎常侍、琅邪縣開國公。李叔仁官爵，〔二〕仍爲使持節、大都督，以討世隆。以魏郡王諶徙封趙郡王，諶弟子趙郡王實改封平昌王。儀同三司李虔甍。丁未，班募攻河橋格，賞帛授官各有差。戊申，皇子生，大赦天下，文武百僚汎二級。以平南將軍、中書令魏蘭根兼尚書左僕射，爲河北行臺，定相殷三州稟蘭根節度。

乙卯，通直散騎常侍、假平西將軍、都督李苗以火船焚河橋，尒朱世隆退走。丙辰，詔大都督、兼尚書僕射、行臺源子恭率步騎一萬出自西道，行臺楊昱領都督李侃希等部募勇士八千往從東路，防討之。子恭仍鎭太行丹谷。世隆至建州，刺史陸希質拒守，城陷，盡屠之，唯希質獲免。以中軍將軍、前東荊州刺史元顯恭爲使持節、都督晉建南汾三州諸軍事、鎭西將軍、晉州刺史、兼尚書左僕射，爲征西道行臺，〔一三〕節度都督薛善樂、薛修義、裴元儁、薛崇禮、薛憘族等。丁卯，詔以世隆北叛，河內固守，其在城督將文武普加二級，兵士給復三年。壬申，尒朱世隆停建興之高都，尒朱兆自晉陽來會之，共推太原太守、行幷州刺史長廣王曄爲主，大赦所部，號年建明，普汎四級。

徐州刺史尒朱仲遠反，率衆向京師。十有一月癸酉朔，詔車騎將軍、左衞將軍鄭先護爲使持節、大將軍、大都督，與都督李侃希赴行臺楊昱以討之。乙亥，以使持節、兼尚書令、西道大行臺、司徒公長孫稚爲太尉公，侍中、尚書令、驃騎大將軍、開府儀同三司、臨淮王彧爲司徒公。丙子，以驃騎大將軍、儀同三司、雍州刺史、廣宗郡開國公尒朱天光開府，進爵爲王。丁丑，尒朱仲遠陷西兗州，執刺史王衍。癸未，以右衞將軍賀拔勝爲東征都督。壬辰，又以左衞將軍、大都督鄭先護兼尙書左僕射，爲行臺，與勝並討仲遠。戊戌，詔罷魏蘭根行臺，以後將軍、定州刺史薛曇尙爲使持節、兼尙書，爲北道行臺，隨機召發。行豫州刺史元崇禮殺後行州事陰導和，擅攝豫州。庚子，賀拔勝與仲遠戰於滑臺東，失利，仍奔之。

十有二月壬寅朔，尒朱兆寇丹谷，都督崔伯鳳戰歿，都督羊文義、史五龍降兆，大都督源子恭奔退。甲辰，尒朱兆、尒朱度律自富平津上，率騎涉渡，以襲京城。事出倉卒，禁衞不守。帝出雲龍門。兆逼帝幸永寧佛寺，殺皇子，并殺司徒公、臨淮王彧，左僕射、范陽王誨。戊申，元曄大赦天下。尒朱度律自鎭京師。甲寅，尒朱兆遷帝於晉陽；甲子，崩於城內三級佛寺，時年二十四。并害陳留王寬。

是月，河西人紇豆陵步蕃、破落韓常大敗尒朱兆於秀容。齊州城人趙洛周據西城反，應尒朱兆，刺史、丹陽王蕭贊棄城走。南陽太守趙脩延執荆州刺史李琰之，自行州事。

中興二年諡爲武懷皇帝，太昌元年又諡孝莊皇帝，廟號敬宗。十一月，葬於靜陵。

史臣曰：魏自孝昌之末，天下淆然，外侮內亂，神器固將無主。莊帝潛思變化，招納勤王，雖時事孔棘，而卒有四海。猾逆旣翦，權强擅命，抑是兆謀運智之秋，勞謙夕惕之日也。

未聞長轡之策，遽深負刺之恐，謀謨罕術，授任乖方，猜嫌行戮，禍不旋踵。嗚呼！胡醜之爲釁也，豈周襃晉末而已哉！至於高祖不祀，武宣享廟，三后降鑒，福祿固不永矣。

校勘記

〔一〕趙郡王毓　諸本「毓」作「敏」。按卷二一趙郡王幹傳稱：「子毓，字子春，莊帝初，河陰遇害。」漢魏南北朝墓誌集釋下簡稱墓誌集釋有元毓墓誌圖版一七三之二，卽此人。「毓」和「春」名字相應，「敏」乃形近而訛，今改正。

〔二〕襲爵泰臨縣開國伯　百衲本和南、北、局本「泰」都作「秦」，汲本又訛作「奏」，殿本據卷一〇一高昌傳補改「泰」。按北史卷五元本百衲本的底本和南、北監本也作「秦」，百衲本依殿本改「泰」。按本傳作「泰」，卷一一出帝紀永熙二年十月條也作「泰」，今從殿本。

〔三〕軍級從三品以上從征四品者優一大階　册府卷六二七〇〇頁「從征」下無「四品」二字。按有「四品」二字，文義晦澀，疑衍，或「從征」下有脫文。

〔四〕是月　按上已見「是月」，不應重出，疑衍。

〔五〕太山太守羊侃據郡引蕭衍將軍王辯攻兗州　諸本「王辯」作「王僧辯」。按卷五八楊昱傳敍此事作「王辯」，梁書卷三三羊侃傳稱侃降梁後，「遣羊鴉仁、王弁率軍迎接」。顯然「王辯」或「王弁」

卽此紀的「王僧辯」。王辯又屢見卷二一下彭城王勰附元劭傳、卷七九鹿悆傳等。查梁書卷四五王僧辯傳不載此事。本傳說湘東王繹爲荆州刺史，他就在蕭繹手下做官。據梁書卷五元帝紀，蕭繹第一次任荆州刺史是從普通七年五二六到大同五年五三九，則本年大通二年五二八，王僧辯正在荆州。這裏本同楊昱傳作「王辯」，也卽梁書的「王弁」，後人妄增「僧」字，今刪。

〔六〕柱國大將軍尒朱榮率騎七萬討葛榮於滏口　南、北、殿三本「萬」作「千」，百衲本、汲本、局本和册府卷一二一一四五二頁作「萬」。按通鑑卷一五二四七五一頁作「千」，胡注：「魏收魏書云：『帥騎七萬』。」則舊本此紀自作「萬」。通鑑這條採自卷七四尒朱榮傳，故作「千」。南本以下各本也都是據傳改。這是紀、傳異文，未必傳必是，紀必非。今從百衲本。

〔七〕北來軍士及隨駕文武馬渚立義　諸本「馬渚」二字作「諸」，册府卷七九九一九頁作「馬渚」。按尒朱兆等進攻元顥的軍隊在馬渚渡河，歷見卷七五尒朱兆傳、卷五八楊侃傳。周書卷三四楊㩳傳說元顥入洛，「詔㩳率其宗人，收船馬渚」，以後尒朱兆率軍渡河，就用這批船。「馬渚立義」卽指楊㩳這些幫助渡河的人。這次賞格分別等級，「北來軍士」、「隨駕文武」和「馬渚立義」是第一等，下面「河北執事之官」、「河南立義」等等爲第二等，都具體指出某地、某事。中間忽然插入泛然的「諸立義」，很不相稱。今據册府改。

〔八〕獲元顥弟項　百衲本「項」字空格，南本以下諸本都作「頊」。按卷二一上北海王詳傳稱「顥弟瑱」，諸本都是據傳補。今檢册府卷二八一三三一二頁作「顥弟項」。墓誌集釋有元項墓誌圖版一八四，與册府合。知今本傳作「瑱」，乃「項」的形訛，這裏諸本補字又承傳之誤，今改正。上建義元年四月「中軍將軍、給事黄門侍郎元瑱爲東海王」條同改。

〔九〕詔胡氏親屬受爵於朝者黜附編民　諸本「氏」都作「民」。通鑑卷一五四四七七四頁作「氏」。胡注：「謂靈后親屬也。」按當時尒朱氏專權，卽是胡人，哪有專抑胡民親屬的事。今從通鑑改。

〔一〇〕白馬龍涸胡王慶雲僭稱大位於水洛城　諸本「水」作「永」。據張元濟校勘記，百衲本的底本原作「水」，張從諸本改作「永」。按通鑑卷一五四四七七五頁作「水」。胡注：「水經注：卷一七渭水篇水洛水導源隴山，西逕水洛亭西，南注略陽川。九域志：水洛城在德順軍西南一百里。范仲淹曰：朝那之西，秦亭之東，有水洛城。」引據甚明。這條水在今甘肅平涼，流入秦安。魏書和其他史籍「水洛」多數訛作「永洛」。這一條舊本不誤，却也給百衲本誤改。今改正。以後逕改，不再出校記。

〔一一〕前燕州刺史崔淵率兵鎭北中　御覽卷一〇四四九九頁「崔淵」作「侯淵」，北史卷五避唐諱作「侯深」。按當時有兩侯淵，其一，本書卷八〇有傳，其人此時在中山，且是尒朱榮黨羽，元子攸不會委任他守北中。又一是侯剛子，卷九三侯剛傳不載，但見於卷二五長孫稚傳補，說是稚之壻。侯剛自稱上谷侯氏，上谷屬燕州，本傳說他請以長子詳爲燕州刺史。按照當時以充當本州刺史爲榮的習慣，詳升官後，其弟淵曾繼爲此官是可能的。御覽所記出於魏書，却與北史合，疑作「侯淵」是。通鑑卷一五四四七八三頁作「崔淵」，知沿誤已久。司馬光不從北史，當亦因不知同時有兩侯淵之故。

〔一二〕復通直散騎常侍琅邪縣開國公李叔仁官爵　北史卷五作「琅邪公昶爲太原王」，不載復李叔仁官爵事。按李叔仁附見卷七三崔延伯傳後，寥寥數語，北史卷三七李叔仁傳較詳，都沒有說他曾封「琅邪郡公」。本書卷二一上咸陽王禧傳附子昶，說他「起家散騎常侍、琅邪縣開國公，邑五百戶。莊帝初，特封太原王」，與北史此紀合。這裏原文當作：「通直散騎常侍、琅邪縣開國公昶爲太原王。復李叔仁官爵，仍爲使持節、大都督以討世隆。」後來脫「昶爲太原王」五字，讀不可通，後人又把「復」字移在上面，遂如今狀。今於「開國公」下句斷。

〔一三〕爲征西道行臺　通鑑卷一五四四七八七頁無「征」字。張森楷云：「元顯恭本傳卷一九下附城陽王長壽傳作『西北道』，征西不當稱道，傳文是，此誤。」

魏書卷十一

廢出三帝紀第十一

前廢帝廣陵王　後廢帝安定王　出帝平陽王

前廢帝，諱恭，字脩業，廣陵惠王羽之子也，母曰王氏。少端謹，有志度。長而好學，事祖母、嫡母以孝聞。正始中，襲爵。延昌中，拜通直散騎常侍。神龜中，進兼散騎常侍。正光二年，正常侍，領給事黃門侍郎。帝以元叉擅權，遂稱疾不起。久之，因託瘖病。五年，就除金紫光祿大夫，〔一〕加散騎常侍。建義元年，除儀同三司。

王既絕言，垂將一紀，居於龍花寺，無所交通。永安末，有白莊帝者，言王不語將有異圖；民間游聲，又云有天子之氣。王懼禍，逃匿上洛，尋見追躡，執送京師，拘禁多日，以無狀獲免。及莊帝崩，尒朱世隆等以元曄疏遠，又非人望所推，以王潛默晦身，有過人之量，將謀廢立，恐實不語，乃令王所親申其意，且兼迫脅。王遂答曰：「天何言哉！」世隆等大悅。

春二月己巳，暐進至邙南，世隆等奉王東郭之外，行禪讓之禮，羣臣上表曰：「否泰沿時，殷憂啓聖，故六飛在御，三石興符。伏惟陛下運屬千齡，智周萬物，獨昭繫象，妙極天人，寶曆有歸，光宅攸屬，而將安獨善，不務兼濟，靈命徘徊，幽明載佇。伏願時順謳謠，念茲宗祏，用捨勞疾，允答人神。」王答曰：「自量眇身，是以讓執。然王公勤至，不可拒違。今敬承所陳，惟愧弗堪負荷耳。」太尉公尒朱度律奉進璽紱袞冕之服，乃就輅車，百官侍衞，入自建春、雲龍門，昇太極前殿，羣臣拜賀。

禮畢，登閶闔門，詔曰：「朕以寡薄，撫臨萬邦，思與億兆同茲慶泰。可大赦天下，以魏爲大魏，改建明二年爲普泰元年。其稅市及稅鹽之官，可悉廢之。百雜之戶，貸賜民名，官任仍舊。天下調絹，四百一匹。內外文武，普汎四階；合敍未定第者，亦沾級。除名免官者，特復本資，品封依舊。潁川王尒朱兆，彭城王尒朱仲遠，隴西王尒朱天光，樂平王尒朱世隆，常山王尒朱度律，車騎大將軍、儀同三司齊獻武王，都督斛斯椿下軍士，普汎六級。」

庚午，詔曰：「朕以眇身，臨王公之上，夕惕祗懷，若履冰谷。賴七廟之靈，百辟忠誠之舉，庶免墜殞。夫三皇稱皇，五帝云帝，三代稱王，迭沖挹也。自秦之末，競爲皇帝。忘負乘之深殃，垂貪鄙於萬葉。予今稱帝，已爲褒矣！可普告令知。」

是月，鎭遠將軍淸河崔祖螭聚青州七郡之衆十餘萬人圍東陽。幽州刺史劉靈助起兵於薊。撫軍將軍、金紫光祿大夫、兼侍中、河北大使高乾邕及弟平北將軍、通直散騎常侍敖曹，率衆夜襲冀州，執刺史元嶷，殺監軍孫白鷂，共推前河內太守封隆之行州事。

三月癸酉，封長廣王曄爲東海王。詔太師、驃騎大將軍、青州刺史、魯郡王肅還爲太師；特進、車騎大將軍、沛郡王欣爲太傅、司州牧，改封淮陽王；驃騎大將軍、開府儀同三司、徐州刺史、彭城王尒朱仲遠，驃騎大將軍、儀同三司、雍州刺史、隴西王尒朱天光，並爲大將軍；柱國大將軍、并州刺史、潁川王尒朱兆爲天柱大將軍；驃騎大將軍、儀同三司、左衞將軍、大都督、晉州刺史、平陽郡開國公齊獻武王封勃海王，增邑五百戶；特進、車騎大將軍、清河王亶爲儀同三司；侍中、太傅、驃騎大將軍、開府儀同三司、尙書令、樂平王尒朱世隆爲太保；開府、前司徒公長孫稚爲太尉公、錄尙書事；侍中、驃騎大將軍、開府儀同三司、趙郡王諶爲司空公。稚固辭，尋除驃騎大將軍、開府儀同三司。丙子，帝引見尙書右僕射元羅及皇宗於顯陽殿，勞勉之。丁丑，加驃騎大將軍、北華州刺史公孫略儀同三司。己卯，詔右衞將軍賀拔勝幷尙書一人募伎作及雜戶從征者，正入出身，皆授實官，私馬者優一大階。庚辰，以侍中、衞將軍、咸陽王坦，衞將軍、尙書左僕射、南陽王寶炬，侍中、征東將軍、平陽王脩，並儀同三司。乙酉，詔簡北來及在京二官員外剩置者。己丑，以持節、驃騎將軍、涇州刺史賀拔岳爲儀同三司、岐州刺史，使持節、車騎大將軍、渭州刺史侯莫陳悅爲儀同三司、秦州刺史。庚寅，詔天下有德孝仁賢忠義志信者，可以禮召赴闕，不應召者以不敬論。丙申，劉靈助率衆次於安國城，定州刺史侯淵破斬之，傳首京師。戊戌，以使持節、侍中、車騎大將軍斛斯椿，侍中、衞將軍元受，並特進、儀同三司。詔曰：「頃官方失序，仍令沙汰，定員簡剩，已有判決。退下之徒，微亦可愍。諸在簡下，可特優一級，皆授將軍，預參選限，隨能補用。」

是春，冠軍將軍、南青州刺史茹懷朗使其部將何寶率步騎三千擊蕭衍守將於琅邪，擒其尚書左僕射、儀同三司、雲麾將軍、徐兗二州刺史劉相如。〔三〕

夏四月癸卯，幸華林都亭燕射，班錫有差。太樂奏伎有倡優爲愚癡者，帝以非雅戲，詔罷之。壬子，有事於太廟。癸丑，詔以齊獻武王爲使持節、侍中、都督冀州諸軍事、驃騎大將軍、開府儀同三司、大都督、東道大行臺、冀州刺史，驃騎大將軍、安定王尒朱智虎爲開府儀同三司、肆州刺史。乙卯，以右衞將軍賀拔勝、武衞將軍大野拔並爲儀同三司。己未，帝於顯陽殿簡試通直散騎常侍、散騎侍郎、通直郎，剩員非才他轉之。癸亥，隴西王尒朱天光大破宿勤明達，擒送京師，斬之。丙寅，以侍中、驃騎大將軍尒朱彥伯爲司徒公。詔有司不得復稱僞梁，罷細作之條，無禁鄰國往還。詔員外諫議大夫、步兵校尉、奉車都尉、羽林監、給事中、積射將軍、奉朝請、殿中將軍、宮門僕射、殿中司馬督、治禮郎十一官，得俸而不給力，老合外選者，依常格，其未老欲外選者，聽解。其七品以上，朔望入朝，若正員有闕，隨才進補。前員外簡退優階者追之，稱事簡下者，仍優一級。

先是，南陽太守趙脩延執刺史李琰之；五月丙子，荆州城民斬脩延，送首，還推琰之爲刺史。尒朱仲遠使其都督魏僧勗等討崔祖螭於東陽，擒斬之。

六月庚申，齊獻武王以尒朱逆亂，始興義兵於信都。西定殷州，斬其刺史尒朱羽生，命南趙郡太守李元忠爲刺史，鎮廣阿。癸亥，帝臨顯陽殿，親理冤訟。戊辰，以使持節、驃騎大將軍、開府尒朱弼爲儀同三司。

秋七月壬申，尒朱世隆等害前太保楊椿、前司空公楊津及其家。丙戌，司徒公尒朱彥伯以旱遜位。戊子，除彥伯侍中、開府儀同三司。庚寅，以侍中、太保、開府、尚書令、樂平王尒朱世隆爲儀同三師，〔三〕位次上公。

八月庚子，詔隴西王尒朱天光下文武討宿勤明達者，汎三級。潁川王尒朱兆率步騎二萬出井陘，趨殷州，李元忠棄城還信都。丙午，常山王尒朱度律、彭城王尒朱仲遠等率衆出抗義旗。

九月丁丑，以侍中、驃騎將軍盧同，驃騎大將軍杜德，車騎大將軍橋寧並爲儀同三司。己卯，以使持節、都督東道諸軍事、兼尚書令、東道大行臺、彭城王尒朱仲遠爲太宰。庚辰，加使持節、大將軍、都督關中諸軍事、兼尚書令、西道大行臺、隴西王尒朱天光爲大司馬。驃騎大將軍、青州刺史、開府儀同三司穆紹薨。癸巳，追尊皇考爲先帝，皇妣王氏爲先太妃；封皇弟永業爲高密王，皇子子恕爲勃海王。

冬十月壬寅，齊獻武王推勃海太守元朗卽皇帝位於信都。

二年春三月，齊獻武王敗尒朱天光等於韓陵。〔四〕

夏四月辛巳，齊獻武王與廢帝至邙山，使魏蘭根慰諭洛邑，且觀帝之爲人。蘭根忌帝雅德，還致毁謗，竟從崔㥄議，廢帝於崇訓佛寺，而立平陽王脩爲帝。帝旣失位，乃賦詩曰：「朱門久可患，紫極非情玩。顚覆立可待，一年三易換。時運正如此，唯有修眞觀。」太昌初，帝殂於門下外省，時年三十五。出帝詔百司赴會，大鴻臚監護喪事，葬用王禮，加以九旒、鑾輅、黃屋、左纛，班劍百二十人，二衞、羽林備儀衞。

後廢帝，諱朗，字仲哲，章武王融第三子也，母曰程氏。少稱明悟。永安二年，爲肆州魯郡王後軍府錄事參軍、儀同開府司馬。元曄之建明二年正月戊子，爲冀州勃海太守。及齊獻武王起義兵，將誅暴逆，乃推戴之。

冬十月壬寅，即皇帝位於信都城西。昇壇焚燎，大赦，稱中興元年。文武百官普汎四級。以齊獻武王爲侍中、丞相、都督中外諸軍事、大將軍、錄尚書事、大行臺，增邑三萬戶；以兼侍中、撫軍將軍、河北大使高乾邕爲侍中、司空公；前平北將軍、通直散騎常侍高敖曹爲驃騎大將軍、儀同三司，冀州刺史以終其身；以前刺史元嶷爲儀同三司。己酉，介朱度律、介朱仲遠、斛斯椿、賀拔勝、賈顯智次於陽平，將抗義師，齊獻武王縱反間構之，遂與介朱兆相疑，敗散而還。辛亥，齊獻武王大破介朱兆於廣阿，虜其卒五千餘人。詔將士汎五級，留守者二級。詔征東將軍、吏部尙書封隆之爲使持節、北道大使，隨方處分。

十有一月己巳，詔曰：「王度創開，彝倫方始，所班官秩，不改舊章。而無識之徒，因茲僥倖，謬增軍級，虛名顯位，皆言前朝所授，理難推抑。自非嚴爲條制，無以防其僞竊。諸有虛增官號，爲人發糾，罪從軍法。若入格檢覈無名者，退爲平民，終身禁錮。」庚辰，齊獻武王率師攻鄴城。

是年，南兗城民王乞德逼前刺史劉世明以州降蕭衍，衍使其將元樹入據譙城。

二年春正月壬午，拔鄴，擒刺史劉誕。詔諸將士汎四級，封侯、增邑九十七人，各有差等。癸未，詔曰：「自中興草昧，典制權輿，郡縣之官，率多行、督。假有正者，風化未均。眷彼周餘，專爲漁獵。朕所以夙興夜寐，有愓於懷。有司明加糾罰，稱朕意焉。」

二月辛亥，上孝莊皇帝謚曰武懷皇帝。甲子，以齊獻武王爲大丞相、柱國大將軍、太師，增封三萬戶，幷前爲六萬戶。

三月丙寅，以齊文襄王起家爲驃騎大將軍、儀同三司。丙子，以侍中、車騎大將軍、尚書左僕射孫騰爲驃騎大將軍、儀同三司。丁丑，車駕幸鄴。乙酉，詔文武家屬自信都赴鄴城。

閏月乙未，以安北將軍、光祿大夫、博野縣開國伯尉景爲驃騎大將軍、儀同三司。丙申，以衞將軍、金紫光祿大夫厙狄干爲車騎大將軍、儀同三司。壬寅，尒朱天光、兆、度律、仲遠等屯於洹水之南。癸丑，齊獻武王出頓紫陌。庚申，尒朱兆率輕騎三千夜襲鄴城，叩西門，不克，退走。壬戌，齊獻武王大破尒朱天光等四胡於韓陵，前廢帝鎭軍將軍賀拔勝、徐州刺史杜德於陳降。尒朱兆走趣幷州，仲遠奔東郡，天光、度律將赴洛陽。大都督斛斯椿、賈顯智倍道先還。

夏四月甲子朔，椿等據河橋，懼罪自劾，尋擒天光、度律於河橋。西北大行臺長孫稚、都督賈顯智等率騎入京師，執尒朱世隆、彥伯，斬於都街，囚送天光、度律於齊獻武王。辛未，前廢帝驃騎大將軍、行濟州事侯景據城降，仍除儀同三司、兼尚書僕射、南道大行臺、濟州刺史。甲戌，以車騎將軍、尚書右僕射魏蘭根爲驃騎大將軍、儀同三司。乙亥，以車騎大將軍、儀同三司、中軍大都督高盛兼尚書僕射、北道行臺，隨機處分。尒朱仲遠奔蕭衍。青州刺史尒朱弼爲其部下馮紹隆所殺，傳首京師。丙子，前廢帝安東將軍辛永，右將軍、建州大都督張悅舉城降。

辛巳，車駕至河陽，遜位於別邸。太昌元年五月，封安定郡王，邑一萬戶。後以罪殂於門下外省，時年二十。永熙二年葬於鄴西南野馬岡。

出帝，諱脩，字孝則，廣平武穆王懷之第三子也，母李氏。性沉厚少言，好武事。始封汝陽縣開國公，拜通直散騎侍郎，轉中書侍郎。建義初，除散騎常侍，尋遷平東將軍、兼太常卿，又爲鎮東將軍、宗正卿。永安三年，封平陽王。普泰初，轉侍中、鎮東將軍、〔三〕儀同三司、兼尚書右僕射，又加侍中、尚書左僕射。

中興二年夏四月，安定王自以疏遠，未允四海之心，請遜大位。齊獻武王與百僚會議，僉謂高祖不可無後，乃共奉王。戊子，卽帝位於東郭之外，入自東陽、雲龍門，御太極前殿，羣臣朝賀。禮畢，昇閶闔門，詔曰：「否泰相沿，廢興互有，玄天無所隱，精靈弗能諭。大魏統乾，德漸區宇，牢籠九服，旁礴三光。而上天降禍，運踵多難，禮樂崩淪，憲章漂沒。赫赫宗周，翦爲戎寇；肅肅清廟，將成茂草。胡羯乘機，肆其昏虐，殺君害王，刳剔海內。競其吞噬之意，不識醉飽之心。自書契以來，未有若斯者已！大丞相勃海王忠存本朝，精貫白日，爰舉義旗，志雪國耻。故廣阿之軍，貔虎奪氣；鄴下之師，金湯失險。近者四胡相率，實繁有徒，驅天下之兵，盡華戎之銳。桴鼓暫交，一朝盪滅，元兇授首，大憝斯擒。揚旆濟河，掃清伊洛，士民安堵，不失舊章。社稷危而復安，洪基毀而還構。朕以託體宸極，猥當樂推，祗握寶圖，承茲大業。得以眇身，託於王公之上，若涉淵水，罔識攸津。思與兆民同茲嘉慶，可大赦天下。改中興二年爲太昌元年。」詔前御史中尉樊子鵠起復本官，兼尚書左僕射、東南道大行臺，都督儀同三司、徐州刺史杜德討元樹。齊獻武王上言，建義之家枉爲尒朱氏籍沒者，悉皆蠲免。帝以世易，復除齊獻武王爲大丞相、天柱大將軍、太師，世襲定州刺史，增封九萬，幷前十五萬戶。庚寅，加齊文襄王侍中、開府儀同，餘如故。壬辰，齊獻武王還鄴，車駕餞別於乾脯山。

五月丙申，前廢帝廣陵王殂。以太傅、淮陽王欣爲太師，封沛郡王；司徒公、趙郡王諶爲太保；侍中、驃騎大將軍、開府儀同三司、清河王亶儀同三師；〔六〕使持節、侍中、驃騎大將軍、開府儀同三司、司州牧、南陽王寶炬爲太尉公；侍中、太保、錄尙書事長孫稚爲太傅；侍中、驃騎大將軍、尙書左僕射元羅儀同三司、尙書令；驃騎大將軍、吏部尙書元世儁儀同三司。戊戌，以齊獻武王固讓，聽解天柱大將軍，減封五萬戶，餘悉如故。辛丑，以前司空高乾邕復爲司空公。乙巳，帝幸華林都亭，宴羣臣，班賚有差。羽林隊主唐猛突入稱慶，帝以猛犯禁衞，杖之。猛辭色有忤，斬之階下。

丁未，詔曰：「無侮惸獨，事炳前經；惠此鰥寡，聲留往册。朕以薄德，作民父母，乃眷元元，寤言增歎。今理運惟新，哀矜伊始，如有孤老、疾病、無所依歸者，有司明加隱括，依格賑贍。」又詔曰：「理有一準，則民無覬覦；法啓二門，則吏多威福。前主爲律，後主爲令，歷世永久，實用滋章。非所以準的庶品，隄防萬物。可令執事之官四品以上，集於都省，取諸條格，議定一途，其不可施用者，當局停記。新定之格，勿與舊制相連。務在約通，無致冗滯。」己酉，以侍中、驃騎大將軍、儀同三司、淸河王亶爲司徒公。庚戌，詔曰：「頃西土年飢，百姓流徙，或身倚溝渠，或命懸道路，皆見棄草土，取厭烏鳶。言念於此，有警夜寐。掩骼之禮，誠所庶幾；行墐之義，冀亦可勉。其諸有露屍，令所在埋覆。可宣告天下。」乙卯，詔外內解嚴。

六月癸亥朔，帝於華林園納訟。丙寅，蠕蠕、嚈噠、高麗、契丹、庫莫奚國並遣使朝貢。

丁卯，太尉公、司州牧、南陽王寶炬坐事降爲驃騎大將軍、開府，王如故，歸第，令羽林衞守。改謚武懷皇帝曰孝莊。癸酉，蠕蠕、嚈噠國遣使朝貢。戊寅，詔內外百司普汎六級。在京百僚加中興四級，義師將士並加軍汎六級，在鄴百官三級，河北同義之州兩級，河橋建義者加五級，關西二級。諸受建明、普泰封爵、汎級、優特之階，悉追。己卯，帝臨顯陽殿納訟。乙酉，高麗、契丹、庫莫奚國遣使朝貢。丙戌，以前驃騎大將軍、開府儀同三司斛斯椿還爲前官。詔曰：「間者，凶權誕恣，法令變常，遂立夷貊輕賦，冀收天下之意，隨以箕斂之重，終納十倍之征，掩目捕雀，何能過此。朕屬念烝黎，無忘寢食，加田桑始事，生業未滋，若頓依常格，或不周展。今歲租調，且兩收一丏，來年復舊。」辛卯，以使持節、衞大將軍、儀同三司、尙書左僕射賈顯度爲驃騎大將軍、開府儀同三司。

秋七月乙未，詔曰：「頃永安馭運，載育皇儲，遂錫汎階，以申國慶。近經普泰，便爾中追。今罪人旣殄，舊章斯復。宜述往旨，用卒前恩。皇子汎二級，悉可還授。文穆廟汎，故宜停寢，若已受者，依例追之。」庚子，以驃騎大將軍、開府、南陽王寶炬爲太尉公。壬寅，齊獻武王率衆入自滏口，大都督厙狄干入自井陘，討尒朱兆。乙巳，齊獻武王以尒朱天光、尒朱度律送之京師，斬於都市。己酉，以兼尙書左僕射、東南道大行臺樊子鵠爲儀同三司。庚戌，詔侍中、驃騎將軍、左光祿大夫高隆之爲使持節、驃騎大將軍、儀同三司、兼尙書左僕射、北道行臺，率步騎十萬趨太行，會齊獻武王。隆之解行臺，仍爲大丞相軍司。齊獻武王次於武鄉，尒朱兆大掠晉陽，北走秀容。并州平。乙卯，帝臨顯陽殿，親理寃獄。丙辰，以宗師、東萊王貴平爲車騎大將軍、儀同三司。是月，夏州徙民郭遷據脊州反，刺史元嶷棄城走。〔七〕詔行臺侯景率齊州刺史尉景、濟州刺史蔡儁等攻討之。城陷，遷奔蕭衍。東南道大行臺樊子鵠大破蕭衍軍於譙城，擒其鄴王元樹及譙州刺史朱文開。

八月壬戌朔，齊文襄王來朝，燕射，班賚部下各有差。丁卯，以西中郎將元寧爲高平王。甲戌，以車騎大將軍、左光祿大夫李琰之爲儀同三司。庚寅，以車騎將軍、左光祿大夫崔秉爲驃騎大將軍、儀同三司。辛卯，以車騎將軍、右光祿大夫高岳爲驃騎大將軍、儀同三司。

九月癸未，以侍中、驃騎大將軍、左光祿大夫封津爲儀同三司。庚子，帝幸華林都亭，引見元樹及公卿百僚蕃使督將等，宴射，班賚各有差。癸卯，燕郡開國公賀拔允進爵爲王。乙巳，帝幸都水，南過洛汭，遂至瀍澗。己酉，復田于北原。癸丑，以太師、沛王欣爲廣陵王，前廢帝子勃海王子恕改封沛郡王。甲寅，以侍中、驃騎大將軍封隆之，〔八〕任祥並爲儀同三司。以車騎大將軍、河南尹元仲景爲驃騎大將軍、儀同三司。乙卯，車駕謁山陵。丙辰，蠕蠕、高昌國遣使朝貢。庚申，以衞將軍、前吏部尚書李神儁，撫軍將軍、右衞將軍婁昭並爲驃騎大將軍、儀同三司。

冬十月甲子，以使持節、衞將軍、光州刺史高仲密爲車騎大將軍、儀同三司。丁卯，以車騎大將軍、左光祿大夫潘鑾爲儀同三司。己卯，以車騎大將軍、左光祿大夫高琛爲特進、驃騎、開府儀同三司。庚寅，以使持節、驃騎將軍、肆州刺史劉貴爲驃騎大將軍、儀同三司。

十有一月甲午，以車騎將軍、揚州刺史斛斯敦爲驃騎大將軍、儀同三司。丁酉，日南至，車駕有事於圓丘。戊戌，朝會百官於太極前殿。甲辰，安定王朗及東海王曄坐事死。乙巳，蠕蠕國遣使朝貢。己酉，以前太尉公、汝南王悅爲侍中、大司馬、開府。葬靈太后胡氏。

十有二月丙寅，以驃騎大將軍、領御史中尉綦儁爲儀同三司。乙亥，以侍中、廣平王贊爲驃騎大將軍、開府儀同三司。丁亥，殺大司馬、汝南王悅。大赦天下，改太昌爲永興，以太宗號，尋改爲永熙元年。

二年春正月庚寅朔，朝饗羣臣于太極前殿。甲午，齊獻武王自晉陽出討尒朱兆。丁酉，大破之於赤洪嶺，兆遁走，自殺。己亥，車駕幸嵩高石窟靈巖寺。庚子，又幸，散施各有差。庚戌，儀同三司李琰之薨。丁巳，追尊皇考爲武穆帝，皇太妃馮氏爲武穆后，皇妣李氏爲皇太妃。以驃騎將軍、前滄州刺史高聿爲驃騎大將軍、儀同三司。蕭衍勞州刺史曹鳳、東荆州刺史雷能勝等舉城内屬。

二月庚申，以使持節、鎮東將軍、行汾州事張瓊爲驃騎大將軍、儀同三司。辛酉，以司空公高乾邕爲使持節、驃騎大將軍、開府儀同三司，〔九〕咸陽王坦爲司空公。

三月己丑朔，加驃騎大將軍、滄州刺史賈顯智開府儀同三司。辛卯，詔以前普解諸行臺，今阿至羅相率降款，復以齊獻武王爲大行臺，隨機裁處。甲午，以車騎將軍、蔚州刺史竇泰爲使持節、車騎大將軍、開府儀同三司、相州刺史。使持節、驃騎大將軍、開府儀同三司、徐州刺史高乾邕坐事賜死。太師、魯郡王肅薨。戊申，以使持節、都督河渭部三州諸軍事、〔一〇〕驃騎大將軍、世襲河州刺史梁景叡爲儀同三司。丁巳，以侍中、太保、司州牧、趙郡王諶爲太尉公，加羽葆鼓吹；侍中、太尉公、南陽王寶炬爲太尉、開府、尚書令。〔一一〕

夏四月戊辰，詔諸參佐自三府以下爰及外州，皆不得復加常侍及兼兩員，雖已授者亦悉追之。是月，青州人耿翔襲據膠州，殺刺史裴粲，通於蕭衍。

五月庚寅，詔諸幽枉未申，事經一周已上，悉集華林，將親覽察；脫事已經年，有司不列者，聽其人各自陳訴；若事連州郡、由緣淹歲者，亦仰尚書總集以聞。壬寅，以使持節、驃騎大將軍、儀同三司、齊州刺史侯淵復爲開府儀同三司。乙巳，詔曰：「大夫之職，位秩貴顯；

員外之官，亦爲匪賤。而下及胥吏，帶領非一，高卑渾雜，有損彝章。自今已後，京官樂爲稱事小職者，直加散號將軍，願罷卑官者聽爲大夫及員外之職，不宜仍前散實參領。其中旨特加者，不在此例。」東徐州城民王早、簡實等殺刺史崔庠，據州入蕭衍。

六月壬申，以驃騎大將軍、開府儀同三司、尙書右僕射樊子鵠爲靑膠大使，督濟州刺史、大都督蔡儁討耿翔。丁丑，以驃騎大將軍、前行南兗州事念賢爲儀同三司。

秋七月辛卯，以使持節、鎭北將軍、大都督、秦州刺史万俟普撥爲驃騎大將軍、儀同三司。〔二〕壬辰，以太師、司州牧、廣陵王欣爲大司馬、侍中，以太尉公、趙郡王諶爲太師，並開府。庚戌，以前司徒公、燕郡王賀拔允爲太尉公。

八月乙丑，齊文襄王來朝，帝燕於華林都亭，班賚部下各有差。以驃騎大將軍、前南岐州刺史司馬子如爲儀同三司。戊辰，車駕餞文襄王於河梁，仍濟河而返。癸酉，齊獻武王上表固讓王爵，不許；請分邑十萬戶，節降爲品，回授勳義，從之。

九月壬子，以散騎常侍、車騎大將軍、左光祿大夫崔孝芬爲儀同三司。

冬十月癸未，以衞將軍、瓜州刺史、泰臨縣開國伯、高昌王麴子堅爲儀同三司，進爵郡王。〔三〕

十有一月癸巳，持節、征北將軍、殷州刺史邸珍爲徐州大都督、東道行臺僕射，率將討東徐州。

十有二月丁巳，車駕狩於嵩陽。己巳，遂幸溫湯。丁丑，車駕還宮。

三年春正月壬辰，齊獻武王討費也頭於河西苦洩河，大破之，獲其帥紇豆陵伊利，遷其部落於內地。

二月，東梁州爲夷民侵逼，詔使持節、車騎大將軍、行東雍州事泉企爲東梁州行臺、都督以討之。己未，蕭衍假節、豫州刺史、南昌王毛香舉城內附，授以持節、安南將軍、信州刺史、義昌王。壬戌，大赦天下。丙子，帝親釋奠禮先師。辛巳，幸洪池陂，遂遊田。壬午，以衞將軍、前徐州刺史元祐爲衞大將軍、儀同三司，以驃騎將軍、左衞將軍元斌之爲潁川王。〔一四〕

三月壬寅，以前侍中、車騎大將軍李彧爲驃騎大將軍、儀同三司。

夏四月戊午，契丹國遣使朝貢。辛未，高平王寧坐事降爵爲公。丙子，高麗國遣使朝貢。

五月丙戌，增置勳府庶子，廂別六百人，又增騎官，廂別二百人，依第出身，騎官秩比直齋。

辛卯，詔曰：「大魏得一居宸，乘六馭宇。考風雲之所會，宅日月之所中。自北而南，東征西怨，后來其蘇，無思不偃。而句吳負險，久遺度外。世祖太武皇帝，握金鏡以照耀，擊玉鼓以鏗鏘，神武之所牢籠，威風之所轥轢，莫不雲徹霧卷，瓦解冰消。長江已北，盡爲魏土。頃天步中圮，國綱時屯，凶竪因機，互窺上國，疆埸侵噬，州郡淪胥。乃眷東顧，無忘寢食。自非五牛警旆，七萃按部，何以復文武之舊業，拯塗炭於遺黎？朕將親總六軍，徑臨彭、汴。一勞永逸，庶保無疆。內外百僚，便可嚴備。出頓之期，更聽後敕。」時帝爲斛斯椿、元毗、王思政、魏光等諂佞間阻，貳於齊獻武王，託討蕭衍，盛暑徵發河南諸州之兵，天下怪惡之。語在斛斯椿傳。丙申，以使持節、侍中、大司馬、開府、司州牧、廣陵王欣爲左軍大都督，太傅、錄尚書事長孫稚爲中軍四面大都督。丁酉，帝幸華林都亭，集京畿都督及軍士三千餘人，慰勉之。庚子，又幸華林都亭納訟。壬寅，又以長孫稚爲後軍大都督。

六月丁卯，大都督源子恭鎮胡陽，汝陽王暹守石濟，儀同三司賈顯智率豫州刺史斛斯壽東趣濟州。庚午，吐谷渾國遣使朝貢。丙子，詔曰：「頃年以來，天步時阻，干戈不戢，荊棘斯生。或徇節感恩，奮不顧命；或臨戎對敵，赴難如歸。身首橫分，骸骨不斂。勳誠靡錄，榮贈莫加。寤寐矜之，良有嗟悼。可普告內外，所在言列。若無親近，聽故友陳之。尚書檢實，隨狀科贈。庶粗慰冤魂，少申惻隱。」庚辰，以使持節、車騎大將軍、中軍大都督斛律沙門爲開府儀同三司。

秋七月辛巳朔，以鎭東將軍、前大鴻臚卿、太原王昶特爲車騎大將軍、〔一五〕儀同三司。己丑，帝親總六軍十餘萬衆次於河橋。以斛斯椿爲前軍大都督，尋詔椿鎭虎牢。又詔荆州刺史賀拔勝赴於行所。勝率所部次於汝水。庚子，以使持節、征西將軍、岐州刺史越肱特爲儀同三司。丁未，帝爲椿等迫脅，遂出於長安。己酉，齊獻武王入洛，賀拔勝走還荆州。

八月甲寅，推司徒公、淸河王亶爲大司馬，承制總萬幾，居尙書省。辛酉，齊獻武王西迎車駕。戊辰，制曰：「晦爲明始，亂實治基，爰著天道，又符人事。故姬祚中微，踐土有勤王之役；劉氏將傾，北軍致左袒之舉。用能隆此遠年，克茲卜世。永熙之季，權佞擅朝，羣小是崇，勳賢見害。官緣價以貴賤，獄因貨而死生。宗祏飄若綴旒，民命棄如草莽。大丞相位居晉鄭，任屬桓文，興甲汾川，問罪伊洛。羣姦畏威，擁迫人主，以自蔽衞，遠出秦方。雖車駕流移，未卽返御，然權佞將除，天下延頸。魏邦雖舊，其化惟新，思與兆民，同茲更始。可大赦天下。」行臺侯景討荆州，賀拔勝戰敗，走奔蕭衍。

九月癸巳，以衞大將軍、河南尹元子思爲使持節、行臺僕射，使持節、驃騎大將軍、開府儀同三司、領軍將軍婁昭爲西道大都督，幷率左右侍官西迎車駕。己酉，椿黨毛鴻賓守潼關，齊獻武王破擒之。〔一六〕是日，齊獻武王東還於洛。是月，東淸河人傅畠殺太守韓子捷，據郡反。會赦，乃降。

冬十月戊辰，使持節、驃騎大將軍、開府儀同三司、行青州事侯淵克東陽，斬刺史東萊王貴平，〔七〕傳首京師。

閏十二月癸巳，帝爲宇文黑獺所害，時年二十五。

史臣曰：廣陵廢於前，中興廢於後，平陽猜惑，自絶宗廟。普泰雅道居多，永熙悖德爲甚。是俱亡滅，天下所棄歟！

校勘記

〔一〕就除金紫光禄大夫　百衲本、北本、汲本、殿本「就」作「執」，南本、局本作「就」。按「執除」費解，今從南、局本。

〔二〕擒其尚書左僕射儀同三司雲麾將軍徐兗二州刺史劉相如　卷九八蕭衍傳作「擒其雲麾將軍、徐兗二州刺史沈預，斬其宣猛將軍、齊州刺史劉相如」。這裏「徐兗二州刺史」下有脱文，致誤合爲一人。又僕射、儀同的品級很高，不當只加「雲麾」軍號，邊州刺史也不可能有此官銜。必有誤。

〔三〕以侍中太保開府尚書令樂平王尒朱世隆爲儀同三師　諸本「師」作「司」。按世隆已官「開府」，豈有加「儀同三司」之理。卷七五尒朱世隆傳稱：「前廢帝特置儀同三師之官，次上公之下，以世隆爲之。」這裏「司」乃「師」之訛，今據傳改正。

〔四〕二年春三月齊獻武王敗尒朱天光等於韓陵　北史卷五「三月」作「閏二月」。按本年五三二閏三月。韓陵之戰在閏三月，歷見本卷下面後廢帝紀、北史卷六齊本紀，這裏「三月」上脫「閏」字，北史則「三」訛「二」。

〔五〕鎮東將軍　張森楷云：「上文已書『鎮東』，此不應復爲鎮東，前廢帝紀作『征東』，是也。『鎮』字涉上而誤。」

〔六〕侍中驃騎大將軍開府儀同三司清河王亶儀同三師　諸本「師」訛「司」。據卷七五尒朱世隆傳改正。參本卷校記〔三〕。

〔七〕夏州徙民郭遷據宥州反刺史元嶷棄城走　錢氏考異卷二八云：「宥非州名，通鑑卷一五五四八二六頁作青州，當從之。」按本書卷一五常山王遵附元嶷傳、北齊書卷一九蔡儁傳，元嶷這時是兗州刺史，暴動發生在兗州。「宥州」果然是訛文，通鑑作「青州」也無據，郭遷所據之州應作「兗州」。

〔八〕以侍中驃騎大將軍封隆之　諸本「隆」作「陰」。按當時並無「封陰之」其人，錢氏考異卷二八云：「『陰之』當是『隆之』之訛。」錢說是，今改正。

〔九〕以司空公高乾邕爲使持節驃騎大將軍開府儀同三司　張森楷云：「『儀同三司』下當有『徐州刺史』四字脫去，下文及高乾傳北齊書卷二一可證。」

〔一〇〕以使持節都督河渭鄯三州諸軍事　錢氏考異卷二八云：「鄯非州名，恐是『鄯』字之訛。」

〔一一〕侍中太尉公南陽王寶炬爲太尉開府尙書令　北史卷五下「太尉」作「太保」。按寶炬先已爲太尉，豈有以太尉升太尉之理，「尉」字必誤。

〔一二〕以使持節鎭北將軍大都督秦州刺史万俟普撥爲驃騎大將軍儀同三司　諸本「秦」作「泰」。按万俟普撥是秦州刺史，歷見周書卷一文帝紀下永熙三年五三四二月、同書卷二文帝紀下大統二年五三六五月、北史卷六齊紀上天平三年五三六二月、北齊書卷二七万俟普撥傳補。當時有兩秦州，一治上邽，此州自永安三年五三〇起義軍被鎭壓後，侯莫陳悅、趙貴、李弼、念賢等相繼爲刺史見周書卷一四、卷一五諸人傳。又一是魏末置於汧城的東秦州。本書卷九肅宗紀孝昌三年記東秦州刺史潘義淵以汧城降起義軍。太平寰宇記卷三二隴州條歷記沿革。万俟普撥當是東秦州刺史。北史卷六齊本紀、北齊書卷二七万俟普撥傳都說高歡平夏州後，万俟普撥率衆投奔東魏。此「秦州」與夏州相近。泰州近在河東，情事不合。這裏「泰」乃「秦」之訛，今改正。

〔一三〕進爵郡王　北史卷五「王」作「公」。按卷一〇一高昌傳也作「公」。這是由縣伯進封郡公，非指高昌王號。作「公」是。

〔一四〕以驃騎將軍左衛將軍元斌之爲潁川王　諸本「川」作「昌」。張森楷云：「北史卷五作『潁川』。據本書安樂王傳卷二〇・補、北齊書神武紀卷二・補、周書文帝紀卷二並作『潁川』，則『昌』字誤也。」按北魏無「潁昌郡」，「昌」字誤，今據北史改。

〔一五〕太原王昶特爲車騎大將軍　按本書記升遷從無「特爲」的寫法，「特」字疑涉下「越肱特」而衍。

〔一六〕己酉椿黨毛鴻賓守潼關齊獻武王破擒之　按北史卷六齊本紀上，高歡攻下潼關在八月，還至洛陽在九月庚寅，周書卷一文帝紀上、北史卷九周本紀上也說高歡襲陷潼關在八月。又據北史魏紀五又說九月己酉是元脩反攻潼關，又克華州之日。疑這裏記月日皆有誤。

〔一七〕行青州事侯淵克東陽斬刺史東萊王貴平　諸本「東陽」作「東揚一作楊州」。按卷一九下安定王休附元貴平傳說他出帝時「出爲青州刺史」，爲侯淵所害。卷八〇侯淵傳敍此事甚詳。貴平乃青州刺史，侯淵攻取的也是青州。據卷一〇六地形志中，青州治東陽。這裏本作「克東陽」，「陽」訛「楊」或「揚」，後人又妄增「州」字，今改正。

魏書卷十二〔一〕

孝靜紀第十二

孝靜皇帝，諱善見，清河文宣王亶之世子也，母曰胡妃。永熙三年，拜通直散騎侍郎，八月，爲驃騎大將軍、開府儀同三司。出帝既入關，齊獻武王奉迎不克，乃與百僚會議，推帝以奉肅宗之後，時年十一。

冬十月丙寅，卽位于城東北，大赦天下，改永熙三年爲天平元年。庚午，以太師、趙郡王諶爲大司馬，以司空、咸陽王坦爲太尉，以開府儀同三司高盛爲司徒，以開府儀同三司高昂爲司空。壬申，有事于太廟。

詔曰：「安安能遷，自古之明典；所居靡定，往昔之成規。是以殷遷八城，周卜三地。吉凶有數，隆替無恒。事由於變通，理出於不得已故也。高祖孝文皇帝式觀乾象，俯協人謀，發自武州，來幸嵩縣，魏雖舊國，其命惟新。及正光之季，國步孔棘，喪亂不已，寇賊交侵，俾我生民，無所措手。今遠遵古式，深驗時事，考龜襲吉，遷宅漳滏。庶克隆洪基，再昌寶曆。主者明爲條格，及時發邁。」丙子，車駕北遷于鄴。詔齊獻武王留後部分。改司州爲洛州，以衞大將軍、尙書令元弼爲驃騎大將軍、儀同三司、洛州刺史，鎭洛陽。詔從遷之戶，百官給復三年，安居人五年。

十有一月，兗州刺史樊子鵠、南青州刺史大野拔據瑕丘反。庚寅，車駕至鄴，居北城相州之廨。改相州刺史爲司州牧，魏郡太守爲魏尹，徙鄴舊人西徑百里以居新遷之人，分鄴置臨漳縣，以魏郡、林慮、廣平、陽丘、汲郡、黎陽、東濮陽、清河、廣宗等郡爲皇畿。〔二〕十有二月丁卯，燕郡王賀拔允薨。庚午，詔內外解嚴，百司悉依舊章，從容雅服，不得以矛鉈從事。〔三〕丙子，遣侍中封隆之等五人爲大使，巡諭天下。丁丑，赦畿內。閏月，蕭衍以元慶和爲鎭北將軍、魏王，入據平瀨鄉。宇文黑獺旣害出帝，乃以南陽王寶炬僭尊號。初置四中郎將，於礓石橋置東中，蒲泉置西中，濟北置南中，洛水置北中。

二年春正月，寶炬渭州刺史可朱渾道元擁部來降，齊獻武王迎納之，賑其廩食。己巳，詔以齊獻武王爲相國，假黃鉞，劍履上殿，入朝不趨，餘悉如故。王固讓不受。乙亥，兼尙書右僕射、東南道行臺元晏討元慶和，破走之。二月壬午，以太尉、咸陽王坦爲太傅，以司州牧、西河王悰爲太尉。己丑，前南青州刺史大野拔斬樊子鵠以降，兗州平。戊戌，蕭衍司州刺史陳慶之寇豫州，刺史堯雄擊走之。三月辛酉，以司徒高盛爲太尉，以司空高昂爲司徒，濟陰王暉業爲司空。齊獻武王討平山胡劉蠡升，斬之。其子南海王復僭帝號，獻武王進擊，破擒之，及其弟西海王、皇后、夫人已下四百人，幷逋逃之人二萬餘戶。辛未，以旱故，詔京邑及諸州郡縣收瘞骸骨。是春，高麗、契丹並遣使朝貢。

夏四月，前青州刺史侯淵反，〔四〕攻掠青齊。癸未，濟州刺史蔡儁討平之。壬辰，降京師見囚。五月，大旱，勒城門、殿門及省、府、寺、署、坊門澆人，不簡王公，無限日，得雨乃止。六月，元慶和寇南豫州，刺史堯雄大破之。

秋七月甲戌，封汝南王悅孫綽爲琅邪王。八月辛卯，司空、濟陰王暉業坐事免。甲午，發衆七萬六千人營新宮。九月，齊獻武王以治民之官多不奉法，請選朝士清正者，州別遣一人，問疾苦。丁巳，以開府儀同三司、襄城王旭爲司空。

冬十有一月丁未，蕭衍將柳仲禮寇荆州，刺史王元擊破之。〔五〕癸丑，祀圓丘。甲寅，閶闔門災，龍見幷州人家井中。丙寅，詔齊文襄王起家爲散騎常侍、驃騎大將軍、左光祿大夫、儀同三司、太原郡開國公，食邑三千戶。十有二月壬午，車駕狩于鄴東。甲午，文武百官，量事各給祿。

三年春正月癸卯朔，饗羣臣於前殿。戊申，詔百官舉士，舉不稱才者兩免之。齊獻武王襲實炬西夏州，克之。詔加齊獻武王九錫之禮，侍中元子思敦諭。固讓乃止。二月丁未，蕭衍光州刺史郝樹以州內附。丁酉，詔加齊文襄王使持節、尙書令、大行臺、大都督，以鮮卑、高車酋庶皆隸之。三月甲寅，以開府儀同三司、華山王鷙爲大司馬。丁卯，陽夏太守盧公纂據郡南叛，大都督元整破之。

夏四月丁酉，昌樂王誕薨。五月癸卯，賜鰥寡孤獨貧窮者衣物各有差。丙辰，以錄尙書事、西河王悰爲司州牧。戊辰，太尉高盛薨。六月辛巳，趙郡王諶薨。

秋七月庚子，大赦天下。蕭衍夏州刺史田獨鞞、穎川防城都督劉鸞慶並以州內附。八月，并、肆、汾、建四州隕霜，〔六〕大饑。九月壬寅，以定州刺史侯景兼尙書右僕射、南道行臺，節度諸軍南討。丙辰，陽平人路季禮聚衆反。辛酉，御史中尉竇泰討平之。

冬十有一月戊申，詔尙書可遣使巡檢河北流移飢人，邢陘、滏口所經之處，若有死屍，卽爲藏掩。勿使靈臺枯骨，有感於通夢；廣漢露骸，時聞於夜哭。侯景攻克蕭衍楚州，獲刺史桓和。十有二月，以并州刺史尉景爲太保。辛未，遣使者板假老人官，百歲已下各有差。壬申，大司馬、淸河王亶薨。丁丑，齊獻武王自晉陽西討，次於蒲津，司徒公、大都督高敖曹趨上洛，車騎大將軍竇泰入自潼關。癸未，以太傅、咸陽王坦爲太師。乙酉，勿吉國遣使朝貢。

是歲，高麗國遣使朝貢。

四年春正月，禁十五日相偷戲。竇泰失利自殺。丁巳，高敖曹攻上洛，克之，擒寶炬驃騎大將軍、洛州刺史泉企。〔七〕以汝陽王暹爲錄尚書事。

夏四月辛未，遷七帝神主入新廟，大赦天下，內外百官普進一階。先是，滎陽人張儉等聚衆反於大騩山，通寶炬。壬辰，武衞將軍高元盛討破之。〔八〕六月己巳，幸華林園理訟。辛未，詔尚書掩骼埋胔，推錄囚徒。壬午，閶闔門災。

先是，蕭衍因益州刺史傅和請通好。秋七月甲辰，遣兼散騎常侍李諧、〔九〕兼吏部郎中盧元明、兼通直散騎常侍李鄴使于蕭衍。八月，寶炬、宇文黑獺寇陝州，城陷，刺史李徽伯爲黑獺所殺。九月，侍中元子思與其弟子華謀西入，並賜死。閏月乙丑，衞將軍、右光祿大夫蔣天樂謀反，伏誅。禁京師酤酒。〔一〇〕

冬十月，以咸陽王坦爲錄尚書事。壬辰，齊獻武王西討，至沙苑，不克而還。己酉，寶炬行臺宮景壽、都督楊白駒寇洛州，大都督韓延大破之。〔一一〕寶炬又遣其子大行臺元季海、大都督獨孤如願逼洛州，刺史廣陽王湛棄城退還，季海、如願遂據金墉。潁州長史賀若徵執刺史田迅西叛，〔一三〕引寶炬都督梁回據城。寶炬又遣其都督趙繼宗、右丞韋孝寬等攻陷豫州。十有一月丙子，以驃騎大將軍、儀同三司万俟普爲太尉。十有二月甲寅，蕭衍遣使朝貢。河間人邢摩納、范陽人盧仲禮等各聚衆反。

是歲，高麗、蠕蠕國並遣使朝貢。

元象元年春正月，有巨象自至碭郡陂中，南兗州獲送于鄴。丁卯，大赦，改元。大都督賀拔仁攻寶炬南汾州，己卯，拔之，擒其刺史韋子粲。行臺任祥率豫州刺史堯雄等與大行臺侯景、司徒高敖曹、大都督万俟受洛干等於北豫相會，俱討潁州。梁回等棄城遁走，潁州平。二月，豫州刺史堯雄攻揚州，拔之，擒寶炬義州刺史韓顯、揚州長史丘岳，送京師。丙辰，遣兼散騎常侍鄭伯猷使于蕭衍。三月，齊獻武王固請解大丞相，詔從之。

夏四月庚寅，曲赦畿內。壬辰，齊獻武王還晉陽，請開酒禁。六月壬辰，帝幸華林都堂聽訟。是夏，山東大水，蝦蟆鳴于樹上。

秋七月乙亥，〔一三〕高麗國遣使朝貢。行臺侯景、司徒公高敖曹圍寶炬將獨孤如願於金墉，寶炬、宇文黑獺並來赴救。大都督厙狄干率諸將前驅，齊獻武王總衆繼進。八月辛卯，戰于河陰，大破之。斬其大都督、儀同三司寇洛生等二十餘人，俘獲數萬。司徒公高敖曹、大都督李猛、宋顯並戰沒。寶炬留其將長孫子彥守金墉。壬辰，齊獻武王濟河，子彥棄城走。九月，大都督賀拔仁擊邢摩納、盧仲禮等，破平之。

冬十月，蕭衍遣使朝貢。十有一月庚寅，遣陸操使于蕭衍。〔一四〕齊獻武王來朝。十有二月甲辰，還晉陽。

興和元年春正月辛酉，以尚書令孫騰爲司徒。三月甲寅朔，封常山郡王卲第二子曜爲陳郡王。

夏五月，齊文襄王來朝。甲戌，立皇后高氏。乙亥，大赦天下。是月，高麗國遣使朝貢。六月乙酉，以尚書左僕射司馬子如爲山東黜陟大使，尋爲東北道大行臺，差選勇士。庚寅，前潁州刺史奚思業爲河南大使，簡發勇士。丁酉，蕭衍遣使朝貢。戊申，開府儀同三司、汝陽王暹薨。

秋七月丁丑，詔以齊獻武王爲相國、錄尚書事、大行臺，固辭相國。八月壬辰，兼散騎常侍王元景、兼通直散騎常侍魏收使于蕭衍。九月甲子，發畿內民夫十萬人城鄴城，四十日罷。辛未，曲赦畿內死罪以下各有差。

冬十有一月癸亥，以新宮成，大赦天下，改元。八十以上賜綾帽及杖，七十以上賜帛，及有疾廢者賜粟帛。築城之夫，給復一年。

二年春正月壬申，以太保尉景爲太傅，以驃騎大將軍、開府儀同三司厙狄干爲太保。丁丑，徙御新宮，大赦，內外百官普進一階，營構主將別優一階。三月己卯，蕭衍遣使朝貢。夏五月己酉，西魏行臺宮延和、陝州刺史宮元慶率戶內屬，置之河北。新附賑廩各有差。壬子，遣兼散騎常侍李象使于蕭衍。閏月己丑，封皇兄景植爲宜陽王，〔二五〕皇弟威爲清河王，謙爲潁川王。六月壬子，大司馬華山王鷙薨。〔二六〕冬十月丁未，蕭衍遣使朝貢。十有二月乙卯，遣兼散騎常侍崔長謙使於蕭衍。是歲，蠕蠕、高麗、勿吉國並遣使朝貢。

三年春二月甲辰，阿至羅出吐拔那渾大率部來降。三月己酉，梁州人公孫貴賓聚衆反，自號天王。陽夏鎭將討擒之。夏四月戊申，阿至羅國主副伏羅越居子去賓來降，封爲高車王。六月乙丑，蕭衍遣使朝貢。秋七月，齊文襄王如晉陽。己卯，宜陽王景植薨。八月甲子，遣兼散騎常侍李騫使于蕭衍。

冬十月癸卯，齊文襄王自晉陽來朝。先是，詔文襄王與羣臣於麟趾閣議定新制，甲寅，班於天下。己巳，發夫五萬人築漳濱堰，三十五日罷。癸亥，車駕狩于西山。十有一月戊寅，還宮。丙戌，以開府儀同三司、彭城王韶爲太尉，以度支尚書胡僧敬爲司空。

是歲，蠕蠕、高麗、勿吉國並遣使朝貢。

四年春正月丙辰，蕭衍遣使朝貢。夏四月丙寅，遣兼散騎常侍李繪使于蕭衍。乙酉，以侍中、廣陽王湛爲太尉，以尚書右僕射高隆之爲司徒，以太尉、彭城王韶爲錄尚書事。丁亥，太傅尉景坐事降爲驃騎大將軍、開府儀同三司。辛卯，以太保厙狄干爲太傅，以領軍將軍婁昭爲大司馬，封祖裔爲尚書右僕射。

五月辛巳，齊獻武王來朝，請令百官月一面敷政事，明揚仄陋，納諫屏邪，親理獄訟，褒黜勤怠；牧守有愆，節級相坐；椒掖之內，進御以序；後園鷹犬，悉皆放棄。六月，還晉陽。丙申，復前侍中、樂浪王忠爵。丁酉，復陳留王景皓、常山王紹宗、高密王永業爵。

秋八月庚戌，以開府儀同三司、吏部尚書侯景爲兼尚書僕射、河南行臺，隨機討防。

冬十月甲寅，蕭衍遣使朝貢。齊獻武王圍寶炬玉壁。十有一月壬午，班師。驃騎大將軍、

開府儀同三司、青州刺史、西河王悰薨。十有二月辛亥，遣兼散騎常侍陽斐使于蕭衍。〔一七〕

是歲，蠕蠕、高麗、吐谷渾國並遣使朝貢。

武定元年春正月壬戌朔，大赦天下，改元。己巳，車駕蒐于邯鄲之西山；癸酉，還宮。二月壬申，北豫州刺史高仲密據虎牢西叛。三月，寶炬遣其子突與宇文黑獺率衆來援仲密。庚子，圍河橋南城。丙午，帝親納訟。戊申，齊獻武王討黑獺，戰於邙山，大破之，擒寶炬兄子臨洮王森，蜀郡王榮宗，江夏王昇，鉅鹿王闡，譙郡王亮，驃騎大將軍、儀同三司、太子詹事趙善，督將參僚等四百餘人，俘斬六萬餘，甲仗牛馬不可勝數。豫洛二州平。齊獻武王追奔至恒農而還。

夏四月，封彭城王韶弟襲爲武安王。五月壬辰，以克復虎牢，降天下死罪以下囚。乙未，以吏部尚書侯景爲司空。六月乙亥，蕭衍遣使朝貢。戊寅，封前員外散騎侍郎元長春爲南郡王。

秋八月乙未，以汾州刺史斛律金爲大司馬。壬午，遣兼散騎常侍李渾使于蕭衍。是月，齊獻武王召夫五萬於肆州北山築城，西自馬陵戍，東至土隥。四十日罷。

冬十有一月甲午，車駕狩于西山。乙巳，還宮。

是歲，吐谷渾、高麗、蠕蠕國並遣使朝貢。

二年春正月，地豆于國遣使朝貢。二月丁卯，徐州人劉烏黑聚衆反。遣行臺慕容紹宗討平之。三月，蕭衍遣使朝貢。以旱故，宥死罪以下囚。丙午，以開府儀同三司孫騰爲太保。壬子，以齊文襄王爲大將軍，領侍中，其文武職事、賞罰衆典，詢稟之。中書監元弼爲錄尙書，左僕射司馬子如爲尙書令，以今上爲右僕射。

夏四月，室韋國遣使朝貢。五月甲午，遣散騎常侍魏季景使于蕭衍。丁酉，太尉、廣陽王湛薨。

秋八月癸酉，尙書令司馬子如坐事免。九月甲申，以開府儀同三司、濟陰王暉業爲太尉。太師、咸陽王坦坐事免，以王還第。

冬十月丁巳，太保孫騰、大司馬高隆之各爲括戶大使，〔一八〕凡獲逃戶六十餘萬。十有一月，西河地陷，有火出。甲申，以司徒高隆之爲尙書令，以前大司馬婁昭爲司徒。齊文襄王如晉陽。庚子，車駕有事於圓丘。辛丑，蕭衍遣使朝貢。壬寅，齊文襄王從獻武王討山胡，破之，俘獲一萬餘戶，分配諸州。

是歲，吐谷渾、高麗、蠕蠕、勿吉國並遣使朝貢。

三年春正月丙申，遣兼散騎常侍李奬使于蕭衍。丁未，齊獻武王請於并州置晉陽宮，以處配沒之口。二月庚申，吐谷渾國奉其從妹以備後庭，納爲容華嬪。

夏五月甲辰，大赦天下。

秋七月庚子，蕭衍遣使朝貢。

冬十月，遣中書舍人尉瑾使于蕭衍。乙未，齊獻武王請邙山之俘，釋其桎梏，配以人間寡婦。十有二月，以司空侯景爲司徒，以中書令韓軌爲司空。戊子，以太保孫騰爲錄尚書事。

是歲，高麗、吐谷渾、蠕蠕國並遣使朝貢。

四年夏五月壬寅，蕭衍遣使朝貢。六月庚子，以司徒侯景爲河南大行臺，應機討防。

秋七月壬寅，遣兼散騎常侍元廓使于蕭衍。八月，移洛陽漢魏石經于鄴。齊獻武王自鄴帥衆西伐，文襄王會于晉州。九月，圍玉壁以挑之，寶炬、黑獺不敢應。

冬十有一月，齊獻武王有疾，班師。文襄王如晉陽。

是歲，室韋、勿吉、地豆于、高麗、蠕蠕國，並遣使朝貢。

五年春正月丙午，齊獻武王薨於晉陽，祕不發喪。辛亥，司徒侯景反，潁州刺史司馬世雲以城應之。景入據潁城，誘執豫州刺史高元成、襄州刺史李密、廣州刺史暴顯等。遣司空韓軌，驃騎大將軍、儀同三司賀拔勝、〔一九〕可朱渾道元，左衞將軍劉豐等帥衆討之。景乃遣使降於寶炬，請師救援。寶炬遣其將李景和、王思政帥騎赴之。思政等入據潁川，景乃出走豫州。乙丑，蕭衍遣使朝貢。二月，侯景復背寶炬，歸於蕭衍。衍署景河南大將軍，〔二〇〕承制。

夏四月壬申，大將軍齊文襄王來朝。甲午，遣兼散騎常侍李緯使于蕭衍。五月丁酉朔，大赦天下。戊戌，以尚書右僕射、襄城王旭爲太尉。甲辰，以太原公今上爲尚書令，領中書監，餘如故，詢以政事。以青州刺史尉景爲大司馬，以開府儀同三司厙狄干爲太師，以錄尚書事孫騰爲太傅，以汾州刺史賀仁爲太保，〔二一〕以司空韓軌爲司徒，以領軍將軍可朱渾道元爲司空，以司徒高隆之錄尚書事，以徐州刺史慕容紹宗爲尚書左僕射，高陽王斌爲右僕射。戊午，大司馬尉景薨。六月，司徒韓軌、司空可朱渾道元等自潁州班師。乙酉，帝爲齊獻武王舉哀於東堂，服緦縗。詔尚書右僕射、高陽王斌兼大鴻臚卿，赴晉陽監護喪事；太尉、襄城王旭兼尚書令，奉詔宣慰。

秋七月戊戌，詔贈王假黃鉞、使持節、相國、都督中外諸軍事、齊王璽紱，輼輬車、黃屋、左纛、前後羽葆、鼓吹、輕車介士，兼備九錫之禮，謚曰獻武王。以齊文襄王爲使持節、大丞相、都督中外諸軍事、錄尚書事、大行臺、勃海王。壬寅，詔王攝理軍國，遣中使敦諭。八月，〔三〕齊文襄王入朝，固辭丞相，詔復授大將軍，餘如故。甲申，葬齊獻武王於鄴城西北，車駕祖於漳濱。九月，齊文襄王還晉陽。辛酉，蕭衍遣其兄子貞陽侯淵明帥衆寇徐州，堰泗水於寒山，灌彭城，以應侯景。

冬十月乙酉，以尚書左僕射慕容紹宗爲東南道行臺，與驃騎大將軍、儀同三司、大都督高岳，潘相樂討淵明。十有一月，大破之，擒淵明及其二子瑀、道，將帥二百餘人，俘斬五萬級，凍乏赴水死者不可勝數。十有二月乙亥，蕭淵明至闕，帝御閶闔門讓而宥之。岳等回師討侯景。

是歲，高麗、勿吉國並遣使朝貢。

六年春正月己亥，大都督高岳等於渦陽大破侯景，俘斬五萬餘人，其餘溺死於渦水，水爲之不流。景走淮南。己未，齊文襄王來朝，請以寒山獲士賜百官及督將等，各有差。二月己卯，蕭衍遣使款闕乞和，并修書弔齊文襄王。文襄王還晉陽。三月癸巳，以太尉、襄城王旭爲大司馬，以開府儀同三司高岳爲太尉。辛亥，以冬春亢旱，赦罪人各有差。

夏四月甲子，吏部令史張永和、青州人崔闊等僞假人官，事覺，糾檢，首者六萬餘人。

秋八月甲戌，〔三〕以尚書左僕射慕容紹宗爲大行臺，與太尉高岳、司徒韓軌、大都督劉豐等討王思政於潁川，引洧水灌其城。九月乙酉，蕭衍遣使朝貢。

冬十月戊申，侯景濟江，推蕭衍弟子臨賀王正德爲主，以攻建業。

是歲，高麗、室韋、蠕蠕、吐谷渾國並遣使朝貢。

七年春正月戊辰，蕭衍弟子北徐州刺史、封山侯蕭正表以鍾離內屬，〔四〕封蘭陵郡開國公、吳郡王。三月丁卯，侯景克建業，還以蕭衍爲主。衍弟子北兗州刺史、定襄侯蕭祗，相譚侯蕭退來降。衍江北郡國皆內屬。

夏四月，大行臺慕容紹宗、大都督劉豐遇暴風，溺水死。甲辰，詔以齊文襄王爲相國、齊王，綠綟綬，讚拜不名，入朝不趨，劍履上殿，食冀州之勃海、長樂、安德、武邑，瀛州之河間五郡，邑十五萬戶，餘如故。王固讓。是月，侯景殺蕭衍，立子綱爲主。五月，齊文襄王帥衆自鄴赴潁川。六月丙申，克潁州，擒寶炬大將軍、尚書左僕射、東道大行臺、太原郡開國公王思政，潁州刺史皇甫僧顯等，及戰士一萬餘人，男女數萬口。齊文襄王遂如洛州。

秋七月，齊文襄王至自南討，請宥思政之罪。八月辛卯，詔立皇子長仁爲皇太子。齊文襄王薨於第，祕不發喪。癸巳，大赦天下，內外百官並加二級。甲午，齊王如晉陽。

冬十月癸未，以開府儀同三司、咸陽王坦爲太傅。甲午，以開府儀同三司潘相樂爲司空。十有二月甲辰，吳郡王蕭正表薨。己酉，以并州刺史彭樂爲司徒。

是歲，蠕蠕、地豆于、室韋、高麗、吐谷渾國並遣使朝貢。

八年春正月辛酉，帝爲齊文襄王舉哀於東堂。丁卯，詔贈齊文襄王假黃鉞、使持節、相國、都督中外諸軍事、齊王璽紱，轀輬車、黃屋、左纛、前後部羽葆、鼓吹、輕車介士，備九錫之禮，謚曰文襄王。戊辰，詔齊王爲使持節、丞相、都督中外諸軍事、錄尚書事、大行臺、齊郡王，食邑一萬戶。甲戌，地豆于、契丹國並遣使朝貢。二月甲申，葬齊文襄王，車駕祖於漳濱。庚寅，以尚書令高隆之爲太保。三月庚申，進齊郡王爵爲齊王。

夏四月乙巳，蠕蠕遣使朝貢。五月甲寅，詔齊王爲相國，總百揆，封冀州之勃海、長樂、安德、武邑，瀛州之河間、高陽、章武，定州之中山、常山、博陵十郡，二十萬戶，備九錫之禮；以齊國太妃爲王太后，王妃爲王后。丙辰，詔歸帝位於齊國，卽日遜於別宮。齊天保元年五月己未，封帝爲中山王，邑一萬戶；上書不稱臣，答不稱詔，載天子旌旗，行魏正朔，乘五時副車；封王諸子爲縣公，邑各一千戶；奉絹三萬匹，錢一千萬，粟二萬石，奴婢三百人，水碾一具，田百頃，園一所；於中山國立魏宗廟。二年十二月己酉，中山王殂，時年二十八。三年二月，奉謚曰孝靜皇帝，葬于漳西山崗。其後發之，陵崩，死者六十人。

帝好文學，美容儀。力能挾石師子以踰牆，射無不中。嘉辰宴會，多命羣臣賦詩，從容沉雅，有孝文風。齊文襄王嗣事，甚忌焉，以大將軍中兵參軍崔季舒爲中書黃門侍郎，令監察動靜，小大皆令季舒知。文襄與季舒書曰：「癡人復何似？癡勢小差未？」帝嘗與獵於鄴東，馳逐如飛。監衞都督烏那羅受工伐從後呼帝曰：「天子莫走馬，大將軍怒。」文襄嘗侍飲，大舉觴曰：「臣澄勸陛下酒。」帝不悅，曰：「自古無不亡之國，朕亦何用此活！」文襄怒曰：「朕！朕！狗脚朕！」文襄使季舒毆帝三拳，奮衣而出。明日，文襄使季舒勞帝，帝亦謝焉。賜絹，季舒未敢受，以啓文襄，文襄使取一段。帝束百匹以與之，曰：「亦一段耳！」

帝不堪憂辱，詠謝靈運詩曰：「韓亡子房奮，秦帝魯連耻。本自江海人，忠義動君子。」常侍侍講荀濟知帝意，乃與華山王大器、元瑾密謀，於宮內爲山，而作地道向北城。至千秋門，門者覺地下響動，以告文襄。文襄勒兵入宮，曰：「陛下何意反邪！臣父子功存社稷，何負陛下邪！」將殺諸妃嬪。帝正色曰：「王自欲反，何關於我。我尚不惜身，何況妃嬪！」文襄下牀叩頭，大啼謝罪。於是酣飲，夜久乃出。居三日，幽帝於含章堂，大器、瑾等皆見烹於市。

及將禪位於文宣，襄城王旭及司徒潘相樂、侍中張亮、黃門郎趙彥深等求入奏事。帝在昭陽殿見之，旭曰：「五行遞運，有始有終。齊王聖德欽明，萬姓歸仰。臣等昧死聞奏，願陛下則堯禪舜。」帝便斂容答曰：「此事推挹已久，謹當遜避。」又云：「若爾，須作詔書。」侍郎崔劼、裴讓之奏云：「詔已作訖。」即付楊愔，進於帝，凡十條。書訖，帝曰：「將安朕何所？復若爲而去？」楊愔對曰：「在北城別有館宇，還備法駕，依常仗衞而去。」帝乃下御座，步就東廊，口詠范蔚宗後漢書贊云：「獻生不辰，身播國屯。終我四百，永作虞賓。」所司奏請發，帝曰：「古人念遺簪弊履，欲與六宮別，可乎？」高隆之曰：「今天下猶陛下之天下，況在後宮。」乃與夫人妃嬪已下訣，莫不歔欷掩涕。嬪趙國李氏誦陳思王詩云：「王其愛玉體，俱享黃髮期。」皇后已下皆哭。直長趙德以故犢車一乘候於東上閤，帝上車，德超上車持帝。帝肘之曰：「朕畏天順人，授位相國，何物奴，敢逼人！」趙德尚不下。及出雲龍門，王公百僚衣冠拜辭，帝曰：「今日不減常道鄉公、漢獻帝。」衆皆悲愴，高隆之泣灑。遂入北城下司馬子如南宅。及文宣行幸，常以帝自隨。帝后封太原公主，常爲帝嘗食以護視焉。竟遇酖而崩。

校勘記

〔一〕魏書卷十二　諸本目錄此卷注「闕」，百衲本、南本卷後附宋人校語云：「魏收書孝靜紀亡，後人補以北史，又取高氏小史、修文殿御覽附益之。」殿本删取前二句入考證。高似孫史略卷二云：「靜帝紀補以高氏小史。」今按此紀記事較北史爲詳，如載詔書，記高歡父子事，記戰事等很多爲北史所略，紀中稱高歡、高澄爲「獻武王」、「文襄王」，稱高洋爲「今上」、「齊王」，稱西魏及梁爲「寶炬」、「蕭衍」，全同魏收書。當取之源出魏書之高氏小史和修文殿御覽。唯紀末自「齊天保元年五月己未封帝爲中山王」以下至終，全採北史，幾乎一字不易。這段歷記高澄對元善見孝靜帝的侮慢態度和元善見被迫讓位以及遇酖而死，魏收決不敢寫下來，北史乃取自北齊書高德政傳和他書。紀中有些記載也表示出於北史的痕跡。如天平二年「侯淵」訛「侯梁」，與北史同。北史避唐諱，改「淵」爲「深」，才訛作「梁」。魏書本作「侯淵」，「淵」「梁」字形不相似，顯見是承北史訛文。又如興和二年，見「西魏行臺宮永和」，魏書例稱西魏爲「寶炬」，今忽稱「西魏」，也是採自北史之證。又卷九八蕭衍傳中記梁、魏戰事，天平以前，都與諸紀相符，而天平以後，却多爲此紀所不載，知原文所有，小史本多删削。大抵此紀以高氏小史爲主，參考修文殿御覽和北史，補上小史不載的一些事跡。

〔二〕以魏郡林慮廣平陽丘汲郡黎陽東濮陽清河廣宗等郡爲皇畿　錢氏考異卷二八云：「按地形志

卷一〇六上無『陽丘郡』，當是『陽平』『頓丘』二郡各脫一字。志亦無『東濮陽』，『東』下當脫『郡』字。志尚有『北廣平郡』，紀亦脫之。」按錢氏此說又見於考異卷三八，略有不同，以此條爲是。又北史卷五同誤。

〔三〕從容雅服不得以矛鈼從事　北史卷五「矛鈼」作「務衫」。張森楷云：「一作『絳衫』。」按「鈼」是刀名，作「矛鈼」也可通。「務衫」不可考。絳衫是戎服，南齊書卷四七王融傳說他「戎服絳衫」，同書卷七一崔慧景附崔恭祖傳有「禿馬絳衫，手刺倒賊」之文。上云「從容雅服」，下自當說不得戎服，作「絳衫」似較長。但不知張所云「一作」是哪一個本子，今仍之。

〔四〕前青州刺史侯淵反　諸本及北史卷五「淵」作「梁」。按事見本書卷八〇侯淵傳、北齊書卷一九蔡儁傳。北史避唐諱，改「淵」作「深」，又訛作「梁」。這條當採取北史，故承其誤。今改正。

〔五〕刺史王元擊破之　卷九八蕭衍傳「王元」下有「軌」字。按北齊書卷二五王則傳，則字元軌。這裏當脫「軌」字，但也可能是雙名單稱。

〔六〕幷肆汾建四州隕霜　諸本「汾」作「涿」，不成字，局本及北史卷五作「涿」。按魏無「涿州」。卷一〇五之二天象志二稱「三年幷、肆、汾、建諸州霜儉」，卷一一〇食貨志稱：「幷、肆、汾、建、晉、泰、陝、東雍、南汾九州霜旱」。「涿」字乃「汾」之訛，今據改。

〔七〕洛州刺史泉企　諸本「泉」作「梁」。張森楷云：「『梁』當作『泉』，見周書泉企傳卷四四。」按張說是，今據周書改。

〔八〕先是滎陽人張儉等聚衆反於大騩山通寶炬壬辰武衞將軍高元盛討破之　諸本「騩」作「醜」。北史卷五作「騩」。按「大騩山」見漢書卷二八上地理志上河南郡密縣下、水經注卷二二潩水篇。山在密縣。周書卷二文帝紀下大統三年即東魏天平四年五三七十月記此事，作「密縣人張儉」，卽因他聚衆於大騩山，故遂以爲密縣人。「醜」字訛，今據改。又「高元盛」，北史作「高元咸」。按此紀下文武定五年見「豫州刺史高元成」，梁書卷五六侯景傳載景上蕭衍書，作「高成」。當卽一人。「盛」「咸」疑皆「成」之訛。

〔九〕遣兼散騎常侍李諧　諸本「諧」作「楷」，御覽卷一〇四五〇二頁作「諧」。按李諧出使梁朝，見卷六五本傳附李平後、卷一〇四魏收自序。「楷」字訛，今據改。

〔一〇〕禁京師酤酒　諸本脫「師」字，據北史卷五補。

〔一一〕大都督韓延大破之　北史卷五「延」作「賢」。按「韓延」不見他處，韓賢，北齊書卷一九有傳，說他天平初，爲洛州刺史。這次正是擊退西魏對洛州的進攻。「延」「賢」音近，但本名應作「賢」。

〔一二〕潁州長史賀若徽執刺史田迅西叛　周書卷二文帝紀下大統三年十月記此事，「徽」作「統」，北齊書卷一九任延敬傳、卷二〇堯雄傳，北史卷五三任祥傳都作「徽」。按賀若統見周書卷二八賀若敦傳，乃敦之父。其人當初名或別名「徽」，「微」是「徽」字之訛。

〔一三〕秋七月乙亥　諸本「乙亥」作「己亥」。按是年七月戊午朔，無「己亥」。北史卷五作「乙亥」，是十八日，今據改。

〔一四〕十有一月庚寅遣陸操使于蕭衍　北史卷五「十一月」作「十二月」。按本年十一月丙辰朔，無「庚寅」，十二月丙戌朔，庚寅是五日，似北史是。但這裏若本是「十二月」，則下文不應又出「十二月甲辰」。且梁書卷三武帝紀大同四年卽東魏元象元年五三八記「十一月乙亥，魏使來聘」。乙亥是二十日。豈有十二月遣使，十一月已抵梁朝之理。則北史作「十二月」也有可疑，今不改。

〔一五〕封皇兄景植爲宜陽王　諸本「兄」作「子」。北史卷五、通鑑卷一五八四九〇六頁作「兄」。按墓誌集釋有元寶建墓誌圖版一九二，卽「景植」。其人爲清河王亶子，與元善見孝靜帝爲同母兄弟。「子」字訛，今據北史改。

〔一六〕六月壬子大司馬華山王鷙薨　按元鷙附卷一四高涼王孤傳補，傳稱死於興和三年卽次年五四一。墓誌集釋有鷙墓誌圖版四二，也說他死於興和三年六月九日。知此紀誤。

〔一七〕遣兼散騎常侍陽斐使于蕭衍　諸本「陽」作「楊」。通鑑卷一五八四九一二頁也作「楊」，考異云：「典略作『陽斐』，今從魏書紀。」按陽斐，北齊書卷四二有傳，記使梁事。「楊」字訛，今改正。

〔一八〕太保孫騰大司馬高隆之各爲括戶大使　按上年八月紀書：「以汾州刺史斛律金爲大司馬。」北齊書卷一七斛律金傳稱金於邙山戰後爲大司馬，武定三年五四五出爲冀州刺史。則本年五四四大司馬仍是斛律金。此紀於興和四年五四二四月記高隆之爲司徒。本年十一月記「以司徒高隆之爲尙書令」。顯然在本年十一月前，他仍是司徒。北齊書卷一八高隆之傳亦同。知這裏「大司馬」乃「司徒」之誤。

〔一九〕儀同三司賀拔勝　按本書卷八〇、周書卷一四賀拔勝傳，勝自梁還，卽入西魏，大統十年五四四死於關中，至本年已先死三年，且從未入東魏，豈得爲東魏「討侯景」。張森楷云：「『勝』疑是『仁』之訛。」當是。

〔二〇〕衍署景河南大將軍　御覽卷一〇四五〇二頁「河南」下有「王」字。按梁書卷三武帝紀三太淸元年二月稱「以景爲大將軍，封河南王」，與御覽合。「河南大將軍」無此軍號或官名。雖梁書卷五六侯景傳也作「河南大將軍」，實不足據。「河南」下當脫「王」字。

〔二一〕以汾州刺史賀仁爲太保　按「賀」下當脫「拔」字。北齊書卷四文宣紀武定七年十二月記「太保賀拔仁爲幷州刺史」可證。

〔二二〕八月　卷一〇五之四天象志補記是年「八月，淮南三王謀反誅」。志所謂「徵應」，卽採本紀記事附會，此事今本孝靜紀不載，當出魏收此紀原文。通鑑卷一〇六四九五九頁本年八月記荀濟、元瑾等與「華山王大器、淮南王宣洪、濟北王徽等謀誅(高)澄」。今此紀末採北史魏紀五，也載此事，但不擧淮南、濟北二王。通鑑所本，直接、間接亦出於魏書此紀原文。淮南王宣洪附見卷一六陽平王熙傳，乃熙五世孫，云：「武定中，與元瑾謀反誅」，與天象志、通鑑合。

〔二三〕秋八月甲戌　按本年八月己丑朔，無「甲戌」。北史卷五魏紀五「甲戌」繫於四月，乃誤删「秋八月」所致，不足據。當從北史卷六齊紀上作「八月庚寅」。

〔二四〕蕭衍弟子北徐州刺史封山侯蕭正表以鍾離内屬　諸本「封山」作「中山」，御覽卷一〇四五〇三頁、通鑑卷一六一四九九五頁作「封山」。按梁書卷二二、南史卷五一臨川王宏傳附見正表，都説正表封的是「封山侯」。梁書卷五六侯景傳亦見「北徐州刺史、封山侯正表」。列侯封邑，例取縣名，中山是郡，且非梁地。封山縣屬交州新昌郡，見南齊書卷一四州郡志。「中」字訛，今據改。